性／別惑亂

女性主義與身分顛覆

Gender Trouble: Feminism and the Subversion of Identity

朱迪斯・巴特勒 Judith Butler —— 著
聞翊均、廖珮杏 —— 譯

目次

II

禁制、精神分析和異性戀矩陣的產物

III

顛覆的身體行動

前言（一九九九年）

我在十年前完成《性／別惑亂》草稿，寄給了勞特雷吉出版社（Routledge）出書。我不知道這本書後來會出現這麼多讀者，也不知道這本書會在女性主義理論中構成一股具有煽動性的「干預」，並被視為酷兒理論的基礎文本之一。這本書的生命已經遠超過我原本的意圖，部分原因絕對在於讀者接受這本書的脈絡一直在改變。撰寫此書的當下，我很清楚，雖然我認為這本書是女性主義的一部分，但我和特定形式的女性主義處於一種敵對的、對抗的關係之中。我撰寫時採用的是內在批判的傳統形式，這種批判的目的是推動人們對女性主義思想運動的基本詞彙進行批判式的檢驗。無論是過去還是現在，我們都有正當理由採用這種批判模式，並區分「承諾能為這個運動帶來更民主、更包容的生命」的自我批判，以及破壞一切運動的批判之間的差異。雖然我們總是有可能把前者誤認為後者，但我希望在《性／別惑亂》中不會出現這種狀況。

一九八九年，我最注重的事情是批判女性主義文學理論中十分普遍的異性戀傾向假設。我試圖反駁那些對於性別限制與性別規範做出假設的觀點，駁斥那些把性別限定在陽性氣質與陰性氣質概念中的看法。過去與現在我都認為，只要女性主義理論在實踐中預先限制了性別的意義，就會在女性主義中設立具有排他性的性別常規，往往會造成恐懼同性戀（homophobic）的後果。無論是過去或現在，對我來說，女性主義都應該謹慎注意，不要因為理想化特定的性別表達，而產出新型態的階級制度和排他性。有些真理政體（regime of truth）規定了某些種類的性別表達方式是假的或衍生的，某些性別表達方式則是真實且原創的，我尤其反對這種真理政體。最重要的不是指定一種新的性別化生活方式做為本書讀者的楷模，本書目標是開啟一個充滿性別可能性的場域，且不規定哪一些可能性應該被實現。有些人可能會想知道，「開啟可能性」的最終用途為何，但只要你知道以一種「不可能」、不能被辨識、不能被理解、不真實且不合乎律法的狀態生活在社會世界中是什麼感覺，你就不會提出這個問題了。

《性／別惑亂》希望能揭露的是，慣性的、暴力的假定，如何排除了「性別化的生活中有哪些可能的事物」此一思考本身，也希望能破壞所有利用真相的話語來剝奪少數性別實踐與性實踐之合法性的事物。這並不代表所有少數實踐都應該受到縱容與歌頌，但這確實代表，我們應該在對這些少數實踐做出任何結論之前，先審慎思考這些實踐。最令我擔心的是，人們面對這類實踐時，會因為恐慌而直接把這些實踐視為難以想像的事物。舉例來說，「打破性別二元性」真的有那麼恐怖、那麼嚇人，以至於我們在思考性別時要把這件事視為絕對不可能發生，並在嘗試探索的層面就事先排除這種可能性嗎？

我們會在當時被稱為「法國女性主義」的理論中找到這種假設，這類理論在文學學者與部分社會理論學家之中廣受歡迎。我認為異性戀主義是性差異原教旨主義的核心，即使我十分反對異性戀主義，但我也為了闡述我的觀點而引用了法國的後結構主義。我在《性／別惑亂》的論述變成了某種形式的文化翻譯。後結構主義理論對美國的性別理論與女性主義政治困境造成了影響。即使後結構主義在某些偽裝之下展現出形式主義的樣貌，超然於社會脈絡與政治目標的問題，但在近期美國對後結構主義的挪用中，並沒有出現這種狀況。事實上，我重視的不是把後結構主義「應用」在女性主義中，而是用明確的女性主義來重塑那些理論。有些後結構主義形式主義的擁護者表示，他們很失望《性／別惑亂》這類作品明確表現出「主題式的」（thematic）傾向，不過，文化左派在他們對於後結構主義提出的批判中，針對「所有政治進步都有可能出自於後結構主義前提」的說法表達了強烈懷疑。然而，在這兩種論述中，後結構主義都同樣被視為某種統一的、純粹的、整體的事物。不過近年來，該理論（或那些理論）已經轉移至性別與性的研究、後殖民與種族的研究中，失去了早期案例的形式主義，在文化理論的領域獲得了移植來的新生命。人們至今仍在爭論，我的作品或霍米．巴巴（Homi Bhabha）、佳雅特里．史碧娃克（Gayatri Chakravorty Spivak）或紀傑克（Slavoj Žižek）的作品應該算是一種文化研究還是一種批判理論，但或許，這些問題只是代表了兩種類別之間的明顯區別已經被打破了。有些理論學家宣稱上述所有作品都屬於文化研究，也有些文化研究者在定義自己時指出他們不屬於任何形式的理論（值得注意的是，英國的文化研究創始人之一斯圖亞特．霍爾〔Stuart Hall〕並非如此）。不過，兩邊的論點有時都忽略了一個重點：理論的樣貌，正是因為理論在文化上的挪用而出現改變。理論有了新的場域，這個場域必然是不純粹的，理論以文化翻譯事件的樣貌出現在這個新場域中。這並不是用歷史主義取代理論，也不是單純地把理論歷史化，並藉此揭露理論中比較概括性的主張有著歷史偶然性的極限。這是一種理論的崛起，這樣的崛起發生在文化界線的交會處，此處急需翻譯，且無法確定能否成功。

《性／別惑亂》源自「法國理論」，奇特的是，法國理論卻具有美國式的結構。唯有美國會同時出現這麼多迥然不同的理論聯合在一起，好像形成了某種整體性。雖然本書已被翻譯成多種語言，也已在德國對於性別與政治的討論造成了特別強烈的衝擊，但如果本書未來會出現在法國的話，它的出現時間將遠比其他國家更晚。我提出這一點，是為了強調本書明顯的法國中心論（Francocentrism）其實距離法國與法國的理論狀態非常遙遠。《性／別惑亂》傾向於用一種融合的脈絡，一起解讀多位法國知識分子（李維史陀、傅柯、拉岡、克莉絲蒂娃、維蒂格）的論述，這些人彼此鮮少結盟，他們各自在法國的讀者也鮮少閱讀其他知識分子的著作。事實上，本書在智識上的混雜性恰恰標示出了美國特色，也使本書在法國脈絡中顯得比較陌生。同樣的，本書也強調了「性別」研究在盎格魯－美國的社會學與人類學方面的傳統，這種傳統和結構主義研究衍生出來的「性差異」論述截然不同。若說本書在美國有被稱作是歐洲中心主義的風險，那麼本書在法國，對那些曾經考慮出版的少數出版商來說，同樣有可能會是「美國中心主義」論述。[1]

「法國理論」當然不是本書使用的唯一一套語言。本書源自針對女性主義理論的漫長研究，其中包括了從社會角度建構性別角色的辯論，包括了精神分析與女性主義，包括了蓋爾・魯賓（Gayle Rubin）在性別、性與親屬關係方面的傑出作品，包括了艾斯特・紐頓（Esther Newton）在變裝方面的開創性研究，包括了莫尼克・維蒂格（Monique Wittig）傑出的理論與小說，也包括了人文科學裡的男同性戀與女同性戀的觀點。一九八〇年代，許多女性主義者認為女同性戀主義與女性主義會在女同性戀－女性主義中彼此接合，《性／別惑亂》則致力於拒絕「女同性戀的行為演示了女性主義理論」的論述，並在兩者之間設立了更加充滿問題的關係。在本書中，女同性戀主義並不代表回歸至身為女性最重要的事物；女同性戀主義並不會神聖化陰性特質，也不象徵一個以女性為中心的世界。女同性戀主義並不是一套政治信念的性慾實現（性與信念之間的關係更加錯綜複雜，兩者往往彼此牴觸）。本書要提出的問題是，非規範式的性實踐如何把性別當作一種分析範疇，並對性別的穩定性提出質疑？特定的性實踐會用何種方式強制地提出以下問題：女人是什麼，男人是什麼？如果我們在理解性別時，不把性別視為一種可以透過規範式的性傾向來鞏固的事物，那麼是否會出現一種專屬於酷兒脈絡的性別危機？

「性實踐有能力顛覆性別」這個概念，是我在閱讀魯賓的〈女性交易〉（The Traffic in Women）時出現的，我的目的是表明規範式的性傾向會增強規範式的性別。簡單來說，依照此框架的論述，當一個人是女人時，這個人就得在異性戀的框架下執行某種程度上的女人的功能，當這個人對此一框架提出質疑，就有可能失去某種性別方面的歸屬感。我認為這就是本書對「性／別惑亂」的第一個表述。我努力試著理解某些人因為「成為同性戀」而承受的恐懼與焦慮，他們恐懼自己會失去原本在性別中的位置，或者恐懼自己和表面上「相同」性別的人一起睡之後，會成為什麼樣的人。這在本體論中構成了某種

---

1 此次再版時，有一些法國出版社正在考慮是否要翻譯本書，但他們會做此考慮的唯一原因，是 Didier Eribon 和其他人針對法國目前對同性伴侶的法律批准進行政治辯論的過程中，引用了本書的論點。

特定的、同時出現在性傾向與語言兩個層面的危機。隨著跨性別主義（transgenderism）與跨性者（transsexuality）、彩虹家庭的養育、陽剛女同性戀（butch）與陰柔女同性戀（femme）的新身分認同的出現，也帶來了各種新的性別形式，隨著我們考慮到這些新形式，提出的問題也會變得更加尖銳。舉例來說，為什麼有些陽剛女同性戀成為家長後是「爸爸」，其他陽剛女同性戀則是「媽媽」？這件事是何時發生的？

凱特．博恩斯坦（Kate Bornstein）提出的概念又怎麼說呢？她認為我們不能用「女人」或「男人」這樣的名詞描述跨性者，必須透過主動的動詞來描述，動詞證明了持續的變動才是「當下」新的身分，又或者更確切的說，才是對性別身分提出質疑的「中間狀態」。雖然有些女同性戀認為陽剛女同性戀和「成為男人」毫無關聯，但也有些女同性戀堅稱，陽剛性只是種手段，他們藉此才能在過去或現在獲得所渴望的男性身分。這樣的矛盾悖論近年確實大幅增加，為本書沒有預料到的性別惑亂提供了證據。[2]

但是，我想強調的性別與性傾向之間的連結到底是什麼呢？我當然沒有刻意宣稱性實踐的形式產出了特定性別，但在規範式的異性戀傾向環境裡，我們偶爾會靠著監督性別來保護異性戀傾向。凱瑟琳．麥金儂（Catharine MacKinnon）同樣描繪了這個問題，她的表述和我的有所共鳴，不過我相信我們兩個人的論述也有許多關鍵且重要的差異。她寫道：

> 性的不平等在靜止時是人的一種屬性，以性別的型態表現出來；性的不平等在流動時是人與人之間的關係，變成一種性傾向的型態。男人與女人之間的不平等在性化（sexualization）後產生的凝固型態，就是性別。[3]

從這個觀點來看，性的階級產生並鞏固了性別。產生與鞏固了性別的並非異性戀傾向的規範，而是據稱支持異性戀關係的性別階級。如果性別階級產生並鞏固了性別，且

---

2 我針對此議題寫過兩篇簡短的文章："Afterword" for *Butch/Femme: Inside Lesbian Gender*, ed.Sally Munt (London: Cassell, 1998), and another Afterword for "Transgender in Latin America: Persons, Practices and Meanings," a special issue of the journal *Sexualities*, Vol. 5, No. 3, 1998.

3 Catharine MacKinnon, *Feminism Unmodified: Discourses on Life and Law* (Cambridge: Harvard University Press, 1987), pp. 6-7.

預先假定了一種性別的實踐論述，那麼性別本身就是性別的肇因，而這樣的論述最後就成了一種套套邏輯（tautology）。儘管麥金儂可能只是想要簡略地描繪性別階級的自我複製機制，但她實際表達出來的內容卻非如此。

「性別階級」足以解釋生產出性別的條件嗎？在何種程度上，性別階級會有利於一種或多或少具有強加性的異性戀傾向？而性別常規又會以多高的頻率為了支持異性戀霸權而受到監管？

現代法律理論學家凱薩琳・法蘭克（Katherine Franke）以創新的方式，利用女性主義者與酷兒的觀點指出，麥金儂假定性別階級在產出性別的過程中占有重要地位的同時，也就在思考性傾向時接受了某種推定的異性戀模式。法蘭克提出了另一種與麥金儂不同的性別歧視模式，指出性騷擾對性別的製造來說是一種典範寓言。並非所有歧視都能被理解為騷擾。在騷擾的行為中，可能會有其中一人被「塑造」成特定性別，也有其他方式可以強加性別。因此對法蘭克而言，很重要的一點是在性別歧視與性歧視之間做出暫時的區分。舉例來說，同性戀可能會因為他們的「表現」不符合社會接受的性別常規，而在工作崗位遭到歧視。針對同性戀的性騷擾之所以會發生，有可能不是為了支持性別階級，而是為了推動性別常規。

儘管麥金儂對性騷擾提出了有力批判，但她也制訂了另一種形式的規則：擁有性別，就代表你已經進入了異性戀傾向的從屬關係。從分析層面來看，她畫下的這個等號和某些恐懼同性戀的主流論點有異曲同工之妙。這樣的論點規範並縱容了性別方面的性秩序，主張真正的男人就會是異性戀，真正的女人也會是異性戀。還有另一套觀點（其中也包括法蘭克的觀點）針對這種性別規範的形式提出了批判。因此，對於性別與性傾向之間的關係，性別歧視和女性主義會出現不同的觀點：性別歧視者認為，女人只會在異性戀的性交行為中表現出女性氣質，而且她的從屬地位將在性交行為中成為她的歡愉（這種本質在女性的性化從屬地位中表現出來並得到肯定）；女性主義者的觀點則認為，性別之所以應該被推翻、被移除或被徹底地模糊化，正是因為性別對女人來說一直都是從屬地位的標記。後者接受了前者的正統描述所具有的力量，接受了前者的描述已經變成了一種正在運作的強大意識形態，但試圖反抗它。

我花這麼長的篇幅闡述這個論點是因為，有些酷兒理論學家提出了性別與性傾向在分析方面的區別，拒絕在兩者之間做出因果連結或結構上的連結。此想法從特定角度來看很有道理：如果這樣的區別代表了異性戀常規**不應該**規範性別，也代表了那種規範應該被反對的話，那麼我非常支持此一觀點。[4]然而，如果這樣的區別代表的是（從敘述上來說）性別不會受到性的規範，那麼我就會認為，那些顯然最想要反擊同性戀恐懼的人並沒有考慮到，同性戀恐懼的運作方式中一個非常重要、但並非獨一無二的面向。對我來說，很重要的一點是，承認性別表現的顛覆也可以無關乎性傾向或性實踐。就算規範式的性傾向完全沒有受到干擾或重新定向，性別也可以是模糊的。有時候，性別模糊會正好抑制或偏轉了非規範式的性實踐，因而使得規範式的性傾向保持毫髮無傷。[5]因此，我們不能在變裝、跨性別和性實踐之間建立關聯性，也不能預測異性戀、雙性戀和同性戀的分布會如何呈現在性別彎曲或性別改變的過程中。

近些年，我有許多作品都致力於澄清與修正我在《性／別惑亂》中概略提出的操演性（performativity）。[6]我很難清楚說明何謂操演性，因為我自己對於「操演性」的看法可能也隨著時間推進而改變了，這種改變往往是因為我要回應一些傑出的批判，[7]也是因為如今有許多人採用這個概念並做出自己的闡述。最開始，我解讀性別操演的靈感，來自雅克．德希達（Jacques Derrida）對卡夫卡文章〈在法之前〉（Before the

Law）的解讀。在這篇文章中，主人公等待法律，他坐在法律的門前，他的行為賦予了他所等待的法律的特定力量。當人們期待權威揭露意義時，該權威就會透過這種期待獲得權威並得以建立：正是期待召喚出了它所期待的對象。我想知道的是，我們對性別抱持的期待，是否也會使我們的努力帶來相似的效應，我們期待性別按照一種可能會被揭

---

4 可惜的是，《性／別惑亂》的出版時間比伊芙・賽菊蔻（Eve Kosofsky Sedgwick）的偉大著作《Epistemology of the Closet》（Berkeley and Los Angeles: University of California Press, 1991）還要早了幾個月，因此我的論點無法受益於她在該書第一章針對性別與性傾向進行的縝密討論。

5 Jonathan Goldberg 說服我相信這個論點。

6 有關我的出版品的大致列表，以及對我的作品的引用，請見 Eddie Yeghiayan 在加州大學爾灣分校圖書館（University of California at Irvine Library）的傑出索引：http://sun3.lib.uci.edu/~scctr/Wellek/index.html。

7 特別感謝 Biddy Martin、賽菊蔻、紀傑克、Wendy Brown、Saidiya Hartman、Mandy Merck、Lynne Layton、Timothy Kaufmann-Osborne、Jessica Benjamin、Seyla Benhabib、Nancy Fraser、Diana Fuss、Jay Presser、Lisa Duggan 與 Elizabeth Grosz 對操演性的理論提出見解深刻的批判。

露的內在本質運作，這種期待最後恰恰會產生它所期待的現象。那麼首先，性別的操演性會圍繞著這種意義轉變（metalepsis）運作，在過程中，對性別化的本質所抱持的期待，將產出這種期待視為外在於它自身的事物。其次，操演性並不是單一行為，而是一種重複的行為、一種儀式，操演性在身體的語境中進行自身的自然化，藉此達到結果，身體則會在某種程度上被視為一種由文化維持的暫時存在。[8]

許多人對此學說提出了重要的問題，其中之一特別值得我在此提起。「性別具有操演性」這個論點的目標，是指出我們原本視為性別的內在本質的事物，其實是透過一套持續行為製造出來的，我們藉由身體的性別風格化（stylization）來接受這種內在本質。如此看來，這個論點指出了，我們視為自身「內在」特質的事物，事實上是我們透過特定的身體行為去期待與生產出來的，極端點說，那種特質是自然化的姿態帶來的幻覺。這是否代表了，我們在精神方面視為「內在」的一切事物都會被抽空，而內在也是一種錯誤的譬喻呢？雖然《性／別惑亂》前半部對於性別憂鬱的論述顯然引用了內在精神的比喻，但並沒有帶入對操演性本身的思考。[9]我在《權力的精神生命》（*The Psychic Life of Power*）與其他有關精神分析的近期文章中，都試著想化解這個問題，許多人都認為這個問題是本書前半章節與後半章節出現斷裂的癥結。儘管我不認為所有精神內在世界都只是風格化所帶來的結果，不過我仍然覺得，把精神世界的「內在性」視為理所當然是個顯而易見的理論錯誤。雖然這世界的某些特質——包括我們認識的人與失去的人——確實會成為自我的「內在」特質，但這些特質是透過內在化轉變而成，是克萊恩學派（the Kleinian）所說的、內在世界正是精神透過內在化建構出來的成果。代表著如今很可能有種精神上的操演理論正在運作，值得我們進一步探索。

---

8 我在此對操演性的儀式面向所提出的論述，十分符合 Pierre Bourdieu 在研究中提出的習性（habitus）論述，我直到寫完本書後才發現這一點。我在《激動的言語：操演性的政治》（*Excitable Speech: A Politics of the Performative* [New York: Routledge, 1997]）最後一章中，對這兩者間的共鳴做了遲來的說明。

9 賈桂琳．羅斯（Jacqueline Rose）指出了本書前半部與後半部之間的斷裂，使我獲益良多。前半部質問了性別的憂鬱建構，但後半部似乎遺忘了這段精神分析方面的開頭。或許這也解釋了最後一章的某些「狂熱」狀態，佛洛伊德把這種狀態定義為否認失去的其中一段過程，也就是憂鬱。《性／別惑亂》在最後的章節中，似乎忘記了或否認了本書前半部清楚描述的失去。

儘管本書沒有回答「身體的物質性是否全都是建造出來的」這個問題，但我近期的研究大多聚焦於此，我希望這些研究能為讀者澄清一些概念。[10]目前有些學者已經探究過操演性的理論是否可以轉置到種族議題上。[11]我要在此闡明，種族的假定總是會牽扯到性別方面的論述，這種狀況非但必須釐清，我們也不該把種族與性別拿來當作簡單的類比。因此我認為，該問的問題並不是操演性的理論是否可以轉置到種族議題上，而是當這個理論試圖處理種族議題時會發生什麼事。許多相關討論都聚焦在「建構」的狀態上，致力於探討種族的建構方式和性別是否相同。我的看法是，沒有任何一種事物的建構論述會是相同的，事物的範疇總是會在運作過程中成為其他範疇的背景，它們往往會透過其他範疇找到最強而有力的表達方式。因此，種族性別常規的性化需要同時透過多種角度來解讀，這樣的分析必定會點出「把性別當作唯一分析範疇」的極限。[12]

雖然在這裡列舉了一些推動本書的學術傳統和爭論，但我並不打算用此處的簡短篇幅做出完整辯解。有些人並不理解我產出本書的其中一部分背景：這本書不只源自學術界，也同樣來自我參與過的各種社會運動，更是出自美國東岸的男同性戀與女同性戀社群，撰寫本書之前，我已在東岸住了十四年。儘管本書試著盡可能地脫離主體性，但這本書的背後確實有個作者存在：我參加過許多會議與遊行，也去過許多酒吧，我見過許多種性別，知道自己就站在部分性別的交叉路口，我也曾在某些性別的文化邊緣遇上性

---

10 參見《需要重視的身體》（*Bodies that Matter* [New York: Routledge, 1993]），以及 Karen Barad 發表的一篇出色且引人注目的評論〈Getting Real: Technoscientific Practices and the Materialization of Reality〉（*differences*, Vol. 5, No. 2, pp. 87-126），她將其中一些問題與現代科學研究作了連結。

11 我的研究受到 Saidiya Hartman、Lisa Lowe 與 Dorinne Kondo 三位學者的研究所影響。許多對於「冒名」（passing）的學術研究也已經在探究此一問題。我在《需要重視的身體》中有一篇討論 Nella Larsen 的著作《Passing》的文章，我在文章中試著初步解決這個問題。當然了，從許多方面來說，霍米．巴巴針對後殖民主體的模仿分裂的研究和我的研究很相近：對於強調「少數族群的身分如何在被統治的狀況下同時被生產與被撕裂」的操演性論述來說，重要的不只是被殖民者挪用了殖民的「聲音」，也包括了身分認同的分裂狀態。

12 《性／別惑亂》出版後，Kobena Mercer、Kendall Thomas 和 Hortense Spillers 的研究為我對這個主題的想法帶來了很大的幫助。此外，我也希望能盡快撰寫一篇文章，探討弗朗茲．法農（Frantz Fanon）的著作《黑皮膚，白面具》（*Black Skins, White Masks*）中有關模仿與誇飾的問題。非常感謝 Greg Thomas，推動我對這兩個議題的關鍵交集有更深入的了解，他剛完成他在柏克萊大學的修辭學論文，論文主題是美國的種族化性傾向議題。

傾向。我知道許多人都在爭取性認同與性自由的重要運動中努力尋找自己的道路，我成為此運動的一部分之後，因為運動帶來的希望與內部糾紛而感受到快樂與挫折。我安居在學術之中，同時也活在學術的高牆之外。雖然《性／別惑亂》並不是學術書籍，但對我來說，這本書始於一種跨越，始於我坐在利霍博斯海灘（Rehoboth Beach），思考著我能否把生活中這兩個不同的面向連結起來；思考著我或許可以用自傳式文體寫作，這種文體不會重新定位我的主體性，但或許能給予讀者某種安慰，讓他們知道還有某個人在這裡（我在此暫且不談「某個人是在語言中既定的」這個問題）。

本書至今仍能繼續在學術圈之外流傳，就是最令我欣慰的一件事。與此同時，本書也被酷兒國族（Queer Nation）接受，書中對酷兒自我呈現的戲劇性所做的反思也和愛滋平權聯盟（Act Up，AIDS Coalition to Unleash Power 的字首縮寫）提出的策略有所共鳴，此外，本書與許多其他研究也推動了美國精神分析協會（American Psychoanalytic Association）與美國心理協會（American Psychological Association）的成員重新評估他們目前對同性戀傾向的觀點。操演性別的問題也以各種不同的方式被應用在視覺藝術上，例如惠特尼美術館（Whitney Museum of American Art）的展覽與洛杉磯的歐特斯藝術學校（Otis School for the Arts）等。本書對於「女人」主體的闡述，以及關於性傾向與性別間的關係的觀點，也有一部分出現在薇琪．舒茲（Vicki Schultz）、凱薩琳．法蘭克與瑪麗．喬．弗洛葛（Mary Jo Frug）對女性主義法學與反歧視法律的研究。

另一方面，由於我自己的政治參與，我不得不修正《性／別惑亂》的部分立場。在本書中，我傾向於用完全否定與排他的語彙來設想「普世性」的主張。不過，我這幾年在國際同志人權委員會（International Gay and Lesbian Human Rights Commission）這個代表性少數處理大範圍人權議題的組織擔任了理事會成員與理事長（一九九四年至一九九七年），和這個團體中的傑出社會人士共事讓我意識到，語彙是一種非實體且開放的範疇，因此具有重要的策略性用途。我在該委員會理解到，普世性的主張也可以具有預期性與操演性，能召喚出尚未存在的現實，為那些還沒有交會的文化視野提供可能性。因此，我對普世性有了第二種觀點，將普世性定義為一種未來導向的文化翻譯努力。[13]最近我與厄尼斯托．拉克勞（Ernesto Laclau）和紀傑克合著了一本書（將在二〇〇〇年由

13 我在後來的文章中對普遍性進行了反思，其中最重要的論述出現在《激動的言語》第二章。

維索出版社〔Verso〕出版），主題是霸權理論與該理論對理論上的基進左派人士造成的影響，為此，我不得不再次把我的研究、政治理論和普世性的概念連結在一起。

我思考的另一個實踐層面和精神分析有關，是一個同時含括學術與臨床的計畫。我現在正和一組思想先進的精神分析治療師一起策劃一本新期刊，《性別與性向研究》（*Studies in Gender and Sexuality*），希望能針對性向、性別與文化的議題，把臨床研究與學術研究帶進有生產力的對話中。

《性／別惑亂》的評論家與朋友都曾指出本書的風格非常艱澀。這本書並不容易消化，但以學術界的標準來說卻頗為「通俗」，無疑會有人覺得這是一件很奇怪、甚至令他們非常惱怒的事。這種驚訝之情或許來自於我們低估了讀者，也低估了大眾閱讀複雜且具挑戰性文體的能力與渴望，更何況這些複雜並非毫無緣由，這類挑戰有利於他們質疑原本視為理所當然的真相，而且他們將真實視為理所當然的態度是一種壓迫。

我認為風格是一個複雜的領域，就算我們有意識地想達到特定成果，也沒辦法單方面地選擇或控制風格。詹明信（Fredric Jameson）在他早期討論沙特的書中闡明了這一點。一個人當然可以練習自己的風格，但你能採用的風格並不是你能全權選擇的。更進一步來說，無論是文法還是風格，都不會是政治中立的。可理解的語言具有各種規則，學習這些規則的同時，你也被灌輸了規範化的語言，如此狀況之下，當你不符合這些規則時，必須付出的代價將是文章的可理解性。德魯西拉·康奈爾（Drucilla Cornell）在阿多諾（Adorno）的脈絡下所撰寫的文章提醒了我：常識沒有任何基進性。有鑑於文法對於思考、甚至對於可思考之物都有所限制，若我們認為，表達基進觀點時的最佳載體就是公認為標準的文法，那絕對是錯誤的觀點。不過，論述時使用扭曲的文法，或含蓄地對命題的主詞和動詞需求提出質疑，顯然會惹惱某些人。如此論述使得讀者必須付出更多努力，有時候會因此而被觸怒。這些被觸怒的人希望擁有「簡單易懂的語言」是合理的要求嗎？又或者他們的抱怨來自他們對知識生活的消費期望？這種語言上的困難經驗有沒有可能帶來某種價值呢？如果事實正如維蒂格主張的，性別本身已透過文法常規被自然化，那麼從最基礎的認知層面來說，實行性別修正的部分過程裡，必定需要反抗這套性別已受到限定的文法。

那些對於表達清晰的要求忘記了，其實有各種詭計在推動表面上「清楚易懂」的觀點。阿維塔爾·羅內爾（Avital Ronell）回憶起尼克森總統望著全國人民雙眼的時刻，尼克森說出「讓我把這件事徹底說清楚」之後，便開始說謊。「清楚易懂」這個符號底下淌流的是什麼？當有人宣稱他們要清晰表達時，若我們無法提出一定程度的批判質疑，代價又會是什麼？是誰制訂了這套「清楚易懂」的通則，而這套通則又會為誰帶來好處？當我們堅持要求所有溝通都必須符合狹隘的透明原則時，有哪些事物被排除在外？「透明」隱藏了什麼？

我在成長過程中理解到性別常規裡的某部分暴力特質：我的一位叔叔因為解剖學上的結構異於常人而遭到監禁，他被剝奪了家人與朋友，在堪薩斯州大草原上某座「機構」度過餘生；幾位同性戀表親因為真正的性傾向或他人認為他們具有的性傾向而被迫離家；我則在十六歲經歷了暴風雨般的出櫃，又在成年後因此失去了工作、愛人與住所。雖然我為此遭受了強烈且遺留創傷的譴責，但很幸運的是，這些經歷並沒有使我停止追求享樂，也沒有阻止我堅定地為我的性生活追求合法認同。我們之所以難以把這種暴力帶進眾人的視野，正是因為在性別受到暴力監管的同時，我們一直把性別視為理所當然之事。我們一直假定性別只有兩種可能，性別若不是性的自然表現，就只有可能是一種文化常數，任何人類個體都不可能改變它。我也理解被排除的生命必須承受的某些暴力，這種生命不會被稱作「活著」，生命只要被監禁，就等同於被判處了無期徒刑，或者被判處持續的死刑。我認為本書想將性別「去自然化」（denaturalize）的頑強努力，來自於兩個強烈的渴望，一是想反對理想的性型態所蘊含的常規式暴力，二是根除人們對於自然異性戀傾向或推定異性戀傾向的預先假設，這類假設普遍存在於日常生活與學界的性傾向論述之中。這種去自然化的書寫並不像某些評論所猜想的，是因為我想玩弄語言，或者想用一些戲劇化的滑稽把戲取代「真正的」政治（說得好像戲劇與政治一直以來都涇渭分明一樣！）。這樣的書寫出自想要存活、想要使生命變得可能，以及想要重新思考這種渴望的可能性。我們需要一個什麼樣子的世界，才能讓我叔叔的生活中擁有家人、朋友或其他類型的延伸親屬陪伴？我們必須如何重新思考那些加諸在人類身上的理想型態限制，才能使那些遠離常態的人不在活著的同時被判處死刑？[14]

14 參見北美間性協會（Intersex Society of North America）的重要出版品（包括 Cheryl Chase 的著作）。北美間性協會比其他組織更努力地推動社會大眾去留意，出生就具有性別異常身體的嬰兒與孩童所承受的劇烈且暴力的性別管控。更多相關資訊，請透過以下網站取得聯絡：www.isna.org。

曾有讀者提問，《性／別惑亂》想擴展性別可能性的範圍是不是有什麼理由。他們問，設計出這種新的性別結構有何目的，我們又該如何在新結構之中做出判斷？這個問題通常會涉及一個預先前提，那就是本文並沒有提及女性主義思想的常規性層面或規定性層面。在這批判的交集點，「常規性」（normative）顯然至少有兩個意思，畢竟我時常使用這個詞，通常都是用來描述特定的幾種性別概念行使的世俗暴力。我在使用「常規性」時，常會把它當作「與監管性別的常規有關」的同義詞。但是，「常規性」也同時涉及了倫理辯證、辯證的建立方式與執行辯證後會帶來何種具體後果。人們對《性／別惑亂》提出的其中一個關鍵問題是：在論及性別該如何依據本書提供的理論描述存活下來時，我們要如何做判斷？若想反對性別的「常規」形式，我們必定會涉及「性別化的世界應該是什麼樣子」的特定常規觀點。然而，我想在此指出，本書提出的正向常規願景雖然不過爾爾，但此願景並不會、也沒有能力做出「照我說的方法顛覆性別，如此一來生活就會變得很美好」的指示。

做出這種指示的人，以及願意在顛覆性與非顛覆性的性別表達方面做出分別的人，都是依據如下描述做判斷：性別會以這種形式或那種形式出現，接著再以眼前所見的為基礎，依照表象進行常規的判斷。但是，是什麼條件決定了性別本身的表象呢？我們或許會想做出以下這樣的區分，藉此區別兩種性別表達：對性別的**描述性**說明包括了仔細考慮是什麼事物使性別變得可以理解，探究哪些條件賦予了性別可能性；對性別的**常規性**說明則試著回答「哪些性別表現是可接受的，哪些是不可接受的」，並提供具有說服力的理由。然而，「什麼事物有資格成為『性別』」這個問題本身就已經證實了常規性的權力運作非常普遍，這種運作以「具體狀況是什麼」當作表面主題，底下的實際主題卻是「具體狀況將是什麼」。因此，性別領域的描述無論如何都不會先於——或獨立於——它的常規性運作問題而存在。

我沒有興趣批判是哪些事物區分了可接受與不可接受。我不但認為這樣的批判不可能脫離脈絡，還認為這樣的批判絕不可能通過時間的考驗（「脈絡」本身就是假定出來的一種整體，時間會改變並揭露脈絡在本質上的不統一）。正如隱喻隨著時間推進而凝結成概念後會失去隱喻性，顛覆性的操演總有成為老掉牙陳腔濫調的風險，這種風險除了來自重複，更重要的是，也來自於在商品文化中重複，因為這下「顛覆」有了市場價值。為顛覆的準則命名總是白費力氣，也理當如此。那麼，使用這個詞會帶來什麼樣的利害關係呢？

一直以來，最使我憂慮的是下面這類問題：哪些事物會建構出可理解的生活，哪些事物不會？對規範式的性別與性傾向的假定，會以何種方法預先決定哪些人有資格成為「人類」，哪些人「可以活著」？換句話說，規範式的性別假定要如何在我們專為人類設立的描述場域中劃出界限？我們透過什麼方法看見這種劃定界限的力量，又透過什麼方法來改變這種力量？

準確來說，《性／別惑亂》在解釋性別之中的建構性面向與操演性面向時所提出的變裝討論，並不是顛覆的**範例**。把書中討論視為顛覆行動的典範，甚或視為政治能動力的模型，都是錯誤的觀點。討論的重點不在這裡。如果有一個人覺得自己看到了一名男人穿得像是女人，或者一名女人穿得像是男人，那麼他就會把這兩種感知中的第一個詞彙視為性別的「現實」：透過明喻引入的性別缺乏「現實」，此性別會被當作一種虛幻的表象。在這樣的感知中，表面上的真實伴隨著一種不真實一起出現，我們會認為自己知道真實是什麼，把性別的第二種表象看做僅僅是詭計、演戲、謊言與幻覺。但是，用這種方式建立此一感知的「性別現實」意識到底是什麼呢？或許我們以為自己知道這個人的解剖構造為何（又有些時候我們並不知道，而且我們過去當然不曾注意過解剖描述層面的不同）。又或者我們是從這個人穿什麼衣服或穿衣服的方式獲得認知，儘管是以一系列文化推論為基礎，有些甚至大錯特錯，但這種認知已經被自然化了。事實上，若把範例從變裝轉移到跨性傾向，那麼我們就再也無法透過掩蓋身體與表達身體的衣著，對固定的解剖學做出判斷。該身體可能是即將手術的、過渡性的或做過手術的；就連「看見」身體也可能無法回答以下問題：**我們是透過什麼範疇來看見的？**當一個人在文化方面保守且普通的感知失效了，當一個人無法對自己看到的身體做出明確解讀，那瞬間，這個人便再也無法確定自己面對的是男人的身體還是女人的身體。位於範疇與範疇之間的搖擺不定，構成了我們所討論的身體經驗。

當這些範疇受到質疑時，性別的**現實**也就遇上了危機：我們變得無法確定該如何區分真實與非真實。正是在這樣的狀況之下我們會理解到，我們視為「真實」的事物、我們拿來當作自然化的性別知識的事物，其實是可以改變也可以修正的現實。你可以將之稱作顛覆，也可以用其他名字稱呼它。儘管這個觀點本身無法構成政治革命，但人們對於可能與真實的看法若沒有出現徹底改變，不可能出現政治革命。有時候，這類改變的發生會早於我們把它明確地理論化，這類改變也會推動我們重新思考何謂基礎範疇：性別是什麼、性別是如何被產生與再產生的、性別的可能性為何？在此，我們會把經過沉澱與具體化的性別「現實」領域，視為一個可以變得不一樣且較不暴力的領域。

本書重點並不是把變裝當成一種真實性別或模範性別的表達方式來頌揚（不過反抗那些偶爾發生的變裝貶低仍是很重要的一件事），而是點出，性別的自然化認識是某種預先假定的、暴力的現實限制在運作。性別常規（理想的二元形態、身體的異性戀互補性、適當與不適當的陽剛氣質與陰柔氣質的理想與規則，許許多多常規都獲得了種族方面的純潔規範與異族通婚禁忌的支持）確立了哪些人是可理解的人類、哪些不是，也確立了哪些事物會被視為「真實」、哪些不會。就此層面來說，性別常規確立了本體論的領域，而身體可以在這個領域中得到合法的表達。如果《性／別惑亂》有一個積極的常規式任務的話，那就是堅持把這種合法性延伸到那些被視為虛假的、不實的、不可理解的身體上。提出變裝一例的用意，是要證明「真實」並不像我們通常以為的那麼不可動搖，是要揭露性別「現實」的空洞之處，並藉此抵抗性別常規的暴力行為。

我在本書與其他著作中都一直試著理解，如果政治能動力無法脫離最初鍛造出這種能動力的權力動態，那麼政治能動力還可以是什麼。操演的可重複性（iterability）是一種能動力理論，無法否認若理論本身要成為可能，權力就是必要條件。本書並沒有在社會、心理、物質與時間的面向針對操演做出充分解釋。從某些層面來說，在回應無數傑出批判的過程中，我為了清楚解釋操演而不斷付出的努力，引導了我後續多數出版品。

過去十年來有許多人對本書提出疑慮，我已透過各種出版品盡量提供解答。我在《需要重視的身體》（*Bodies that Matter*）中，重新思考與修正了我對身體的物質地位的觀點。我在文章〈偶然的基礎〉（Contingent Foundations）中，針對「女人」這個範疇在女性主義分析中的必要性，修正與擴展了我的觀點，此文編入我與瓊安・史考特（Joan W. Scott）共同編輯的《女性主義理論化政治》（*Feminists Theorize the Political* [Routledge, 1993]）以及我與其他作者共同著作的《女性主義爭論》（*Feminist Contentions* [Routledge, 1995]）。

我不認為後結構主義會導致自傳體式寫作邁入消亡，但後結構主義確實會讓眾人注意到，我們在使用現有語言表達「我」的時候會遇到的困難。因為從某部分來說，你所閱讀到的這個「我」，是在語言中控制個人可得性（availability）的文法帶來的結果。雖然我並非獨立於建構我的語言之外存在，但同時我也並不全然是由這個使「我」變得可能的語言所決定的。以我的理解看來，這是一種自我表達的困境，代表這個文法建構了我對你的「可得性」，因此你在接受我的時候，永遠無法脫離這個文法。如果我把這個文法視為透明的，我就無法使人們注意到那建立了與撤銷了可理解性的語言圈，這將阻撓我在此向你描述的計畫。我的目的並不是使本書變得難以閱讀，我的目的是呼籲眾人注意到這種困難，若沒有這種困難，就不會有「我」的出現。

當我們從精神分析的觀點來看，這種困難會呈現一個獨特的面向。我一直努力試著理解語言中的「我」的不透明性，《性／別惑亂》出版之後，這樣的努力愈來愈集中在精神分析上。對我來說，為了將精神理論與權力理論徹底切割而付出的一般努力往往適得其反，因為性別的社會形式之所以具有這麼高的壓迫性，部分原因出在這些形式產生的心理困境。我曾在《權力的精神生命》中試著研究如何把傅柯與精神分析放在一起思考。我也利用了精神分析來抑制我的操演性觀點中偶爾會出現的唯意志論（voluntarism），同時盡力避免破壞普遍的能動力理論。《性／別惑亂》的內文有時會顯得性別好像只是一種自我捏造，又或者好像我們可以直接依據表象來理解性別化的表達所具有的心理意義。這些假定必須隨著時間推移進行改良。除此之外，我的理論有時會在兩方面之間游移，一是把操演性理解為一種語言性的事物，二是把操演性打造成一種戲劇性的事物。我如今認為這兩方面必定有所關聯，是交叉的，當我重新把言語行為視為權力的例證時，我們不可避免地會把注意力放在戲劇性與語言性這兩個面向上。在《激動的言語》中，我想展現的是語言行為是被操演的（因此言語行為具有戲劇性，它被呈現在觀眾面前，成為詮釋的主題），同時也具有語言性，言語行為透過它自身和語言慣例之間的隱晦連結，誘導出了一連串結果。如果有人想知道言說行為的語言理論如何和身體姿態有所關聯，只需要思考這件事：言說本身就是一種能帶來特定語言結果的身體行為。因此，言說並非只屬於肢體表達，也並非只屬於語言，言說的文字地位與行為地位必定是模糊不清的。這種模糊會嚴重影響到出櫃的實踐、言說行為的革命力量、語言在身體引導與傷害威脅中成為先決條件的位置。

如果要在當下重寫這本書的話，我會納入跨性別與間性（intersexuality）的相關討論，探討理想的性別二元形態在這兩種論述中的運作方式，以及相關討論所關心的手術介入與這兩種論述之間的不同關聯。此外，我同樣會納入的討論也包括了種族化的性傾向，還有異族通婚的禁忌（以及對跨種族性交易的浪漫化）對於性別的自然化型態與去自然化型態來說為何具有必要性。我一直都希望性少數能形成聯盟，這個聯盟能超越單純的身分範疇，能拒絕抹除雙性傾向，能抵抗與消除約束性的身體常規強加的暴力。我希望這個聯盟以不可約束的性傾向複雜性當作基礎，奠基在各種論述權力與機構權力的動態意涵上，我希望沒有任何人會過快地把權力簡化成階級，過快地拒絕權力中具有生產力的政治面向。儘管我認為在法律、政治與語言具有主導權的論述中，為性少數的地位爭取認同相當困難，但我至今仍認為這是生存的必要之舉。身分有可能會成為一個人反對的權力所利用的手段，此觀點會對「為了政治化而調用身分範疇」的舉動產生威脅。但這並不是我們不使用身分，或不被身分使用的理由。所有政治立場都會受到權力的沾染，或許正是這種沾染才會產生能阻止或反轉監管制度的潛在能動力。那些被視為「不真實」的人也同樣抓握住了真實，這樣的抓握是同時發生的，而此種操演式的意外會製造出至關重要的不穩定性。當初撰寫本書，我希望本書能成為集體奮鬥的文化生活中的一部分，我至今仍如此希望，也希望本書能成功使那些正在性的邊緣生活或試著生活的人有更高的可能性，獲得具有生活價值的生命。[15]

朱迪斯・巴特勒，加州柏克萊，一九九九年六月

15 感謝 Wendy Brown、瓊安・史考特、Alexandra Chasin、Frances Bartkowski、Janet Halley、Michel Feher、霍米・巴巴、德魯西拉・康奈爾、丹妮絲・萊利（Denise Riley）、伊莉莎白・威德（Elizabeth Weed）、Kaja Silverman、Ann Pellegrini、William Connolly、史碧娃克、拉克勞、Eduardo Cadava、Florence Dore、David Kazanjian、伍德堯（David Eng）和 Dina Al-kassim，感謝他們在我撰寫此序言的一九九九年春天帶給我的支持和友誼。

前言（一九九〇年）

現代女性主義者針對性別的意義所進行的爭辯，往往會引起某種特定的憂慮感，好像性別的不確定性終將導致女性主義的失敗。或許這種憂慮感（trouble，也有麻煩、問題、混亂等意涵）也可以不帶有負面意涵。在我童年時期具有主導權的論述中，你絕不該製造麻煩的原因，正是因為製造麻煩會讓你身陷麻煩。反叛本身與反叛的懲戒似乎也陷入了同樣脈絡，這種現象使我初次對權力的隱晦伎倆提出了批判：主流律法為了使一個人避開麻煩，會用麻煩來威脅我們，甚至使我們身陷麻煩之中。因此，我認為麻煩是不可避免的，問題在於要怎麼做才能以最好的方式製造麻煩，以及什麼才是陷入麻煩的最好方式。隨著時間推進，這類批判中出現了更多模稜兩可的要素。我注意到人們有時會用麻煩來委婉表達某些難以理解的根本問題，而那些問題往往和所有陰柔氣質中所謂的奧祕有關。我閱讀了西蒙·波娃的著作，她解釋說，在陽剛文化中成為女人，就是成為男人眼中的奧祕源頭與不可知源頭，這似乎和我讀到的沙特相符，沙特以一種非常有問題的方式假定，所有慾望都是異性戀傾向的、陽剛的，把所有慾望都定義為**麻煩**。對於陽剛的慾望主體而言，當女性「客體」用難以理解的方式看回來、反轉了凝視，並挑戰了陽剛地位的位置與權威性時，這種突然的干擾、預料之外的能動性，會把麻煩轉變成醜聞。陽剛主體對女性「他者」的極度依賴，會在忽然之間揭露陽剛主體的自主性是種幻覺。然而，這種辯證式的權力反轉並沒有特別抓住我的注意力——不過我確實注意到了其他事。權力似乎不只是主體之間的交易，也不只是客體與他者之間的持續反轉；事實上，在製造性別思考時極度二元的框架過程中，似乎亦有權力在運作。我要提問，是什麼樣的權力配置建構了主體與他者、「男人」與「女人」之間的二元關係，以及這些詞語的內在穩定性？在這裡運作的是什麼樣的限制？這些詞語是不是只有在符合概念化性別與概念化慾望的異性戀矩陣時，才能夠免除麻煩？當以異性戀傾向為假定狀態的認知體制被揭開了面具，顯露出此體制製造與具體化了本體論在表面上的範疇時，主體與性別範疇的穩定性會發生什麼事？

但是，認知的／本體論的體制要如何被帶入問題之中？怎麼做才能以最好的方式為支持性別階級與強加式異性戀傾向的性別範疇製造麻煩？想想「婦女病」（female trouble）的命運，這是一種歷史結構中對女性具有不知名小毛病的名稱，聊勝於無地掩蓋了「身為女性是種天生的小毛病」的觀念。在論及婦女病時，儘管女性身體的醫療化是一件很嚴肅的事，但「婦女病」這個名詞同時也很可笑，對女性主義來說，就算討論嚴肅話題，我們也離不開嘲笑。毫無疑問，女性主義需要屬於自己的嚴肅方式。約翰．華特斯（John Waters）執導的一部電影也叫做《女人的煩惱》（*Female Trouble*），電影主角是在《約翰華特斯之髮膠明星夢》（*Hairspray*）中同樣飾演主角的蒂凡（Divine），她／他在《女人的煩惱》的變裝演出，含蓄地表現了性別就是一種被當作真實的持續裝扮。她／他的表演動搖了自然與人工、深層與表面、內在與外在之間的明顯區別，而有關性別的話語幾乎總是靠著這種區別在運作。變裝是一種性別的模仿嗎？又或者變裝是在戲劇化那些建立了性別本身的意指姿態？身為女性是否會構成某種「自然事實」或文化操演？又或者「自然性」的建構來自受到語言限制的操演行為，而這種操演透過性的範疇、在性的範疇中產生了身體？儘管有蒂凡的例子，但在男女同性戀文化中的性別實踐，往往會在模仿的脈絡中把「自然」變成主題，凸顯原初的性與真實的性所具有的操演結構。身分還有哪些其他基礎範疇——性、性別與身體的二元性——可以被表現成一種生產機制，能創造出自然的、原初的與不可避免的結果？

若要揭露性、性別與慾望的基礎範疇其實是權力的特定結構所帶來的結果，那麼我們就會需要傅柯改編自尼采、稱之為「系譜學」（genealogy）的批判探究形式。系譜學的批判拒絕追尋性別的起源、女性慾望的內在真實、被壓迫所阻擋在視線之外的純粹的或真實的性身分；系譜學探究的是特定的政治利害關係，這種利害關係為身分範疇指定了**起源**與**成因**，但事實上，這些身分範疇是制度、行為、話語所帶來的**結果**，具有多重且分散的起源。此探究的目的是聚焦在陽具中心主義（phallogocentrism）與強加的異性戀傾向等定義性的制度，並去除這些制度的核心地位。

正因為「女性」（female）不再是一個固定的概念，且女性的意義和「女人」（woman）一樣充滿疑慮且不固定，也因為這兩個詞語只有在做為關聯詞語時才會具有充滿疑慮的意義，所以這種探究會將性別與性別所暗指的關聯分析當作焦點。此外，我們如今並不清楚，女性主義理論是否應該為了應對政治方面的任務，而試著解決原初身分的種種問題。我們應該問的是，針對身分範疇的基進批判會帶來哪些政治上的可能性。當我們視為共同基礎的身分再也不會限制女性主義政治的語言時，會出現哪些政治的新型態？我們為了尋找一個共通身分做為女性主義政治的基礎而付出的努力，會在何種程度上排除針對政治結構與身分規範本身提出的基進探究？

本書區分成三章，各自以截然不同的論述領域對性別範疇的系譜學提出批判。在第一章「生理性別／社會性別／慾望的主體」，我重新思考「女人」做為女性主義主體與性／別區分的狀態。強加的異性戀傾向與陽具中心主義被視為權力／話語的體制，這些體制往往會以發散的方式回答性別論述的核心問題：語言如何建構性的範疇？「陰性特質者」（the feminine）是否在語言中隱身了？語言是否被理解為陽具中心的（露西・伊瑞葛萊〔Luce Irigaray〕提出的問題）？「陰性特質」是不是語言中唯一一種能把女性與性傾向合併在一起的性陳述（維蒂格提出的主張）？強加的異性戀傾向與陽具中心主義在哪裡、以何種方式匯聚？這兩者間的斷裂點在哪裡？語言本身如何產生虛假的「性」結構，並以該結構支持這些權力體制？在預設異性戀傾向的語言中，性、性別與慾望之間存在何種假定的連續性？這些詞語是離散的嗎？哪些種類的文化實踐會在性、性別與慾望之間產生顛覆式的不連續性與不協調性，並質疑這三者之間所謂的關聯性？

第二章「禁制、精神分析和異性戀矩陣的產物」針對結構主義、精神分析與女性主義對亂倫禁忌的論述提出了選擇性的檢視，此處亂倫禁忌是種機制，旨在異性戀的框架下試著強加一種離散的、內在的連貫性別。在部分精神分析的論述中，同性戀傾向的問題無疑和文化上不可理解的形式有關，在女同性戀主義中，此問題則和女性身體的去性化有關。另一方面，瓊安・李維耶赫（Joan Riviere）與其他精神分析者的研究則試圖透過身分、身分認同與裝扮的分析，以精神分析理論來解釋複雜的性別「身分」。當傅柯在《性史》（*The History of Sexuality*）中，用針對壓抑假設的批判來討論亂倫禁忌時，我們將看到，那種禁制的或律法的結構不但會在陽剛性經濟中確立強加的異性戀傾向，還會促成針對此經濟的批判性挑戰。精神分析是不是一種反基礎主義的探討方式，能夠證實某種性傾向複雜性的存在，而該複雜性解除了原本十分嚴格的階級式性傾向規則？又或者，精神分析會維持一套不被承認的身分基礎假定，而此種假定對該階級本身有利？

最後一章「顛覆的身體行動」首先針對茱莉亞・克莉絲蒂娃（Julia Kristeva）對母親身體結構的想法提出了批判式思考，目的是展現出她的作品有某種隱含的常規，控制了性與性傾向在文化方面的可理解性。儘管傅柯致力於針對克莉絲蒂娃的作品提出批判，但若我們進一步深究會發現，傅柯自己的某些作品對性差異的冷漠態度也很有問題。儘管如此，他對性範疇的批判仍然提供了洞見，讓我們了解某些旨在為「單一意義的性」命名的當代醫學假象實踐監管的方式。維蒂格的理論和小說提出了要「解體」文化建構成的身體，她認為型態學本身就是霸權概念體制所導致的結果。本章最後一節「身體的銘刻，操演的顛覆」引用了瑪麗・道格拉斯（Mary Douglas）和克莉絲蒂娃的研究，認為身體的界線與表面是政治建構的。為了建立一個將身體範疇去自然化與重新意指身體範疇的策略，我以性別行為的操演理論為基礎，描繪並提議一系列的模仿實踐，這些模仿實踐能破壞身體、性、性別與性傾向的範疇，使模仿以超越二元框架的方式，進行顛覆性的重新意指與增生。

每一篇文本的源頭似乎總是會超出文章能在自身中重新建構的限度。這些源頭為文本中的語言提供了定義與資訊，我們必須透徹地揭露文本，才能理解文中語言，想當然爾，我們無法保證這種揭露會不會有停止的一天。雖然我在這篇前言開頭提及了孩童時期的故事，但那故事只是一則預言，不能被化約成事實。事實上，大體來說，本書目的是去追尋，性別如何預言建立與流傳自然事實的不當命名。我們顯然不可能恢復這些文件文章的源頭，也不可能找到促成本書的各個時刻。我編彙這些文章，是為了推動女性主義、同性戀對性別的觀點與後結構主義理論產生政治上的交會。哲學是目前推動這種作者－主體（author-subject）關係的主要學術機制，不過它鮮少脫離其他話語而獨立存在。本書希望透過探究，確認學術領域的關鍵邊界位置。重點並非停留在邊界，而是參與從其他學術核心延伸過來的所有網絡或邊緣地帶，這些網絡與邊緣地帶會共同組成權威的多元換置。性別的複雜性需要一套跨學科與後學科的論述，藉此反抗性別研究或女性研究在學術圈遭受的馴化，並使女性主義批判的論述更加基進。

本書之所以能寫成，是因為有許多機構與個人提供支持。美國學術團體聯合會（American Council of Learned Societies）在一九八七年秋天提供了新獲博士學位獎學金，普林斯頓高等研究院（Institute for Advanced Study）的社會科學研究所（School of Social

Science）在一九八七至一九八八學年度提供了獎學金、住宿與發人深省的辯論機會。喬治華盛頓大學（George Washington University）的教師研究基金（Faculty Research Grant）也在一九八七年與一九八八年暑假支持我的研究。瓊安・史考特在本書還是手稿的各個階段提供了寶貴且深刻的評論。她致力於對女性主義政治的預設脈絡進行批判式反思，這為我帶來了挑戰，也啟發了我。瓊安・史考特在普林斯頓高等研究院主辦的「性別研討會」（Gender Seminar）中，我們集體思考一些重要且發人深省的分歧，這幫助我澄清與闡述了我的觀點。因此，我要感謝萊拉・阿布－盧戈德（Lila Abu-Lughod）、亞斯敏・厄爾加斯（Yasmine Ergas）、唐娜・哈洛威（Donna Haraway）、伊芙琳・福克斯・凱勒（Evelyn Fox Keller）、多琳妮・近藤（Dorinne Kondo）、雷娜・拉普（Rayna Rapp）、凱羅・史密斯－羅森柏格（Carroll Smith-Rosenberg）、露易絲・提利（Louise Tilly）。衛斯理大學和耶魯大學分別在一九八五年和一九八六年舉辦了專題討論課程「性別、身分與慾望」（Gender, Identity, and Desire），我在這些課程中教授的學生十分樂意想像一個截然不同的性別化世界，他們對本書來說也是不可或缺的一環。我很感謝在我發表了本書部分內容後收到的眾多批判性回饋，這些回饋來自普林斯頓女性研究討論會（Princeton Women's Studies Colloquium）、約翰斯霍普金斯大學（Johns Hopkins University）的人文研究中心（Humanities Center）、聖母大學（University of Notre Dame）、堪薩斯大學（University of Kansas）、阿默斯特學院（Amherst College）和耶魯大學醫學院（Yale University School of Medicine）。我也十分感謝琳達・辛格（Linda Singer），她堅持不懈的基進主義是無價之寶，感謝珊德拉・巴特基（Sandra Bartky）的著作與及時的鼓勵話語，感謝琳達・尼可森（Linda Nicholson）在編輯上的建議與批評意見，感謝琳達・安德森（Linda Anderson）精準的政治直覺。我也要感謝以下幾位人士、朋友與同事，他們形塑了我的想法並提供支持：艾洛伊絲・摩爾・艾格（Eloise Moore Aggar）、伊內斯・阿扎爾（Inés Azar）、彼得・考斯（Peter Caws）、南希・F・寇特（Nancy F. Cott）、凱希・納塔森（Kathy Natanson）、露易絲・納塔森（Lois Natanson）、莫里斯・納塔森（Maurice Natanson）、史黛西・派斯（Stacy Pies）、喬許・夏皮羅（Josh Shapiro）、瑪格麗特・索坦（Margaret Soltan）、羅伯特・V・史東（Robert V. Stone）、理查・凡恩（Richard Vann）與艾絲蒂・沃托（Eszti Votaw）。我要感謝珊德拉・施密特（Sandra Schmidt）細心地幫助我準備本書手稿，也要感謝梅格・吉

伯特（Meg Gilbert）的協助。謝謝莫琳・麥葛羅根（Maureen MacGrogan）以幽默耐心的態度鼓勵這個計畫與其他計畫，並提供完善的編輯指引。

一如往常的，我要感謝溫蒂・歐文（Wendy Owen）無盡的想像力、敏銳的評論，以及她的研究帶給我的啟發。

I

生理性別／社會性別／慾望的主體

SUBJECTS OF SEX/GENDER/DESIRE

女人不是生為女性，而是成為女性。

——西蒙・波娃

嚴格來說，所謂的「女性」根本就不存在。

——茱莉亞・克莉絲蒂娃

女人沒有生理性別。

——露西・伊瑞葛萊

性傾向的使用方式……定義了生理性別。

——米歇爾・傅柯

生理性別的劃分方式，是異性戀社會賴以存在的政治範疇。

——莫尼克・維蒂格

一、女性主義所關注的「女性」

一般來說，女性主義理論都預設了某種既有的身分，也就是所謂的女性。這個身分不僅是女性主義討論的主題和目標，也構成了在追求政治代表性時所使用的主體。但光是**政治**和**代表性**兩詞，本身就很有爭議。一方面，我們在政治活動中使用代表性（representation）這個術語時，是為了擴大女性做為政治主體的能見度與正當性；但另一方面，representation一詞在英語中還有表徵的意思。表徵是一種規範性的語言功能，用來揭露（或扭曲）我們把哪些東西分類為女性。對女性主義理論來說，若要提高女性的政治能見度，似乎就得發展出一種能夠完全或充分代表女性的語言。而且既然在大部分的文化環境中，女性的生命樣貌是被歪曲的方式呈現，或者根本沒有呈現，發展這樣的語言顯然就很重要。

但上面這種女性主義理論如何面對政治的主流說法，最近受到了女性主義內部的挑戰。人們對於「女性」這種主體的理解，已經不再穩定不變。許多資料都指出，人們不但懷疑「主體」是不是最適合用來呈現女性的方法；甚至對於「女性」這個分類類別包含哪些東西，或者應該包含哪些東西，都幾乎沒有共識。無論是政治的代表性還是語言的表徵，都預設了主體有一個構成標準，只要不被承認為主體的東西，就不會被代表，也不會被呈現。換句話說，如果想擴大政治的代表性、擴大語言的描述範圍，都得先擴大主體的認定範圍。

傅柯點出，權力的司法體系**產生了**它們隨後代表的主體。[1]權力的裁決概念，似乎都是用純粹消極的方式規範人們的政治生活；都是用各種可撤回的偶然標準，限制、禁止、管制、控制，甚至「保護」那些涉及政治結構的個體。但是，受到這些結構規範的主體，由於受制於結構，其形成的方式、獲得的定義，以及延續或重現的方式，全都符合了結構的要求。如果前述分析沒錯，那麼在語言與政治的規範結構中把女性稱為「主體」的說法，本身就是某種特定政治呈現方式下的論述或影響。女性主義的主體，事實上由政治體系形成，而這個政治體系原本應該要能促進女性解放。如果目前的政治體系會根據優勢差異而製造出性別化的主體，或製造出來的主體會被認為是陽性化的，那麼在政治上就有很大的問題。在這樣的情況下，以不加批判的方式，期待此體系解放「女性」，顯然是注定失敗收場。

「主體」問題在政治上非常重要，對女性主義政治尤其重要，因為主體製造出來的過程都帶著某種排他性，而且政治的司法結構一旦建立，這些排他性的實踐就不再「呈現」。換言之，在政治中建構主體的方式，都想要正當化某些東西，同時排除另一些東西；只是那些以司法結構為基礎的政治分析，讓我們看不見建構的目的，或者把結果當

1 Michel Foucault, "Right of Death and Power over Life," in *The History of Sexuality, Volume I, An Introduction*, trans. Robert Hurley (New York: Vintage, 1980), originally published as *Histoire de la sexualité 1: La volonté de savoir* (Paris: Gallimard, 1978).
傅柯在《性史》最後一章討論了司法性法律（juridical law）與生產性法律（productive law）之間的關係。他對法律生產性的概念顯然源自尼采，但與尼采的權力意志（will-to-power）不同。我們不能直接把傅柯對生產力的概念，「套用」到他對社會性別議題的立場上。本書第三章第二節〈傅柯、巴賓和性別不連續性的政治〉將提到，傅柯在作品中對生理性別的看法，顯示出他理論中的核心矛盾。也將在最後一章批評他對身體的看法。

成是自然存在，而非建構出來的。司法性的權力都聲稱自己只是代表某些東西，但其實一定會「製造」出它所代表的東西，因此在討論政治時，必須記住權力同時具備兩種功能，它既能審判也能製造。實際上，律法會製造「律法之前的主體」[2]這種概念，然後隱藏起來，它會為了讓「律法之前的主體」變成一種自然存在的基礎前提，進而合理化自己的管制霸權。所以光是討論如何讓語言進一步呈現女性，或者如何進一步爭取女性的政治代表性，其實都不夠。女性主義批判還必須了解，女性主義的主題，也就是「女性」這個分類類別，如何被追求解放的權力結構所製造，又如何被這種權力結構所侷限。

的確，「女性」做為女性主義主體的問題，提出了以下可能性：也許根本不存在一個律法「之前」的主體，等著在律法中表述或是被律法代表。也許所謂的主體，以及時間上的「之前」，都是律法為了確保自己的正當性而虛構出來的基礎。也許人們目前之所以普遍相信「律法之前的主體」就本體論而言沒有破綻，其實只是延續了之前的自然狀態（state of nature）假說。這種自然狀態假說，是古典自由主義司法結構背後的基礎論（foundationalist）寓言，在操演式的召喚之下，非歷史的「之前」成為基礎前提，確保那些尚未形成社會的人類個體會發自內心地接受契約規範，故社會契約具有正當性。

這種基礎論的主體概念是想像出來的。而女性主義除了必須對抗這種想像，還會遇到一個政治問題：假設「女性」一詞代表某一種共同身分。無論「女性」一詞是單數還是複數，它的意義都已經不再穩定，不再能得到它所描述或代表的那些人的同意；而且反而帶來了麻煩，變成了爭論的目標、焦慮的原因。丹妮絲・萊利（Denise Riley）的書名說得好，當一個名字具備多重涵意，《我是那個名字嗎？》（*Am I That Name?*）就成了問題。[3]即使一個人真的「是」女人，「女人」也不可能代表她的全部。而且這個詞彙之所以有所闕漏，並不是因為有某個毫無性別（pregendered）的「人」能夠超脫天生那種性別的生理構造；而是因為不同歷史脈絡下的社會性別經常彼此矛盾或者無法連

---

2 本書提到相關主題時，都採用德希達對卡夫卡寓言〈在法之前〉的詮釋，收錄於《Kafka and the Contemporary Critical Performance: Centenary Readings》（ed. Alan Udoff, Bloomington: Indiana University Press, 1987）。

3 Denise Riley, *Am I That Name?: Feminism and the Category of 'Women' in History* (New York: Macmillan, 1988).

貫；而且人們的社會性別，總是跟那些基於種族、階級、族裔、性傾向，以及在特定區域和文化背景下的論述所產生的身分認同彼此交織。因此，談論「社會性別」時不可能撇開政治與文化，因為社會性別就是在其中產生，在其中延續。

某些政治論述之所以相信女性主義必須具備同一個跨越不同文化的身分基礎，通常是因為相信父權或男性統治的普遍或霸權結構，都是以某一種共同的形式壓迫女性。這種普世皆然的父權觀念近年廣受批評，因為它無法解釋性別壓迫在具體文化脈絡下的運作機制。這些理論在引述不同文化下的壓迫時，都把脈絡當成「例證」或「說明」，以支持它預先假設的普世父權觀念。這種形式的女性主義理論受到批評，因為它們總是挪用非西方的文化，將那些文化據為己有，以支持非常西方的壓迫概念；而且它們往往都會幻想一個「第三世界」甚至「東方」，把當地的性別壓迫巧妙地說成非西方的社會注定發生的野蠻症狀。女性主義為了鞏固自己聲稱的代表性，急著把父權描繪成某種普世狀態；這有時候卻反而讓人驟下結論，錯誤地幻想或整理出一個普世性的支配結構，以為所有女性都有同一種被支配的經驗。

普世性父權結構的說法，雖然已經不像過去那麼可信，但這種框架必然帶來的普世性「女性」概念，卻相當難以取代。當然，目前已經有很多相關爭論：各種「女性」在被壓迫之前就有共同特質嗎？還是說「女性」只是因為受到壓迫才連繫在一起？女性的文化具備獨立存在的特殊性嗎？還是在男性的霸權文化宰制之下才存在？女性文化或女性語言的特殊性與完整性，是否注定站在某種優勢文化結構的對立面，並因此被該結構限定？如果有一個「特別陰柔」、不同於陽剛的領域，我們是否可以用一個沒有標記的方法，看得出它是「普世」的「女性」領域？陽剛／陰柔（masculine/feminine）的二元結構，不僅讓我們失去了其他識別框架；而且讓任何想用其他法子「辨別」出女性的方法都失去了脈絡，讓這些方法在政治上和分析上都脫離了階級、種族、族裔，以及其他構成「身分」的權力關係，描述出來的單一「身分」也因此變得名不符實。[4]

我認為這些表徵論述的限制，讓女性主義使用主體來討論時，失去了它原本設想的

4 Sandra Harding, "The Instability of the Analytical Categories of Feminist Theory," in *Sex and Scientific Inquiry*, eds.Sandra Harding and Jean F. O'Barr (Chicago: University of Chicago Press, 1987), pp. 283-302.

普世性和統一性。要說起來，時機尚未成熟時，就堅持在女性主義中使用一個穩定的、毫無遺漏的「女性」主體，本來就注定會製造出許多種拒絕接受的狀況。那些被排除的群體讓我們看見，即使這種分類方式是為了解放女性而精心討論出來的，依然會因為由上而下地施加規定而造成傷害。事實上，女性主義的內部分裂，以及那些照理來說要被女性主義所代表的「女性」竟然反對女性主義的現象，都讓我們看見了這種身分政治（identity politics）的內在侷限。那些希望女性主義能夠代表更多主體的建議，最後都因為拒絕面對它們的代表方式本身就會建構出主體，反而威脅到女性主義所追求的目標。即使只在運動「策略」上使用「女性」這個類別，問題也不會改善，因為策略的影響總是比運動的目標更廣泛，可能會讓女性主義無意中排除某些群體。女性主義若是為了滿足政治代表性的要求而虛構出一個穩定的主體，反而可能會嚴重失真。

當然，這並不是說女性主義在政治上不需要考慮代表性，畢竟代表性是無可逃避的。語言與政治的司法結構構成了當代的權力場域，所有的身分立場都位於這個場域，場域之外，只能批判歷來的做法是否落實。因此正如馬克思所言，轉變的關鍵是使用歷史現在式（the historical present）。當代的司法結構製造出了許多身分類別，使這些類別看似自然而然，使這些類別難以動搖。而我們的任務，就是在既有框架之內，批判這些身分類別。

也許在這文化政治的轉捩點，這被某些人稱為「後女性主義」的時期，我們反而可以從女性主義的角度，反思女性主義原本禁止討論的主體。在政治實務中，女性主義似乎得完全重新思考自己的本體論構成，這樣才能找出新基礎，重塑女性主義的代表性。此外，也許現在應該接受那些激進的批評——認為女性主義根本就不需要建構任何單一或不變的基礎，因為所有的基礎都一定會排除某些身分立場／反身分立場，因而注定遭到被排除者的挑戰。也許我們該想想，女性主義理論把「女性」當成主體的做法，是不是反而排除了某些群體，削弱了女性主義想擴大的「代表性」？[5]

5 我想起 Nancy Cott 在《The Grounding of Modern Feminism》（New Haven: Yale University Press, 1987）提到的固有困境。她說美國二十世紀初的女性主義運動，想要「扎進」一個綱領之中，使運動以綱領為基礎。但她以歷史的角度含蓄地質疑，不加批判地接受任何基礎，會不會造成「壓抑的重返」（return of the repressed）；而以排他性作風畫出的穩定政治身分，在撐起政治運動之後，是否終將被基礎主義運動孕育出的不穩定性所動搖。

而且可能還有一個更嚴重的問題。把女性建構成一個連續穩定的主體，會不會反而無意間延續了既有的性別關係，排除了其他可能？這不正是女性主義反對的嗎？如果跳脫異性戀矩陣的脈絡，「女性」這個分類方式還能維持多少穩定性和連貫性？[6]如果女性主義在政治上不需要仰賴穩定的性別概念，那麼也許現在就需要一種新的女性主義政治，把身分重新預設成一種可以改變的東西，並以此設定方法學、規範甚至政治目標，藉此挑戰目前的性別與身分框架。

追溯哪些政治操作產生了女性主義的司法性主體，之後又將其隱藏，就是女性主義系譜學（feminist genealogy）的任務。如果女性主義在反思自己討論的到底是不是「女性」時，並未對「女性」這種分類方式加以批判，可能反而就會**失去**政治上的代表性。雖然無視那些不符合潛規則的群體，就能夠充分「代表」所有符合潛規則的主體，但這又有什麼意義？如果女性主義政治只重視代表性，會下意識維持了怎樣的支配關係、下意識排除掉哪些群體？如果女性主義的主體身分，經常都是在女性主義意圖埋葬的權力場域中形成的，那麼女性主義政治就不該以這種身分為基礎。雖然看似弔詭，但也許只有當「女性」這個主體不預設任何限制，「代表性」對女性主義才有意義。

6 本書使用的「異性戀矩陣」（heterosexual matrix），是指那些因為被視為自然而然，而獲得文化理解的身體、社會性別、慾望組合方式。我用維蒂格的「異性戀契約」（heterosexual contract）概念，並佐以 Adrienne Rich 的「外力強加的異性戀」（compulsory heterosexuality）概念，來描述理解社會性別時使用的論述／認知霸權模型。這種霸權模型認為，只有用穩定的社會性別來表達穩定的生理性別，也就是用陽剛來表達男性、陰柔表達女性，才能讓身體變得自我一致、顯得合理。這是一種藉由外力強加異性戀的制度，來區分高低、對立二元的模型。

二、生理性別／社會性別／慾望的強制排序

雖然在團結身分認同時使用「女性」此概念不會有問題；但女性主義所謂的「女性」，卻有生理性別與社會性別兩種意義。之所以要引進生理性別與社會性別的概念，一開始是為了破除生物學的宿命論（biology-is-destiny），是為了指出無論生理性別的科學證據多麼穩固，社會性別都是文化建構的產物。因此社會性別不僅沒有被生理性別所決定，更沒有生理性別乍看之下那麼固定。而光是一個生理性別可以詮釋成好幾種不同的社會性別，就已經暗示了「女性」這種主體可能並不單一。[7]

7 結構主義人類學對生理性別／社會性別的討論，以及女性主義者對這種說法的使用與批評，見本書第二章第一節〈結構主義的關鍵交換〉。

如果社會性別是社會賦予身體的文化意義，那麼無論以什麼角度，社會性別顯然都不是從生理性別衍生出來。把上述邏輯推到極致就會知道，生理性別來自身體，社會性別則來自文化建構，兩者從根本上就不相同。這表示即使生理性別可以穩定男女二分，社會建構的「男性」也未必只適用於生理男，「女性」未必只適用於生理女。而且即使把生理性別男女二分的方法，型態上和定義上都沒有問題（事實上有問題），也不表示社會性別應該同樣照著男女二分。[8]男女二分的社會性別偷渡了以下預設：一個人的社會性別會反映生理性別，或者至少會被其生理性別所限制。如果我們的理論，能夠把社會性別和生理性別完全分開來討論，使用社會性別時就不再受到任何拘束，可以同樣自由地用「男性」、「陽剛的」來指涉男性與女性的身體，也能同樣自由地用「女性」、「陰柔的」來指涉女性與男性的身體。

當然，這種生理性別與社會性別的截然二分也帶出了另一套問題。在我們提到「既存的」生理性別或「既存的」社會性別之前，真的可以不用討論生理性別與社會性別，是在什麼條件之下存在的嗎？「生理性別」到底是什麼？是自然特徵？解剖特徵？還是荷爾蒙特徵？女性主義批評該怎麼面對用來建立這些「事實」的科學論述？[9]另外，生

8 關於美洲原住民文化中的「雙靈」（berdache）概念與多元性別的有趣研究，參閱 Walter L. Williams 的《The Spirit and the Flesh: Sexual Diversity in American Indian Culture》（Boston: Beacon Press, 1988）。亦可參閱 Sherry B. Ortner 和 Harriet Whitehead 編的《Sexual Meanings: The Cultural Construction of Sexuality》（New York: Cambridge University Press, 1981）。此外，Suzanne J. Kessler 和 Wendy McKenna 的《Gender: An Ethnomethodological Approach》（Chicago: University of Chicago Press, 1978）對雙靈、跨性別、二元性別的偶然性，進行了政治上相當重要且發人深省的分析。

9 女性主義研究了大量的生物學與科學史文件，發現在建立生理性別的科學基礎時，使用了許多具有歧視性的方法，這些方法內建了某些政治利益。參閱 Ruth Hubbard and Marian Lowe, eds., *Genes and Gender*, vols.1 and 2 (New York: Gordian Press, 1978, 1979); the two issues on feminism and science of *Hypatia: A Journal of Feminist Philosophy*, Vol. 2, No. 3, Fall 1987, and Vol. 3, No. 1, Spring 1988, and especially The Biology and Gender Study Group, "The Importance of Feminist Critique for Contemporary Cell Biology" in this last issue (Spring 1988); Sandra Harding, *The Science Question in Feminism* (Ithaca: Cornell University Press, 1986); Evelyn Fox Keller, *Reflections on Gender and Science* (New Haven: Yale University Press, 1984); Donna Haraway, "In the Beginning was the Word: The Genesis of Biological Theory," *Signs: Journal of Women in Culture and Society*, Vol. 6, No. 3, 1981; Donna Haraway, *Primate Visions* (New York: Routledge, 1989); Sandra Harding and Jean F. O'Barr, *Sex and Scientific Inquiry* (Chicago: University of Chicago Press, 1987); Anne Fausto-Sterling, *Myths of Gender: Biological Theories About Women and Men* (New York: Norton, 1979).

理性別有歷史背景嗎？[10]每個生理性別各有一套自己的歷史背景嗎，還是各有好幾套？有沒有一套歷史可以指出生理性別的男女二分是怎麼出現的，有沒有一種系譜學能夠讓我們看出區分生理性別的方式，除了男女二分之外是否有其他可能？乍看之下完全自然的生理性別事實，會不會是各種科學論述為了其他政治利益或社會利益而劃分出來的？如果連生理性別的特徵都有可能改變，那麼我們稱之的「生理性別」，可能就和社會性別一樣都是文化建構的產物。也許所有區分性別的方式都是社會的，也許生理性別與社會性別之間的差異，打從一開始就不存在。[11]

如果就連生理性別都是社會劃分出來的，那麼我們就不能說，社會性別是生理性別的文化詮釋。我們就不該把社會性別完全當成文化對既定生理性別的註解，當成對既定生理性別的銘印；而是必須注意到，社會性別一定也是某種讓生理性別得以確立的工具。也就是說，社會性別與文化之間的關係，並不等於生理性別與自然特徵之間的關係。社會性別是一種論述／文化手段，用來讓人相信「每個人一出生都有一個生理性別」或者「生理性別是自然存在的」。這些觀念在語言之前便已存在（prediscursive），在文化之前便已存在，讓我們在討論政治時以為生理性別是中立的，看不出文化在其中的影響。這種把「生理性別」偽裝得完全天然的建構手法，我們在第二章討論李維史陀和結構主義（structuralism）時將再次看到。不過到目前為止我們已經確定，那些能夠有效地把生理性別男女二分且不會變化的說法，都已經在提到生理性別之前，就已預設它男女二分。之所以會有這種現象，最合理的解釋是，我們提及生理性別的方式，其實就是社會性別建構出來的文化產物。不過既然有一種權力關係，能夠在我們所知的生理性別中偷渡某種區分方式，那我們該用什麼方法重新陳述社會性別，才能將這種權力關係放回對社會性別的理解之中？

10 傅柯的《性史》顯然提供了一個以現代歐洲中心的特定脈絡，重新思考「性」史的途徑。詳細討論參見 Thomas Laqueur 和 Catherine Gallagher 編的《The Making of the Modern Body: Sexuality and Society in the 19th Century》（Berkeley: University of California Press, 1987. originally published as an issue of *Representations*, No. 14, Spring 1986）。

11 參見我寫的〈Variations on Sex and Gender: Beauvoir, Wittig, Foucault〉，收錄於 Seyla Benhabib 和 Drucilla Cornell 編的《Feminism as Critique》（Basil Blackwell, dist. by University of Minnesota Press, 1987）。

三、社會性別：當代辯論的圓形廢墟

社會性別究竟是人**具有**的某種「單一」東西，還是「你是什麼性別」這種問題所暗示的，是人們**成為**的某種屬性？當女性主義理論家主張，社會性別是生理性別的文化詮釋或是某種文化建構，她們所說的建構方式或建構機制是什麼？如果社會性別是建構出來的，是否表示它其實可以建構成不同的樣子？抑或表示它已經以某種方式被社會決定，沒有任何能動性，沒有轉變的空間？「建構」是否表示社會以某些一致的基準，根據生理性別的差異，判定社會性別的差異？社會性別是怎麼建構出來的？在哪裡建構出來的？如果我們在建構之前，不假設某些人類建構者，我們所說的建構又是什麼？一方面，「社會性別乃是建構而成」的概念，暗示著社會性別中某些意義已經銘刻在身體之上，暗示著身體只能被動接受無法變更的文化法則。當我們把「建構」社會性別的「文化」當成這種法則，似乎就承認了社會性別是注定不變的。這樣我們就落回了宿命論之中，只是把決定宿命的條件從生物學換成了文化。

但另一方面，西蒙．波娃在《第二性》也提到「女人不是生為女性，而是成為女性」。[12]她認為社會性別是「建構」出來的，但她的論述中暗指有一種稱為我思（cogito）的行為主體，會以某種方式套用或借用那種社會性別，理論上可以換成其他種類。社會性別真的像波娃所說的那麼出於自我意志、那麼能夠改變嗎？「建構」真的能夠化約為一種選擇嗎？波娃清楚人不是生為女性，而是成為女性，但人總是會被文化強迫「成為」女性。她也很清楚，強迫的來源並不是「生理性別」，她從來沒說過社會性別是女性的人，生理上一定是女性。若照波娃所言，「身體是一種處境」[13]，就表示文化注定會去詮釋每一具身體，生理性別並不是某種在論述之前便已存在的解剖學事實。也就是說，光是根據定義，生理性別就是某種社會性別。[14]

這些關於「建構」的爭論，似乎都源於自由意志與決定論的傳統哲學對立。因此應該可以合理懷疑，某些常見語詞的語言極限，既構成了辯論的條件，又侷限了辯論的可能。例如我們經常把「身體」當成某種媒介，只能被動地承載文化銘印；或者把它當成某種挪用或詮釋的工具，可以用來決定自己的文化意義。這兩種觀點都只把身體當成**工具**或**媒介**，把文化意義完全當成身體之外的東西，但「身體」本身就是種建構，主體具有的社會性別本身就來自無數不同的「身體」。貼上社會性別的標籤之前，身體並不是一種能夠指涉的東西。這讓我們不禁好奇，社會性別的標籤到底對「身體」的**形成過程**造成了多大影響？我們該怎麼做，才能不再把身體當成被動的媒介或工具，才能相信身體不需要等待非物質的意志來啟動，而是本身就擁有動力？[15]

生理性別或社會性別的固定與否，其實是論述的結果，是為了將分析框限在某些限

12 Simone de Beauvoir, *The Second Sex*, trans. E. M. Parshley (New York: Vintage, 1973), p. 301.

13 同上，頁三十八。

14 參見我寫的〈Sex and Gender in Beauvoir's Second Sex〉，收錄於《Yale French Studies, Simone de Beauvoir: Witness to a Century》（No. 72, Winter 1986）。

15 沙特、梅洛龐蒂（Merleau-Ponty）、波娃之類的現象學理論中，經常出現「依託肉身」（embodiment）一詞。這個詞來自神學，將「身體」視為容器，以有形的身體去體現無形的指涉意義，將身體內外繼續視為兩種不同的東西。

制之中，是為了把人本主義（humanism）某些信條當成分析社會性別時的前提。在討論生理性別、社會性別，以及「建構」一詞的意義時，我們都會遇到相同的困難，而這也告訴我們，文化中只有某些東西對我們的分析有用，某些東西則無法使用。我們使用語言分析社會性別時所遇到的極限，已經事先決定了我們在文化中可以用哪些方式想像社會性別，可以用哪些方式實現社會性別。這並不是說社會性別本身擁有無限多種可能樣貌，而是說某些問題之所以無法分析，是因為語言經驗侷限了討論的可能。我們的語言都是霸權文化的產物，都來自一種任意訂定，並假裝成普遍理性的二元結構。光是用這種語言來想像社會性別，就注定會遇到侷限。

雖然社會科學家把社會性別當成分析的「因子」（factor）或「維度」（dimension），但社會性別也是個人身上的「印記」（mark），指出我們彼此之間的生物、語言、文化差異。這種所謂的「印記」，可以說是一個（已經）區分出生理性別分化的身體所承擔的意義。但另一方面，所有的意義都是一種關係，所有的意義都伴隨著反義。因此有些女性主義理論家認為，社會性別並非獨立的屬性，而是「一種關係」，甚至是一整組關係。其他人則採取波娃的觀點，認為只有陰柔的社會性別來自印記，陽剛的社會性別則和人類的整體概念合而為一，是一種超越身體的個體象徵；只有具備某些生理性別的人，才特別標記為女性。

露西・伊瑞葛萊指出一個更複雜的問題。她認為在討論身分的時候，「女性」本身就構成了某種悖論，甚至某種矛盾。因為女性是種「生理性別」，而這種性別沒有「統一意義」。在陽具中心（phallogocentric）、遍布著男性特質的語言中，女性是**無法表述的東西**。也就是說，所謂的女性，是這種語言無法思考、無法理解、根本就不存在之物。這種語言需要讓語詞的意義維持單一，無法處理難以約束、難以定義的生理「女性」，所以在這種語言中，生理「女性」的意義不是一種，而是好多種。[16] 波娃認為女性被標記為「他者」（Other）；伊瑞葛萊則認為無論主體抑或他者，都只是

---

16 Luce Irigaray, *This Sex Which Is Not One*, trans. Catherine Porter with Carolyn Burke (Ithaca: Cornell University Press, 1985), originally published as *Ce sexe qui n'en est pas un* (Paris: Éditions de Minuit, 1977).

陽剛語言那種表達能力貧弱的陽具中心語詞骨幹，終極目的都只是將陰柔特質完全剔除於討論之外。波娃認為女性是男性的反面，意思是不具備男性身分的人；伊瑞葛萊則認為光是使用這種討論系統，就已經排除了其他完全不同的表達體系。這種能指－主體（signifying-subject）／所指－他者（signified-Other）的沙特式（Sartrian）語言架構，不僅錯誤呈現了女性，更顯示出整個架構的指涉能力相當貧乏。如果我們改用好幾種方式來區分生理性別，就能開始批判目前握有霸權的西方式表徵系統，並批判「主體」這個概念背後那種仰賴實質的形上學（the metaphysics of substance）。

但究竟什麼是「仰賴實質的形上學」，這種形上學又如何影響我們思考生理性別的方式？首先，人文主義談到「主體」時，經常假設一個實體存在的人，身上承載了好幾種本質或非本質的屬性。因此，人文主義的女性主義者可能會把社會性別當成一種屬性，並將尚未標記社會性別的人當成物質或「核心」，具備相同的理性、道德思考、語言能力。然而，來自歷史學與人類學的社會理論（social theory）已經推翻了這種「所有人都具備某些相同能力」的說法。根據社會理論，所謂的社會性別，其實是社會建構出來的主體，在具體脈絡之中的關係。這種以關係或脈絡為主的觀點指出，人「是」什麼樣子，以及社會性別「是」什麼東西，全都取決於位於怎樣的建構關係之中。[17] 社會性別並不是某種實質存在之物，而是一種取決於脈絡，會不斷變化的現象，是歷史文化中一系列關係的匯聚之處。

但伊瑞葛萊也同意，陰柔的「生理性別」是語言無法表述的，不是一種實質，無法以文法表述。告訴了我們以語言來表述實質是男性語言難以擺脫的基本幻覺。也就是說，女性的生理性別並不是像波娃與維蒂格所說的那樣，是種被標記出來的東西；反而是一種超出男性語言的指涉能力，無法被其標記的東西。伊瑞葛萊認為，女性既不是「闕如」也不是「他者」，並不是缺少男性特質的主體。以「闕如」和「他者」來討論主體的方式，仍然帶著沙特式框架，仍然困在陽具中心的表達方式之中；但陰柔的生理性別是這些表達方式無法捕捉的，所以當然不可能像波娃所說的那樣，標記在某個主體

17 Joan Scott, "Gender as a Useful Category of Historical Analysis," in *Gender and the Politics of History* (New York: Columbia University Press, 1988), pp. 28-52, repr. from *American Historical Review*, Vol. 91, No. 5, 1986.

身上。此外，無論是用什麼語言形式建立的理論，都不該把「女性」當成陽剛特質與陰柔特質之間的既定關係，因為採取怎樣的語言形式並不重要，目前明明有諸多形式，卻全都陷入了陽具中心，並將女性的生理性別當成了意義無法單一的**主體**。在目前的表達形式中，能指與所指全都被陽剛特質霸占，根本不可能呈現陽剛特質與陰柔特質之間的關係。諷刺的是，波娃其實在《第二性》就已預言了這種困境，她說男性不可能解決女性的問題，因為這樣會讓他們同時成為案件的法官和被告。[18]

上述各種立場彼此相關，都可以說是在社會所建立的社會性別不對稱之下，針對「主體」與「社會性別」的狀況和問題陳述。而且，重新詮釋社會性別的方式，也不僅限於上述立場所提出的方法。女性主義探討社會性別時之所以會陷入迴圈，是因為某些立場的存在。這些立場一方面假設社會性別是人的次要特徵，一方面又在語言中把「人」的概念當成主體，沒有注意到「人」的概念是男性建構的男性特權，因之讓社會性別在語言與結構上都無法變得陰柔。有鑑於社會性別的意義引發了如此尖銳的分歧（甚至連「社會性別」一詞是否值得爭論、「生理性別」究竟如何在論述中建構出來，甚至可能連「女性」和「男性」要使用單數還複數都有巨大爭議），我們的確應該重新徹底思考，到底要用什麼方式才能在社會性別不對等的狀況下，對「身分」進行重新分類。

波娃認為，存在主義分析厭女（misogyny）時，總是把「主體」當成陽剛之物，將「他者」當成陰柔之物，「主體」是每個人類都具備的東西，「他者」則是人類普遍特質無法捕捉、注定「特有」的東西。雖然人們通常認為波娃爭取的是女性權利，但她討論存在主義的主體時，也討論到了抽象的普遍性術語，因而徹底批判了男性知識論在論述主體時往往拒斥肉身（disembodiment）的問題。[19]男性知識論所謂的主體，拒斥了那些背負著社會銘印的肉身，甚至將他們貶低拒斥的肉身設想為陰柔的領域，將這些肉身重新命名為女性。就這樣，肉身與女性之間變得莫名其妙地互為因果，女性的生理性別被鎖在它的肉身之中；男性的肉身則被全然否定，並弔詭地變成一個乍看之下完全自由的精神存在所使用的工具。波娃的分析暗示了以下問題：是怎樣的否定與拒斥，讓陽剛變成了脫離肉身的普遍存在，又將陰柔建構為被否定的肉身？在這種社會性別不對稱

18 Beauvoir, *The Second Sex*, p.xxvi.

19 參見我寫的〈Sex and Gender in Beauvoir's *Second Sex*〉。

的單方面表述之中，我們明顯看到了主奴辯證（dialectic of master-slave）的影子；同時我們也可以理解，為什麼伊瑞葛萊之後注定會指出，這種「主體」與「他者」的存在主義表述方式是多麼男性，指涉能力是多麼貧弱。

波娃指出，女性的身體應該是女性自由的條件與工具，而非女性的定義與先天限制。[20]當然，這種依託肉身（embodiment）的分析方式，顯然還是在未經批判的情況下，延續了笛卡兒的身心二元論（mind/body dualism），將自由與身體彼此對立。雖然我曾經提出相反的看法，但波娃似乎確實抱持這種二元論，只是同時提出了身心二詞的整合。[21]也許我們可以說，這樣的觀點，是因為波娃自己也落入了她所低估的陽具中心主義。自柏拉圖以降，笛卡兒、胡賽爾（Husserl），以至於沙特這些哲學家，在論述靈魂（或稱為意識、心智）與身體之間的本體論差異時，總是預設了某種政治與心理上的階級從屬關係。心智不僅支配著身體，有時候還會幻想著完全捨棄身體。無論在哲學領域還是女性主義領域，都經常將心智與男性氣質連結在一起，將身體和女性氣質連結在一起。[22]提醒著我們，所有未經批判的身心二元陳述方式很可能都有問題，很可能都延續了社會性別默默產生、偷偷維持、隱隱合理化的階級差異。

20 波娃在思考性別和法農在思考種族時，都認為應該把身體同時視為「處境」（situation）與「工具」（instrumentality）。法農在分析殖民的結論中，認為身體是爭取自由的工具，他的自由很有笛卡兒的味道，是指意識保有懷疑的能力：「我的身體，讓我成為一個永遠能夠質疑的人吧！」（Frantz Fanon, *Black Skin, White Masks* [New York: Grove Press, 1967] p. 323, originally published as *Peau noire, masques blancs* [Paris: Éditions de Seuil, 1952]）。

21 沙特延續了笛卡兒式的本體論，把意識和身體徹底分離。但黑格爾在《精神現象學》（*The Phenomenology of Spirit*）「主奴」段落的開頭，含蓄地質疑了笛卡兒的分類方式。而波娃對陽剛主體與陰柔他者的分析，顯然來自黑格爾的辯證法，以及沙特《存在與虛無》（*Being and Nothingness*）在施虐與受虐的章節中對辯證法的重新表述。沙特認為意識與身體無法在辯證中「結合」（synthesis），因此回到了黑格爾試圖推翻的笛卡兒身心二元論。波娃則堅稱身體可以成為自由的處境與追求自由的工具；當社會性別從鐵板一塊的實體，轉為可以自由選擇的選項時，性就是實現自由的場合。乍看之下，這種觀點讓身體與意識在辯證中結合，使意識獲得自由的處境，但依然沒有回答，這種「結合」在本體論上是否繼續堅持身心二元對立，是否繼續聯想心智優於身體、陽剛優於陰柔。

22 Elizabeth V. Spelman, "Woman as Body: Ancient and Contemporary Views," *Feminist Studies*, Vol. 8, No. 1, Spring 1982.

波娃討論「身體」與「自由」的差異時，並未從社會性別的角度，點出身心二元對立中向來潛藏的性別不對稱。而且她明文寫道，男性話語標記出了女性身體，將男性身體變成一種普世性的、沒有標記的東西。但伊瑞葛萊清楚指出，無論是標記還是未標記的身體，仍然侷限於男性的指涉模式之中，這種模式根本無法真正指涉（marked）女性的身體，只能將其剔除（marked off）。若用後黑格爾（post-Hegelian）的說法就是，這種模式沒有保留（preserved）女性的身體，反而取消（cancelled）了女性的身體。波娃認為女性「被指定了生理性別」，但伊瑞葛萊翻轉了這種說法的意義，認為女性的生理性別其實並不是被指定的生理女性，反而是以他者的方式，以肉身的型態重新操演出來的生理男性。伊瑞葛萊認為，這種陽具中心的指涉方式在指涉生理女性的時候，總是想要繼續強化它自己。陽具中心主義在使用語言時，並沒有以自我節制的姿態，給予女性一個不同於男性的樣貌，反而提供了一個名字來掩蓋陰柔者的存在。

四、性別的二元論、一元論與其他理論

對於性別不對稱所呈現的基本結構，波娃與伊瑞葛萊兩人抱持不同的看法。波娃指出，辯證法中的不對稱使得不同性別無法互惠；伊瑞葛萊則指出，光是使用辯證法來論述，就已經落入男性表達體系的知識論、本體論、邏輯結構限制，注定陷入男性的自言自語。不過，伊瑞葛萊雖然指出了上述男性表達體系的限制，拓寬了女性主義的批評範圍，卻也因為範圍變得太廣，力道無法聚焦。畢竟各種文化與歷史背景下都有生理性別差異，我們真能從這麼多不同的背景中，找到同一種男性表達體系嗎？抹去性別壓迫中的文化影響，會不會變成某種知識論上的帝國主義？這種帝國主義會不會重蹈了陽具中心主義的覆轍，把文化差異貶低為各種不同的「範例」？而且，若將「其他」文化中的性別壓迫，都當成陽具中心主義的各種實例，可能還會犯下文化挪用的錯誤，變得和陽

具中心主義一樣自我膨脹，把其他類型的差異硬是套進自己的符碼之中。[23]

女性主義批判，一方面應該研究男性表達方式究竟如何將自己的框架強套在各種不同脈絡之上；但也必須保持自我批判，避免自己以相同的方式強套脈絡。若只是以單一面貌描繪敵人，就會在翻轉論述的過程中，不加批判地模仿了敵人的壓迫策略，因而無法提出另一套不同的論述方式。這種問題無論在女性主義還是反女性主義都會發生，殖民姿態既非男性擅場，更非男性專利，它同樣會影響種族、階級、異性戀之間的主從關係，類型不勝枚舉。但我一開始也說過，如果光是列出各種壓迫，假設每種壓迫彼此獨立，一一沿著水平軸線依次排開，會讓我們看不見這些壓迫在社會領域中如何匯聚。而只是垂直爬梳每種壓迫的先後順序與因果關係，則會將各項壓迫錯誤地排列在「原生」（originality）或「衍生」（derivativeness）的層面中，看不見整體全貌。[24]當然，在辯證中進行文化挪用的帝國主義姿態，已經成為了權力領域的一部分，這種權力領域的範圍不僅限於生理性別差異，更擴及其他各種差異，它讓我們看見各種差異之間的交織極為複雜，無論陽具中心主義或任何其他因子都不是「造成壓迫的主因」。而辯證中的文化挪用，以及壓制「他者」的策略，也不是男性指涉方式的唯一工具。男性指涉方式為了擴張男性領域並合理化這些領域，還會將其他策略一併當成論述的核心。

　　對於本質論的辯論，當代女性主義以另一種方式提出了女性是否具備共同身分，男性壓迫是否具備共同特徵的問題。其中有些人持普世論（universalistic），也就是女性都以相同或相似的方式認知世界，認為女性的意識彼此相連，或者處於相同的壓

---

23 史碧娃克一針見血地指出，這種二元對立就是一種把其他類型邊緣化的殖民行為。她在批判「認知到超歷史自我（supra-historical self）的自我存在」時，指出這是哲學我思的認知帝國主義特徵。知識的生產是一種政治過程，會將一些東西邊緣化並對其刪減。把那些東西排斥出去之後，主體既有的知識政權就變得清晰；「我認為在所有作出解釋的過程中，都隱隱地會用『政治就是如此』（politics as such）來禁止邊緣事物。由此可知，選擇特定的二元對立……不只是一種思維策略。無論是在什麼狀態下，它都創造了（帶著適當的歉意）集中權力，並同時邊緣化其他事物的條件。」（Gayatri Chakravorty Spivak, “Explanation and Culture: Marginalia,” in *In Other Worlds: Essays in Cultural Politics* [New York: Routledge, 1987], p. 113）。

24 反對「排序壓迫」（ranking oppressions）的論述，參見 Cherríe Moraga 的〈La Güera〉，收錄於 Gloria Anzaldúa 和 Cherríe Moraga 編的《This Bridge Called My Back: Writings of Radical Women of Color》（New York: Kitchen Table, Women of Color Press, 1982）。

迫結構，或者不同文化的女性氣質、母性（maternity）、性取向、陰性書寫（écriture feminine）結構至少在表面上相同。但本章開頭指出，這種無所不包的態度引發許多女性的批評。批評者指出，普世論所謂的「女性」預設了許多規範條件，排除了許多群體，而且在使用時沒有顧慮到各種階級與種族的隱性不平等。換句話說，批評者認為真正的「女性」，是在文化、社會、政治的不斷交織影響中產生的，如果堅持要讓「女性」這個概念維持前後一致的單一樣貌，反而會剔除這些影響。

目前已經有些人正在打造女性主義政治聯盟。他們不預設「女性」這個類別意謂著什麼，而是安排一系列對話，讓不同處境的女性各自表達自己的身分，最後使聯盟水到渠成。聯盟在政治上當然非常重要，但聯盟本來就是各種立場的人在時勢機遇之下的組合，不可力強而致。雖然這些理論家建立聯盟，顯然是為了讓成員民主互動，但當他們事先提出理想的聯盟形式，影響最後形成的團結時，也不經意地掌管了整個聯盟的建立過程。當他們開始決定怎樣才算是「真正」的對話、哪些東西構成了主體位置（subject-position），以及最重要的，怎樣才算是「團結」時，聯盟形塑自我的動力可能就會降低，成員可能就會開始自我設限。

有些人可能堅持要先凝聚「團結」（unity），認為無論要付出什麼代價，團結都是政治行動的先決條件。但怎樣的政治行動會需要這種預先打造的團結？也許要真正形成聯盟，就得承認夥伴之間具有矛盾，並在行動中保留這些矛盾；就得在對話理解之中接受彼此的分歧、斷裂、崩解、碎裂，畢竟這些都是民主參與常見的必經之路。每一場「對話」背後都帶著整套文化歷史脈絡，很多時候某位發言者認為當下的對話是安全的，另一位發言者則認為一點都不安全。有些權力關係會約束或限制對話的可能發展，我們必須先審視這些權力關係，否則就可能重蹈自由主義模式（liberal model）的覆轍，誤以為每個說話者的權力地位平等，都以相同的方式理解「同意」和「團結」，把最後的目標當成開始的前提。如果我們預設了某個分類「女性」的方式，就會誤以為只要補上某些層面，解決種族、階級、年齡、族裔、性取向等等問題，就解決了所有的「女性」問題。反倒是，如果一開始就假設永遠無法解決所有的「女性」問題，就能把「女性」這個類別留在那裡，讓我們一直討論下去。一個無法完整的類別，或許才是一個能夠避免強制逼迫的規範性理念。

有效的政治行動真的需要「團結」嗎？在時機未到時堅持團結，會不會反而才是各階層日益分裂的原因？說不定目前某些形式的分裂，反而有助於聯合行動，畢竟單一「團結」的女性身分不僅無法預先設定，也不是要追求的目標。說不定所謂的「團結」反而排除了許多身分認同的可能，反而讓我們無法採取一系列行動去挑戰既有的身分認同概念，或讓我們無法將這些挑戰化為明確的政治訴求？或許更好的做法，反而是不預先設定、不追求任何身分上的「團結」，畢竟這樣的「團結」都停留在概念層次，反倒是為了其他目標而發起的具體行動，會在條件俱足時締造出真正的團結。如果女性主義行動不再強制追求身分上的穩定、團結、共識，也許行動反而能夠更早開始；而且對於那些認為身分意義完全不值得討論的「女性」來說，這樣的行動反而可能更好融入。

這種反基礎（antifoundationalist）的方法，既不認為聯盟成員必須具備相同的「身分」，也不認為在打造出聯盟之前，就能知道聯盟政治的輪廓或意義。在政治行動中事先要求某種基礎，即使想要拓展或改變既有的身分概念，也注定無法成功，因為當我們用既有的文化語詞表達身分，我們的政治參與就注定無法讓新的身分概念在行動中誕生，或在行動後出現。反倒是，當我們的政治行動不再事先要求成員對身分認同或對話結構具備共識，而是讓既有的身分認同彼此交流，各種身分認同就會自然而然地在具體實踐中出現，在具體實踐中消解。那些根據當下的條件，偶然形塑出身分認同的政治時間，反而能夠達成它追求的所有目標。聯盟政治既不需要擴大「女性」的定義，也不需要在內部建立各種不同的自我概念，它原本就已足夠複雜。

社會性別相當複雜，無論什麼時間點都無法呈現它的全貌，永遠只能事後陳述。所以讓聯盟保持開放，反而能夠讓某些身分認同因當下的目標而產生，某些身分因當下的目標而捨棄；反而能夠形塑一個開放的集合，允許各式各樣的收斂發散，不必遵守任何既定的終極規範。

五、身分、生理性別、實體的形上學

「身分」究竟是什麼意思？當我們預設身分就是自我同一（self-identical），是跨越時間、內在連貫的某一個相同存在時，我們仰賴了哪些前提？更重要的是，這些預設如何影響我們討論「社會性別認同」（gender identity，即性別身分）的方式？有些人認為要先確定「身分」是什麼意思，才能討論社會性別；但這是錯的，因為「人」這個概念本身就帶著社會性別標籤，只要還沒根據某些足以辨識的標準，了解社會性別是什麼意思，就不可能知道「人」是什麼意思，自然也不可能討論「身分」是什麼意思。傳統上，社會學都把「人」當成一個施為的主體（agency），先有主體存在，再藉由扮演各種角色與功能，來獲得各種社會表現與社會意義。至於哲學，則對「人」這個概念進行分析，預設無論在怎樣的社會脈絡下，都有一個具備意識、能夠言語、具有道德思辨能力，或者符合其他人格定義的人「位於其中」。雖然我們現在沒有要進行文獻研究，卻要批判並翻轉這類前提。哲學討論「人格同一性」時，幾乎都把重點放在人類靠著哪些內在特質，去維持一個跨越時間的自我。但我們不禁要問，在社會性別形成與分化過程中出現的各種管控（regulatory practices），對於主體的內在一致性，或者說人格的自我同一性，造成了多大影響？「身分」是一種規範性的理念嗎，還是一種經驗性的描述？兩者比例各占多少？那些主導了社會性別的管控行為，如何同時主導「身分」這個概念在文化中的意義？換句話說，「人」的「一致性」和「連續性」，並不是「人格」這個概念的邏輯分析特質，反而是社會建構維持出來的可理解規範。而且因為「身分」需要一個穩定的生理性別、社會性別、性傾向，當某個人的社會性別「不一致」或「不連貫」，無法套進文化能夠理解的性別規範之中，社會就會覺得他雖然看起來像人，卻無法理解到底是不是「人」。

所有「能夠理解」的社會性別，都在某種意義上建立維持了生理性別、社會性別、性實踐、性慾望的一致性以及連續性。然而，當我們說某個東西不一致或不連續，我們心中的一致性與連續性都來自某套既有的規範。這些既有規範是根據某些法則增減出來的，而增減這些規範的法則，總是想要在我們與生俱來的生物性別、文化構成的社會性別，以及性實踐與性慾望的「表現」或「效果」之間，尋找某些因果關係或能夠陳述的關係。

傅柯諷刺地說，生理性別的「真相」其實完全是管制的結果，社會性別的規範矩陣藉由管制，形成了前後融貫的身分認同。異性戀化的慾望需要把「陰柔」和「陽剛」的特質分開，讓我們相信這兩種特質不對稱而且沒有中間值，並分別賦予兩者「男」「女」之名。若要讓社會性別變得可以理解，某些「身分」就不能「存在」，那些「偏離」生理性別的社會性別，以及「偏離」生理與社會性別的慾望，全都必須消滅。這些身分「偏離」了一種政治關係，試圖挑戰文化規則形塑性別、為性別賦予意義並進行相關管制的正當權利。在現實中，某些「社會性別身分」就是因為偏離了文化能夠理解的範圍，而被文化視為發展異常或者不合邏輯。但即使如此，這些身分依然繼續存在，繼續擴散，繼續指出目前理解性別的方式有何極限，又是為了什麼管制目標而生。它們顛覆了既有語詞的矩陣，讓我們看見目前所謂的性別認同障礙，很可能不是什麼障礙，只是超越了既有語詞的理解範圍。

但在進行顛覆之前，似乎還是得先搞清楚目前的「可理解矩陣」。目前「可理解的性別身分」有幾套？是由哪些東西構成？那套把人硬塞進異性戀框架的系統，跟那些建立生理性別概念的分類論述，真的互相加成嗎？如果「身分」是論述出來的產物，那麼社會性別身分（也就是生理性別、社會性別、性實踐、性慾望之間的關係）有多大程度上，也是那套把人硬塞進異性戀框架的系統所管制出來的產物呢？這種解釋會不會讓我們掉進另一個包山包海的框架，用強迫性的異性戀框架取代陽具中心主義，把它當成性別壓迫的唯一原因？

對法國女性主義和後結構主義理論來說，各種不同的權力體系產生了各種不同的生理性別身分概念。他們的立場在某些地方分歧，例如，伊瑞葛萊認為生理性別只有一種，就是男性，男性藉由製造「他者」的過程來闡述自己。傅柯認為生理性別的劃分，無論男性或女性，都是一種讓性別控制無所不在的手段。維蒂格則認為，在強迫性異性戀框架下，生理性別的標記注定是女性（因為男性是「普世」的同義詞，不需要特別標記）。即使有點弔詭，維蒂格也同意傅柯的觀點，認為生理性別的區分終究會消失，而且已經在異性戀霸權的干擾與取代之下無所得見。

這些五花八門的解釋模型表示，權力領域的形塑方式會讓我們理解生理性別的方式變得天差地遠。我們真的能夠保持這些權力領域的複雜性，同時思考它們是否足夠好用嗎？一方面，伊瑞葛萊的生理性別差異理論指出，西方文化的傳統表徵系統永遠不會把女性當成「主體」，因為女性是**構成表徵的物**（fetish of representation），注定不可能被表徵。在這種仰賴實體的本體論中，女性注定不「存在」，因為女性來自差異、來自排除，是讓這種權力領域顯露自身的條件。而且這邊所謂的「差異」不僅限於反面或「他者」。雖然這種體系的主體注定都是男性，但正如之前所述，女性不僅不是主體，甚至不是「他者」，這種二元對立體系完全將女性排除在外，使表徵方式淪為男性陳述的自言自語。

但上述這些觀點的核心都認為，目前的霸權語言將生理性別當成一種實體，一種在形上學中自我同一的存在。它們認為各種鏗鏘有力的語言與論述，讓我們忘記了生理性別與社會性別從基本上就不可能「獨立存在」（being）。伊瑞葛萊指出，我們使用的語法，在本質上就用二元對立的模型來看待性別，所以描述性別時注定會扭曲。語法之中的性別，是兩種可表徵的實存物體之間的關係，並不符合真實狀況。[25]伊瑞葛萊認為，深植於語法之中的社會性別男女預設，以及各種男性化與女性化的屬性，都是以二元對立的方式，隱沒了語言中的陽具中心男性單一話語霸權，讓我們看不見女性在話語中被驅趕為各種無法發聲異端的成功範例。傅柯則認為，深植於語法中的生理性別預設，強加了一種人造的兩性關係，為這種二元關係中的每個詞語強加了人造的內在融貫性。如此二元規範抑制了其他顛覆性的性別可能，阻止我們去挑戰這種異性戀的、生殖的、醫學判斷的（medicojuridical）霸權。

對維蒂格來說，將生理性別限制於男女兩種，是為了強迫所有人接受異性戀體制的生殖目標。她有時候會說，推翻這種體制就能開創一種真正的人本主義，把「人」從生理性別的鎖鏈解放出來。其他時候她則說，性的表徵方式愈多元、愈模糊、離陽具中心愈遠，我們就愈能夠破除生理性別、社會性別、性身分的幻覺。另外還有些脈絡會讓她把「女同志」當成第三種社會性別，以打破異性戀體系對生理性別強加的二元限制。但她在辯護「認知主體」（cognitive subject）時，似乎又沒有要直接處理語意或表徵霸權背後的形上學問題，而是主張我們可以用「女同志」一詞，重新表述那些能夠自決（self-determination）的主體；「要顯露出個別的主體，首先就得打碎生理性別的分類方式……而能夠超越這種分類方式的概念，就我所知只有『女同志』。」[26]她並沒有說，因為符號系統注定會變得單一而父權，所以「主體」注定屬於男性；而是認為「女同志」這個概念，其實可以在語言中與男性成為同等的主體。[27]

---

25 陽具中心論述如何使女性淪為無法呈現的事物，詳見伊瑞葛萊〈Any Theory of the 'Subject' Has Always Been Appropriated by the Masculine〉，收錄於《Speculum of the Other Woman》（trans. Gillian C. Gill. Ithaca: Cornell University Press, 1985）。伊瑞葛萊似乎在該文中修正了之前她在《性與宗族》（*Sexes et parentés*，見第二章註10）中對於「陰柔社會性別」的說法。

26 Monique Wittig, "One is Not Born a Woman," *Feminist Issues*, Vol. 1, No. 2, Winter 1981, p. 53. Also in *The Straight Mind and Other Essays*, pp. 9-20（見第三章註49）。

27 「象徵」這個概念將於第二章細述。我將其視為一套帶有理念的普遍文化法則，支配著親屬關係與意義；用精神分析結構主義的說法，它也支配著生理性別差異這種觀念的誕生。根據「父系律法」暗藏理念的前提，伊瑞葛萊把「象徵」重新整理成一種陽具中心的主流霸權論述。某些法國女性主義者則用另一種語言取代陽具中心或父系律法的說法，因而引發了對「象徵」的論戰。克莉絲蒂娃認為「符號界」（semiotic）是語言中非常母性的維度，而伊瑞葛萊與伊蓮．西蘇（Hélène Cixous）也都認為它與陰性書寫有關。但維蒂格一直反對這種做法，她認為語言的結構既不厭女，也不女性主義，只是精心設計的政治計畫所用的工具。當然，維蒂格之所以把語言當成工具，而非當成一種預先存在並構成主體的意義領域，跟她相信在語言前便有「認知主體」有關。

對波娃和維蒂格來說，用「生理性別」定義女性，就已經是把表面上的身體性徵和性別混為一談，就已經讓女性無法擁有男性理所當然的自由與自主。摧毀生理性別這種分類方式，就是在摧毀它分類出來的屬性。生理性別是一種帶有厭女姿態的提喻，它用性取代了人，用屬性取代了能夠決定自我的我思（cogito）；換句話說，在這種分類下，社會性別根本不存在，因為女性淪為了屬性，只有男性才是「人」：

社會性別是一種語言指標，是在指涉生理性別之間的政治對立。這裡的社會性別是單數而非複數，因為根本就沒有兩種，只有一種。社會性別一直都只有女性。所謂的「男性」並不是性別特質，而是人類的一般特質。[28]

所以維蒂格認為，為了要讓女性成為普世性的主體，我們應該摧毀「生理性別」。而要這麼做，「女性」就得同時具備普世的視角與獨特的視角。[29]維蒂格並不反對人文主義那些奠基於實體形上學的規範性承諾，而是肯定那些承諾，她希望用「女同志」一詞解放女性，使女性在解放中獲得共同的主體。因此，維蒂格與伊瑞葛萊在這方面的差異，除了我們熟悉的本質論與物質論之間的對立，[30]也包括對於實體形上學的看法，若是接受了實體形上學，就會以一套肯定人文主義的規範性模型做為女性主義的框架。伊瑞葛萊並不接受這套形上學，但維蒂格接受。乍看之下，維蒂格似乎提出了一套激進的女同志解放計畫，硬是把「女同志」和「女性」分了開來；但其實她是在捍衛個體自由的化身，也就是尚未被社會性別標記的「人」。這不僅肯定了個人在進入社會之前便已

---

28 Monique Wittig, "The Point of View: Universal or Particular?" *Feminist Issues*, Vol. 3, No. 2, Fall 1983, p. 64. Also in *The Straight Mind and Other Essays*, pp. 59-67（見第三章註49）。

29 「我們必須假設特定的觀點與普遍的觀點同時存在，至少在研究時必須如此。」出自維蒂格〈The Trojan Horse〉，收錄於《女性主義議題》（*Feminist Issues*, Vol. 4, No. 2, Fall 1984, p. 68）。見第三章註41。

30 英譯為《Feminist Issues》的《Questions Feministes》期刊，大抵支持「唯物論」，認為語言的構成、規範、使用，乃是壓迫女性的「物質基礎」。維蒂格是該期刊的初代編輯成員。她和Monique Plaza 都認為生理性別差異是一種本質論，這種觀念以女性的生物學事實，推導出女性的社會功能；此外，由於它將育兒視為女性身體的主要意義，這種觀念在意識形態上強化了以生殖為主的性體系霸權。

擁有自由，更指出了是那套以實體為基礎的形上學讓我們以目前的方式劃分生理性別，甚至以為這套劃分方式是自然產物。

在當代哲學論述中，提到「實體的形上學」都讓人想到尼采。米歇・哈爾（Michel Haar）評論尼采時指出，許多哲學本體論都困在某些「存在」（Being）與「實體」（Substance）的幻覺中，以為語法結構敘述主詞（subject）和述語（predicate）的方式，反映了物質與屬性的先驗本體論關係。哈爾認為，這些建構讓我們可以用人造的手段，以簡明、有序、同一的方式討論哲學，但這些討論卻沒有揭露或反映事物的真實秩序。這種尼采式的批評給了我們一個很好的啟發，可以想一想心理學範疇如何影響公眾與學術界思考性別認同。根據哈爾的觀點，既然「實體形上學」只是一套人造的哲學工具，心理上的「人」很可能也不是真實存在的東西：

> 當這種邏輯系譜毀滅，以這種邏輯為基礎的心理類別隨即毀滅。這些心理類別（自我、個體、人）都基於實體同一性的幻覺。而這種幻覺源自一種迷信，一種對語言的信仰，它同時迷惑了常識與哲學家，讓我們以為語法結構反映了真

實。文法（即主詞和述語的語法結構）讓笛卡兒深信「我」（I）是「思考」的主體，而非思緒降臨在「我」（me）身上；但我們之所以會有這樣的迷信，說到底只是因為我們希望自己成為思緒的「成因」（cause）。主體、自我、個人之類的概念都是虛假的概念，因為它們在一開始只是語言上的用法，後來卻被轉化為虛構的實體。[31]

維蒂格提出另一種批判，指出如果捨棄了社會性別印記，我們就無法用語言來談論人。她分析了法語中社會性別語法的政治意義，認為社會性別不僅指定了人，規定了人的「資格」；同時也構成了一個概念性的知識論，這個知識普及了二元對立的社會性別認知。雖然分析的是法語，法語賦予了人以外各種名詞性別，但維蒂格認為，她的分析對英語也有影響。她在〈社會性別的印記〉（The Mark of Gender，一九八五年）開頭

31 Michel Haar, "Nietzsche and Metaphysical Language," *The New Nietzsche: Contemporary Styles of Interpretation*, ed. David Allison (New York: Delta, 1977), pp. 17-18.

指出：

語法學家認為，社會性別的印記指涉了實體。他們認為兩者之間是一對一的關係。如果他們質疑它的涵義，可能就會開玩笑說，社會性別是一種「虛構的性別」……描述人的時候，法語和英語以相同程度承載著社會性別。兩者都默默接受了一種原始的本體論概念，以為可以在語言裡用生理性別來區分人類。……這種處理存在本質的本體論概念，與其他各種有著相同的原始思路的基本概念，似乎都認為社會性別主要屬於哲學。[32]

對維蒂格來說，社會性別「屬於哲學」的意思，就是屬於「那套不證自明的概念。哲學家認為自己需要這些概念才能思考，認為這些概念不言而喻，認為這些概念早在所有思想、所有社會秩序尚未出現之前，就已經存於自然界」。[33]目前對於社會性別身分的主流論述就相當符合維蒂格的說法，都不經批判地使用了「存在」（being）一詞來形容性別和性取向，預設了性別與性取向是實體存在的東西。當你理所當然地說某人

「是」（be）女人、「是」（be）異性戀者的時候，你就已經中了實體形上學的毒。當你理所當然地使用「男人」和「女人」，你就很容易把社會性別當成某種身分，並因此判斷你說的那個人屬於某個社會性別；相信那個人會因為屬於某個生理性別，而以某種方式認識自己，並以某套表達方式陳述心中的自己，其中最明顯的就是擁有某種類型的性慾望。在這種尚未經過女性主義洗禮的（prefeminist）脈絡中，社會性別和生理性別以毫無批判的天真角度被混為一談。這種脈絡認為有一個統一的原則，可以維持自我的一致，認為生理性別、社會性別、性慾望三種融貫同一，而且「異性」的這三種屬性都以同樣的方向與自己對立。女性說「我覺得自己像個女人」或者男性說「我覺得自己像個男人」，其實都預先假定了兩種宣稱皆有意義。雖然乍看之下，每個人的生理結構生來都屬於某個類別（雖然稍後我們就會提到，這種分類方式本身就有很多爭議）；但社

32 Monique Wittig, “The Mark of Gender,” *Feminist Issues*, Vol. 5, No. 2, Fall 1985, p. 4. 見第三章註25。

33 同上，頁三。

會性別的心理傾向或文化身分依然被視為某種成就。因此「我覺得自己像個女人」這句話中的女人，最多就像艾瑞莎·弗蘭克林（Aretha Franklin）所唱的「你讓我覺得自己是個與生俱來的女人」[34]一樣，都是在指涉一個他者。成就性別的方式來自與異性的差異，因此，所謂一個人屬於某個社會性別，只是在說他不屬於另一個，這種框架本身就預先強加限制了社會性別的二元對立。

要用「性別」指涉生理性別、社會性別、性慾望的統一，生理性別就得帶著社會性別的意義，社會性別就必須在心理與文化上成為指涉自身與指涉性慾望的方法，性慾望就必須像異性戀那樣，以另一種社會性別的關係來區分自己。無論男性還是女性，要維持性別概念的內在一致與內在統一，都得預設穩定對立的異性戀關係。這種體制性的異性戀關係，使每個性別語詞都陷入單一意義，同時也仰賴著單一意義。每個性別語詞都變得以二元對立的架構，扼殺了劃分性別的其他可能。這樣的性別概念不但預設了生理性別、社會性別、性慾望之間的因果關係，同時也預設了性慾望反映或表達性別、預設了性別反映或表達性慾望。它以二元對立的異性戀形式，將這三種概念在形上學統合起來，視為對於那些與自己性別不同者的渴望。這種方式無論是以自然主義的姿態，建立生理性別、社會性別、性慾望之間的因果連續性；還是以陳述真相（authentic-expressive）的姿態，主張人們是在生理性別、社會性別、性慾望中同時或先後表達出真實的自我，它都在作一場伊瑞葛萊所說的「古老的對稱幻夢」，預設了一套不存在的框架，實施這套框架之後將其合理化。

我們可以從上面這套對於性別的概述中，找到性別觀點變成現在這樣的政治原因。外力強加並視為理所當然的異性戀制度，需要把性別規定成二元對立，需要用實踐異性戀慾望的方式，讓每個陽性詞語有別於陰性詞語。當異性戀制度把每個這類詞語都推向陰陽兩極，這些詞語的意義就得以固定；生理性別、社會性別、性慾望三者也注定統合

34 艾瑞莎這首由 Carole King 寫的歌，也反對把社會性別視為理所當然。光是「像個與生俱來的女人」這種說法，就暗示了所謂「自然與否」只是一種類比或隱喻。也就是說，「你讓我覺得自己成了自然的隱喻」，「你」一旦消失，那些被遮蓋的部分就會重新顯露出來。艾瑞莎這項主張來自波娃的「女人不是生為女性，而是成為女性」，相關討論參見我寫的〈Beauvoir's Philosophical Contribution〉，收錄於 Ann Garry 和 Marilyn Pearsall 編的《Women, Knowledge, and Reality》（Boston: Unwin Hyman, 1989; 2nd ed. New York: Routledge, 1996）。

為一。

這種將相關概念代換為二元對立的策略，以及背後仰賴的實體形上學，都預設了陰性／陽性、女性／男性的分類方式，來自相同的二元框架。傅柯也含蓄地提過這種解釋，他在《性史》第一卷最後一章，以及簡短而重要的《巴賓：最近發現的十九世紀雙性人回憶錄》（*Herculine Barbin, Being the Recently Discovered Memoirs of a Nineteenth-Century French Hermaphrodite*）引言都提到，[35]區分生理性別的方式，比任何生理差異都更早出現，是性模式在特定歷史脈絡下的產物。將生理性別劃成彼此離散的二元對立其實是種工具，假定了「生理性別」是性經驗、性行為、性慾望的「原因」，藉此掩蓋背後的生殖目的。傅柯的系譜學研究指出，表面上的「原因」其實是制度造成的「結果」，這種劃分方式是特定制度為了規範我們的性經驗而建立的，它讓我們在所有相關論述中，都用二元離散的方式來談論性，並將這種二元離散視為基本的因果關係。

傅柯在《巴賓回憶錄》引言中以系譜學的批判方式指出，男女兩性的分類並不像醫學法則論述說得那麼自然而然，目前分類生理性別的物化方式，其實是性實踐無意間產生的結果。巴賓的性別不是一種「身分」，反而是一種被性別身分排除的東西。而且雖然這具身體同時具有男性與女性的生理解剖結構，但卻不是尷尬的真正緣由。人們之所以無法區分巴賓的性別，是因為可理解的身分概念帶有社會性別的元素，無法順利套用在她／他身上。巴賓的狀況讓既有的生理性別／社會性別／性慾望的分類規則全部疊合起來，破壞了原本的分野。既有的二元對立詞彙所描述的現象，全都在巴賓身上重新分布，讓人懷疑這些詞彙的合理性，開始思考是否該使用其他的分類詞語。照傅柯的說法，既有的二元性別無法描述巴賓，她／他之所以同時具有同性戀與異性戀特質，並不是因為她／他的生理解剖結構直接造成，它只是提供了條件。傅柯對巴賓的描述未必正確，[36]但分析方式卻揭露一件有趣的事情：目前我們對性別異質性（sexual heterogeneity，而且我們都自然而然地把它當成「兩性」之間的差異）的想法，都來自

---

35 Michel Foucault, ed., *Herculine Barbin, Being the Recently Discovered Memoirs of a Nineteenth-Century French Hermaphrodite*, trans. Richard McDougall (New York: Colophon, 1980), originally published as *Herculine Barbin, dite Alexina B. presenté par Michel Foucault* (Paris: Gallimard, 1978). 法文版沒有收錄傅柯為英譯版寫的引言。

36 見本書第二章第二節。

實體形上學，都預設生理差異可以決定性別身分的差異。傅柯想像巴賓身處「一個愉悅的世界。那個世界裡沒有貓，但看得見掛在空中的微笑」。[37]在那個世界裡，微笑、幸福、愉悅、慾望這些性質全都可以自由浮動，不需要附著於恆久不變的實體。暗示著目前仰賴名詞（res extensa，物質性的實體）與形容詞（必然或偶然的各種屬性）的語法結構，預設了不必要的實體形上學與層級關係，無法真正描述性別經驗。雖然傅柯對巴賓的判斷未必可信，卻提出了一種偶然屬性的本體論，讓我們看到目前區分性別身分的方式，受到文化預設的各種秩序與層級所約束，是種虛構出來的正規想像。

如果我們可以說一個「男人」擁有某種陽剛特質，但這種特質適合男人是種偶然，那麼我們當然也可以說這個「男人」擁有某種陰柔特質（無論那特質是什麼），而完全不損其性別的完整性。但如果我們不再把「男人」與「女人」當成屬性附著的實體，那麼各種充滿反例的性別屬性，以及各種從性別本體論衍伸出來的偶然特質，勢必會跟著瓦解。如果我們目前相信實體恆久不變，只是因為目前的性別屬性都是根據兩種性別的方式刻意整理出來的，那麼當這些性別屬性讓我們無法理解某些現象的先後順序或因果關係，就表示「男人」和「女人」根本不是真實存在的名詞，只是虛構出來的幻覺。

性別實體恆久不變，或帶有性別的自我概念，最早來自精神醫師羅伯・史托勒（Robert Stoller）所謂的「性別核心」（gender core）。[38]我們會有這種概念，是因為文化根據既有的管理要求，把性別的相關屬性整理成目前的樣子。但當我們發現某些屬性無法順利歸入「以名詞為主，形容詞為輔」的既有框架，這些虛構出來的概念就會開始鬆動。當然，我們還是可以反過來根據形容詞的意義，重新調整它們修飾的名詞，藉此擴大性別的分類方式，使其納入那些原本無法納入的狀況。但如果性別所描述的根本就不是實體，只是為了管理需要而整理出來的屬性之間的偶然相關性，那麼實體的本體論就不只是人為的虛構，甚至完全是多餘的。

照此說來，**社會性別**既不是一個名詞，又不是一組自由浮動的屬性。因為我們已經看到，各種要求性別保持一致的管理做法，會讓性別強加出許多非常巨大的實質影響。因此，用實體形上學的論述框架來說，性別顯然是操演出來的（performative），它建

37 Foucault, ed., *Herculine Barbin*, p. x.

38 Robert Stoller, *Presentations of Gender* (New Haven: Yale University Press, 1985), pp. 11-14.

構了自己聲稱的身分。在這個意義上，性別注定是一種行為，儘管主體未必先於行為而存在。如果要用實體形上學以外的方式，重新思考性別劃分，我們就得參考尼采《道德系譜學》（*On the Genealogy of Morals*）的說法：「在行為、影響、形成過程之前，沒有任何『存有』。『行為者』只是外加在行為上的虛構。行為本身就是一切。」[39] 雖然尼采大概不會料到，也不會允許我們用這種方式照樣造句，但我們依然可以說：在性別表達尚未發生前，性別身分不存在。人們從未「表達」出自己的性別身分，反而是在表達性別的過程中，操演出自己的性別身分。

---

39 Friedrich Nietzsche, *On the Genealogy of Morals*, trans. Walter Kaufmann (New York: Vintage, 1969), p. 45.

六、語言、權力、置換策略

儘管如此，許多女性主義理論與文學依然假設，行為背後有一個「行為者」。它們認為如果沒有行為主體（agent）就不會有能動性（agency），自然永遠無法扭轉社會中的支配關係。對此，維蒂格的基進女性主義理論以曖昧的方式，回應了這一系列理論中的主體問題。一方面，維蒂格似乎反對實體形上學；一方面，她還是以人類個體做為形上學的能動單位。但另一方面，雖然維蒂格的人本主義顯然假定行為背後有一個行為者，她的理論卻也刻劃了文化如何在物質世界中操演出性別，指出許多性別的樣貌並不是「成因」，而是建構出來的「結果」。她在底下這段點出了自己與傅柯之間的互文空間，同時揭露了兩人的理論都受到馬克思主義的物化概念（reification）所影響：

唯物女性主義指出，我們心中以為的壓迫原因或起源，其實只是壓迫者額外刻上的印記；其實只是一種「身為女性的迷思」，以及這種迷思對女性身心的物質影響與表現。這種印記在壓迫之前並不存在……它讓我們把生理性別當成一種自然秩序，當成「眼前的既定現實」，當成我們「與生俱來」的「身體特徵」。但這些東西既不是直接感知到的，也不是身體本身的性質，而是精心設計出來的建構迷思，是一種「想像的型態」。[40]

既然這種「自然」的生理性別概念，只是為了把人強塞進異性戀框架而生產出來的，那麼對維蒂格來說，同性戀的慾望當然就不可能用生理性別來描述：「既然慾望可以解放自己，自然就與原本的生理性別印記完全無關。」[41]

維蒂格把「生理性別」當成印記，某種意義上被異性戀體制利用的印記，我們只要能夠有效反抗異性戀體制，印記就會消除或淡去。她的觀點與伊瑞葛萊截然不同。伊瑞葛萊所說的「印記」是社會性別，是陽剛霸權的一部分，陽剛霸權以一整套自說自話的表達框架，決定了西方哲學中的本體論。對維蒂格來說，語言是種工具，構造本身毫無厭女成分，只是被用來厭女。[42]但對伊瑞葛萊而言，社會性別的「印記」在語言中無所不在，所謂的陰柔氣質只是陽具中心的語言抹消女性存在的說法，擺脫印記的唯一方法只有改用另一套語言和表達框架。伊瑞葛萊的重點是，兩性表面上的「二元」關係，其實只是男性中心主義者為了完全消滅陰柔氣質而編造出來的詭計；但維蒂格認為，伊瑞葛萊這種立場其實反而再次鞏固了陽剛與陰柔的二元對立，再次傳播了陰柔氣質的迷思。維蒂格顯然承繼了波娃《第二性》的批判路線，主張「所謂的『陰性書寫』

---

40 引自維蒂格〈One is Not Born a Woman〉四十八頁。維蒂格把社會性別的「標記」與「想像出來的型態」這兩個概念都歸功於 Colette Guillaumin，她從 Guillaumin 的種族標記研究汲取靈感，在〈Race et nature: Système des marques, idée de group naturel et rapport sociaux〉（*Pluriel*, Vol. 11, 1977）研究了社會性別標記。「女性的迷思」是波娃《第二性》其中一章的章名。

41 Monique Wittig, “Paradigm,” in *Homosexualities and French Literature: Cultural Contexts/Critical Texts*, eds. Elaine Marks and George Stambolian (Ithaca: Cornell University Press, 1979), p. 114.

42 維蒂格顯然並不認為，語法在語言中拓展或延續了父權式的親緣系統。她拒絕結構主義，認為語言並不具備社會性別立場。伊瑞葛萊的《Parler n’est jamais neutre》（Paris: Éditions de Minuit, 1985）則批評這種人文主義觀點，並不認為語言像維蒂格說的那樣，在政治與社會性別上中立。

（feminine writing）從來就不存在」。[43]

維蒂格顯然深知語言能夠讓女性臣服，能夠將女性排除。但身為「唯物論者」，她把語言當成「另一種物質秩序」，[44]可以徹底翻轉。語言來自偶然誕生的習慣與制度，我們每一次的選擇都會決定它能否持續，我們團結起來就能共同改變。維蒂格認為，語言中的「生理性別」是種虛構，那套把人硬塞進異性戀框架的系統，為了讓我們的身分認同符合異性戀慾望的軸線，虛構並傳播了此一分類方式。她在許多作品中表示，無論是男同志、女同志，還是異性戀契約以外的任何身分認同，都是顛覆或分裂這套生理性別框架的契機。她在《蕾絲邊的身體》（*The Lesbian Body*）等作品則更進一步指出，光靠生殖器官分類生理性別不合理，應該以另一套方式思考慾望。這挑戰了奠基於特定生殖功能的女性主體性，[45]讓慾望的範圍不再被生殖所決定，並且提出一種陰柔的、廣泛的情愛形式，對抗目前以生殖為主的形式。某種意義上，《蕾絲邊的身體》是佛洛伊德《性學三論》（*Three Essays on the Theory of Sexuality*）的「倒讀」（inverted）。佛洛伊德在《性學三論》中認為嬰兒的性慾原本比較廣泛，但在發展過程中逐漸被生殖器的性慾所限縮，只有「性倒錯」（invert，佛洛伊德對同性戀的醫學分類）才無法「完成」如此轉變。維蒂格在對生殖器性慾進行政治批判的過程中，似乎從「倒讀」開始反思，精準地指出佛洛伊德口中那種「尚未發展完成」的性慾才是合理的，藉此開啟了「後生殖器政治」。[46]當然，「發展」這個概念本身就意謂著迎合異性戀的框架。但我們還是可以問，佛洛伊德的作品是否只有這個意思？維蒂格的「倒讀」是否真的拆解了她反對的單一模型？也就是說，如果我們用更分散、更反生殖器的性慾結構，取代目前兩性對立的單一霸權結構，是否就能消解既有的兩性對立，還是只會讓它永遠延續下去？究竟要怎樣才能突破性別的二元對立？

維蒂格原本想反對精神分析，但她的理論卻意外地以「倒讀」的方式，預設了她想

43 Monique Wittig, "The Point of View: Universal or Particular?" p. 63.

44 Monique Wittig, "The Straight Mind," *Feminist Issues*, Vol. 1, No. 1, Summer 1980, p. 108. 見第三章註30。

45 Monique Wittig, *The Lesbian Body*, trans. Peter Owen (New York: Avon, 1976), originally published as *Le corps lesbien* (Paris: Éditions de Minuit, 1973).

46 感謝溫蒂·歐文的這句話。

推翻的精神分析發展論。她把尚未被生理性別標註的，各種罕見的性慾形式，當成了人類性慾的終極目標。[47]女性主義精神分析可能會說，維蒂格沒有充分掌握且低估了「社會性別印記」在語言中的意義與功能。維蒂格默認社會性別印記的使用方式是偶然的，可以完全翻轉，甚至捨棄。拉岡提出了另一種說法，認為生理性別來自禁令。他的理論比傅柯所說的管控，或者維蒂格所說的唯物論異性戀壓迫體系，來得更加有力，更不偶然。

拉岡的看法，就和伊瑞葛萊在後拉岡時代對佛洛伊德的重述一樣，認為生理性別除了簡單的二元對立以外，更延續了實體形上學的基礎。陽剛的「主體」是種虛構結構，它來自禁止亂倫的律法，迫使慾望朝向異性戀無限偏移。陰柔之物不是主體，陰柔也不是社會性別的「屬性」。陰柔的意思是闕如，這是一套象徵，語言靠著一整套規則，創造了生理性別之間的差異。陽剛在語言中代表的個體與異性戀意義，來自父親訂下的基本象徵律令。「以父之名」訂定的亂倫禁令禁止兒子與母親接觸，藉此建立母子之間的關係。同樣地，這部律令也禁止女兒渴望父親和母親，要求女兒接受自己的母性，藉此進一步鞏固親屬之間的關係。這樣的禁令確立了陽剛與陰柔的位置，以及文化能夠理解的社會性別，但這些禁令之所以能成功，都是因為我們的想像重現了無意識的性慾。[48]

女性主義者提及生理性別時，無論是為了像伊瑞葛萊那樣反對拉岡的陽具中心思想，還是為了用批判性的方式重新詮釋拉岡，都是想整理出陰柔氣質的意義。但這並不是在肯定實體形上學，而是表示陽剛氣質的表述體系漏掉了一整塊無法掌握的東西。被陽剛表述體系所拒斥／排除的陰柔氣質，反而顯示了批判、破壞這種霸權架構的可能性。賈桂琳・羅斯（Jacqueline Rose）[49]與珍・蓋洛普（Jane Gallop）[50]以各自的方式指出，生理性別是建構出來的。這種結構本身就不穩定，它的禁令效果自相矛盾，一方

47 當然，佛洛伊德也區分了「生理性別」和「生殖器官」，也就是維蒂格認為佛洛伊德混為一談的部分。參見〈The Development of the Sexual Function〉，收錄於《Freud, Outline of a Theory of Psychoanalysis》（trans. James Strachey. New York: Norton, 1979）。

48 本書第二章有好幾處，更全面地分析了拉岡的立場。

49 Jacqueline Rose, *Sexuality in the Field of Vision* (London: Verso, 1987).

50 Jane Gallop, *Reading Lacan* (Ithaca: Cornell University Press, 1985); *The Daughter's Seduction: Feminism and Psychoanalysis* (Ithaca: Cornell University Press, 1982).

面確立了性別認同，一方面又顯示出這種結構基礎的脆弱之處。雖然維蒂格與其他源自法國的唯物論女性主義者會說，所謂的生理性別只是不加思考地延續生理二元對立的產物，但這種批評忽略了關鍵的無意識面向，被壓抑的性慾潛入無意識之後，重新出現在討論主體的方式當中，使得這些論述注定自相矛盾。羅斯說得很清楚，用陽剛／陰柔軸線建立的性別認同注定前後矛盾，[51]它所壓抑的東西會無意間重新出現，破壞它的連貫性。這不僅顯示「性別認同」是被建構出來的，更顯示禁令不可能有效地建構性別認同（我們不該把以父之名訂立的律令當成無法修改的神聖意志，而應該把它當成一種注定失敗的嘗試，總是在幫反抗者打地基）。

唯物論與拉岡主義者（以及後拉岡主義者）的立場差異在於以下規範性問題：既然律法根據生殖器差異規定了性傾向，那麼我們能否從無意識中找到一種「先於律法存在」，或「位於律法規範之外」的性傾向。因為我們在理解各種不同的罕見性傾向時，依然從男女的二元觀點出發，把它們當成異常的特徵，而且對這套或這系列「律法」的界線位於哪裡，並未達成共識。精神分析批判成功地用規範性的社會性別關係矩陣，討論了「主體」的建構，甚至討論了實體的幻覺。維蒂格用存在主義的唯物主義觀點，假定人這個主體在獲得社會與性別的標籤之前就具備完整性，拉岡提出「以父之名的律法」，以及伊瑞葛萊批判的陽具中心主義的自說自話，統統指出了，這些定於一尊的結構主義說法可能並不像它們以為的那麼普世皆然，那麼放諸各文化皆準。[52]

然而，這場爭論的主題，似乎變成了討論顛覆性的性傾向出現在哪些時間點：它們在律法施行之前存在、在律法被推翻之後存在，或在律法統治的過程中，以挑戰律法的姿態不斷存在。這裡我們似乎又該引述傅柯。傅柯主張性傾向與權力同時存在時，也含

51 「精神分析與社會學，在解釋社會性別時的差異在於（也就是我認為 Nancy Chodorow 的研究陷入的核心僵局），社會學假設規範的內化通常是可能的，精神分析的基本前提與出發點則認為它不可能，無意識會不斷讓身分認同『失效』。」（Jacqueline Rose, *Sexuality in the Field of Vision*, p. 90）。

52 也許在《舊約》的禁止性規範下，人們會用結構主義觀點認為「律法」必須僅此一家別無分號，其實並不奇怪。也正因如此，在法國轉化尼采的方式下，後結構主義批判了「父系律法」。尼采指責猶太教——基督宗教的「奴隸道德」（slave-morality）把律法想像成單一的禁止性規範；並以權力意志的觀念，點明律法的創造性與多重可能性，成功指出「律法」僅此一家的說法，只是虛構出來的壓迫性概念。

蓄地指出，顛覆或解放的性傾向依然注定受到律法的約束。我們可以從他的觀點出發，進一步指出，所謂的律法施行「之前」與律法被推翻「之後」，其實都是以既定的規範框架討論與操演出來的說法，這種規範框架預設，想顛覆、動搖、取代既有的律法，性傾向就必須以某種方式逃離霸權設定的性禁令。傅柯認為這些禁令總是不經意地出現，因為「主體」要靠這些禁令才能建立產生，一旦來到這些權力出現「之前」、被推翻「之後」，或者在權力「之外」，人們就找不到性傾向。各種司法的禁止與管控，以及各種無意間發展出的功能，其根源都是權力，而不是律法。因此，從權力關係矩陣中誕生的性傾向，不只是複製目前的律法，不只是延續既有陽剛形式表達出來的單一認同。這些性傾向偏離了原本的目的，無意之間動搖了「主體」的邊界，使得主體踰越了目前文化的理解邊界，使文化理解到更多可能的樣貌。

女性主義對後生殖器性傾向的看法，受到了女性主義性傾向理論的重要批評，其中一些理論家試圖從傅柯的觀點，尋找一種專屬於女性主義或蕾絲邊的性傾向。她們想掙脫異性戀結構，尋找一個性傾向的烏托邦，使性傾向超越「生理性別」的束縛；卻沒有發現即使「解放」了異性戀霸權，或者找到了蕾絲邊專屬的概念，權力關係依然會在性傾向上束縛女性。[53]性愉悅也有一樣的問題，有些人試圖徹底捨棄陽具中心的性傾向，尋找專屬於女性的性愉悅。伊瑞葛萊有時候就想從女性專有的生理特徵，推導出專屬於女性的性傾向；[54]但生理特徵一直是本質論的立論基礎，回頭從生物學尋找女性的性傾

53 參見 Gayle Rubin, "Thinking Sex: Notes for a Radical Theory of the Politics of Sexuality," in *Pleasure and Danger*, ed. Carole S. Vance (Boston: Routledge and Kegan Paul, 1984), pp. 267-319.《Pleasure and Danger》相關討論另見 Carole S. Vance, "Pleasure and Danger: Towards a Politics of Sexuality," pp. 1-28; Alice Echols, "The Taming of the Id: Feminist Sexual Politics, 1968-83," pp. 50-72; Amber Hollibaugh, "Desire for the Future: Radical Hope in Pleasure and Passion," pp. 401-410. 參見 Amber Hollibaugh and Cherríe Moraga, "What We're Rollin Around in Bed with: Sexual Silences in Feminism," and Alice Echols, "The New Feminism of Yin and Yang," in *Powers of Desire: The Politics of Sexuality*, eds. Ann Snitow, Christine Stansell, and Sharon Thompson (London: Virago, 1984); *Heresies*, #12, Vol. 3, No. 4, 1981, the "sex issue"; Samois ed., *Coming to Power* (Berkeley: Samois, 1981); Dierdre English, Amber Hollibaugh, and Gayle Rubin, "Talking Sex: A Conversation on Sexuality and Feminism," *Socialist Review*, No. 58, July–August 1981; Barbara T. Kerr and Mirtha N. Quintanales, "The Complexity of Desire: Conversations on Sexuality and Difference," *Conditions*, #8; Vol. 3, No. 2, 1982, pp. 52-71.

向或意義，似乎違反了女性主義的核心前提，重新承認了生理特徵可以決定我們的命運。然而，無論是純粹為了戰略目的而透過生物學論述去闡述女性性傾向[55]，還是其實是回到生物本質論的女性主義，只要試圖主張女性的性傾向可以用徹底有別於陽具中心的方式存在，都會給自己帶來問題。女性如果不能意識到性傾向可以自己決定，或者沒有注意到自己的性傾向有某部分服膺於陽具中心的表達形式，可能會因此落入「男性認同」或「蒙昧無知」的陷阱。事實上，伊瑞葛萊在文本中就經常沒有明確分辨，性傾向究竟是文化建構的，還是在文化中完全根據陽具中心的詞彙來建構的。也就是說，「超脫文化束縛」的女性專屬性愉悅，會不會只能存在於史前狀態或未來的烏托邦之中？如果性傾向真的是用這種方式建構出來的，我們在當代爭取性傾向解放的時候，提及這種概念到底有什麼用？

在女性主義理論與實踐中，那些爭取性傾向解放的運動成功地告訴我們，性傾向永遠都是論述與權力的產物，而權力的面向之一，就是人們習慣的異性戀與陽具文化。因此，即使性傾向出現在蕾絲邊、雙性戀、異性戀的詞彙建構（是建構而非決定）之中，也不表示她們接受了以陽剛方式形塑出來的身分認同。人們使用性傾向，並不表示女性主義沒有成功批判陽具中心主義或異性戀霸權，因為政治批判本來就不可能直接清除性傾向背後的文化建構。既然性傾向是文化根據權力關係建構出來的，那麼想以規範性的方式建構出某些「在權力關係尚未出現之前」、「在權力關係不存在的地方」、「在權力關係消失之後」的性傾向，就不僅是文化上的緣木求魚，也是政治上的痴心妄想，只會讓我們更難以權力的角度，重新探索性傾向與性別認同的其他可能。當然，這樣的探索有前提：在既有的權力關係矩陣中思考，並不等於不加批判地接受既有的支配關係；而是試圖在沿用既有法則的過程中，不再鞏固那些法則，而是試圖取代。例如「男性認

54 伊瑞葛萊最具爭議的觀點，也許是她認為外陰的「兩唇相觸」結構，使女性自身具備非單一的性愉悅，直到陰莖插入「分離」兩唇之後，這種雙重性才被剝奪。參見伊瑞葛來的《Ce sexe qui n'en est pas un》。維蒂格、Monique Plaza、Christine Delphy 都認為，伊瑞葛萊對解剖構造的高度尊崇，本身就是缺乏批判地延續了生殖論述，把女性身體切分標記為「陰道」、「陰蒂」、「外陰」這些人為歸類的「部位」。曾經有聽眾在 Vassar College 的講座上詢問維蒂格有沒有陰道，她回答沒有。

55 Diana J. Fuss 的《Essentially Speaking》（New York: Routledge, 1989）強而有力地辯護了此詮釋。

同」的性傾向，將「男性」視為性傾向不可化約的根本原因，但我們可以透過顛覆性的「認同」行為，用陽具中心的權力關係詞語，建構出一些不同於既有的性傾向，畢竟在性傾向的權力領域內，這種顛覆總是會出現。既然我們能夠像賈桂琳．羅斯說的那樣，指出「認同」其實是虛幻的，那麼我們就一定能實踐某些認同，來展示其虛幻結構。既然性傾向是文化建構的，我們總會落入某種性傾向之中，不可能完全拒絕，剩下的問題就只是該如何承認，如何「建構」出自己的性傾向。有沒有什麼方法，讓我們在使用性傾向的概念時，不再繼續只是模仿、延續，因此鞏固既有的法則（也就是所謂的「男性認同」。女性主義該丟掉這個過時的詞彙了）？既然對文化的理解能力使人們照著既有的社會性別來生活，那麼在自然湧現，不時融合的各種另類社會性別中，哪些可能突破既有限制，被文化所理解？

根據女性主義的性理論，在性傾向之中出現權力關係，顯然不等於鞏固或強化異性戀或陽具中心的權力結構。無論是同性戀「出現」所謂異性戀的習俗，還是同性戀用來區分性別差異的方法，例如「陽剛女同性戀」（butch、女同性戀T）、「陰柔女同性戀」（femme、P、婆）這些長久以來的性別氣質詞彙，都不表示同性戀只是異性戀的變種。同樣地，這些現象也不表示同性戀在性取向或性認同上，難以捨棄異性戀的結構。異性戀與同性戀在性文化中同樣延續異性戀的結構，很可能是破除社會性別的先天迷思、撼動社會性別疆界的必經之路。我們一旦在異性戀框架以外的地方，也發現異性戀結構，所謂「人類生來就是異性戀」的迷思就不攻自破。因此，同性戀與異性戀之間的關係，**不是**複製品與原創的關係，而是複製品與複製品的關係。本書第三章最後幾節提到的「原版」諧擬，指出所謂的「原版」只不過是在諧擬自然原初的概念。[56] 即使「做」社會性別的權力／論述中依然會繼續流通異性戀的結構，我們還是可以思考：這種流通有哪些變化的可能？「做」性別的可能性，會透過誇大、擾亂、揭露內部矛盾、

56 如果用詹明信的方式區分諧擬（parody）與模仿（pastiche），同性戀身分比較接近模仿。詹明信認為，模仿至少在某種程度上體恤原作，諧擬則直接質疑「原作」從未存在；或者在社會性別的例子中，諧擬指出「原作」只是在緣木求魚地「複製」自己幻想出來的理念，這種理念在複製時注定失真。參見詹明信的〈後現代主義與消費者社會〉（Postmodernism and Consumer Society），收錄於 Hal Foster 編的《The Anti-Aesthetic: Essays on Postmodern Culture》（Port Townsend, WA: Bay Press, 1983）。

分化增生異性戀結構的過程，延續哪些社會性別分類，又會置換哪些分類？

這時候我們必須了解，陽剛／陰柔之間分離且不對稱的具體二元框架，其實壓抑並重述了異性戀、同性戀、雙性戀內部和之間的歧義與衝突；也要了解這些性別混亂的文化結構，是我們可以揭露、干涉、置換這些實體框架之處。也就是說，社會性別的「統一」是管控的產物，是試圖透過強加異性戀，使性別認同趨於統一的結果。它藉由一種排他性的生產裝置，限定了「異性戀」、「同性戀」、「雙性戀」的相對意義，消滅了它們彼此融合、重新定義的可能性。異性戀主義與陽具中心的權力結構，試圖透過不斷重複它們的邏輯、形上學、自然而然的本體論來強化自己；但這並不表示我們應該停止這些重複，因為根本停止不了。在文化延續各種身分認同的機制中，這些重複注定會繼續存在，所以真正的關鍵問題是，怎樣的顛覆性重複，可以讓人注意到目前管控身分認同的方式並不合理？

我們理解「人」、「生理性別」、「性傾向」的方式，不僅是權力和論述關係的矩陣的產物，更被該矩陣所管控。如果這些概念無法逃離權力和論述關係的矩陣，我們該如何翻轉、顛覆、取代目前被建構出來的認同？有哪些可能性，**能基於**目前被建構出來的生理性別與社會性別特質而存在？雖然傅柯沒有明確列出「管控行為」的哪些特徵催生了目前的生理性別分類，維蒂格則認為目前的分類方式，完全是有性生殖與強迫異性戀的產物；但除此之外還是有其他論述，出於未必清楚或未必一致的理由，共同虛構出了這種分類。生物學內藏的權力關係很難消滅，早在十九世紀，歐洲的醫界與法界聯盟就虛構出了難以事先預期的分類方式。建構社會性別的論述之間的複雜關係，似乎預示了這些論述與管控結構注定會無意間彼此融合。既然對生理性別與社會性別的正規想像本身就具有多重爭議的意義，那麼它們建構的多重性，將有可能動搖它們自稱的單一姿態。

當然，本書並不打算用傳統的哲學術語闡述社會性別**本體論**，也不是要用現象學的詞彙解釋**身為**女人或男人是什麼意思。這裡的假設是「身為」社會性別，是一種**效果**，我們可以用系譜學（genealogical）來研究它的本體論模式，找出這些社會性別是在哪些政治參數下建構出來的。宣稱社會性別是建構的，並不等於宣稱它是幻覺或人造的，也不等於宣稱它是二元對立關係中「真實」（real）或「確有其事」（authentic）的反面。以系譜學來研究社會性別的本體論，是為了理解論述如何讓二元對立關係變得更合理，以及指出社會性別的某些文化配置成為「真實」，並透過貼切的方式讓人覺得這些性別與生俱來，藉此強化它們的霸權。

波娃說「一個人並非生來就是女人，而是**變成**女人」。如果這句話至少說對了一些事情，那麼**女人**本身就是一種過程、一種轉變、一種建構，既不是起點也不是終點。它是一段不斷發展的論述，允許干預，允許重新定義。即使社會性別似乎凝固成最具體的形式，這種「凝固」實際上是在水面下不斷進行、來自各種社會機制的維持與管控。對波娃來說，人永遠不可能真正變成女人，因為文化適應（acculturation）與建構的過程本身不存在**終極目標**（telos）。社會性別是身體不斷仿效風格的產物，是在一個嚴格管控的框架內不斷重複一系列行為，在時間中凝結出的實體表象，乍看之下極為自然。我們一旦以政治的系譜學方式，成功研究社會性別的本體論，就會發現，性別的實體表象其實來自各種行為，每種行為都來自某些力量設定的強制框架，服膺某些力量所期待的社會性別樣貌。至少自馬克思以來，文化批判就不斷指出，許多乍看之下天生如此的必然表象，其實都是偶然行為的產物。如今這種批判的目標延伸到了主體，因為主體的概念必須帶著社會性別才能被理解；這些偶然建構出來的社會性別卻強制排除了其他可能性，使主體無法以其他本體論元件來組成。

下一章，我將用某些精神分析結構主義的角度，討論生理性別差異與性傾向的建構過程；也會討論到它的能力是否足以對抗本章提到的監控制度，以及它如何不加批判地複製了這些制度。生理性別的唯一樣貌、社會性別的內在融貫，以及生理性別與社會性別的二元對立框架，一直都是監控者虛構出來的產物，他們的目的就是為了鞏固陽剛霸權與異性戀霸權的交集，讓我們把這些霸權當成自然而然。本書最後一章將探討「身體」（the body）的概念，身體不是等待定義的被動表面，而是個體與社會的一系列界線，這些界線的意義來自政治，維繫也需要政治。我將指出，生理性別不是氣質與身分的內在「真實原因」，而是操演出來的意義（所以當然並不「存在」）。我們一旦打破虛構，不再以為性別的內在與表象只能有現在的樣貌，就能讓性別的意義不斷諧擬增生、顛覆嬉戲。因此，本書將繼續探索有哪些方法可以顛覆並取代目前人們視為自然而然的、那些擁護陽剛霸權與異性戀霸權的社會性別概念。真正能夠掀起性／別惑亂的方法，不是規劃如何走向未來的烏托邦；而是在既有的環境中不斷見縫插針、揭露矛盾、增生新興樣貌，藉此讓那些想維持自身虛構姿態的社會性別建構方式，不攻自破。

II

禁制、精神分析和異性戀矩陣的產物

PROHIBITION, PSYCHOANALYSIS, AND THE PRODUCTION OF THE HETEROSEXUAL MATRIX

異性戀思維一直認為其主要禁忌是亂倫，而非同性戀傾向。因此，從異性戀思維來思考，同性戀傾向就是異性戀傾向。

——莫尼克．維蒂格，〈異性戀思維〉（The Straight Mind）

女性主義理論偶爾會受到「起源」這個想法的吸引，在起源的時代，所謂的「父權」概念尚未出現，那個時代能提供某種想像的觀點，讓我們從該觀點出發，建立女性受壓迫的歷史偶然性。一直以來都有人爭論：父權主義文化是否存在？父權主義的結構是不是母權的或母系的？我們能否因為找出了父權主義的開始，因而確認父權主義將有結束的一天？人們提出這些問題主要是因為希望能夠指出，支持父權主義為必然的反女性主義論點，物化與自然化了**歷史的**偶然現象。

雖然人們探討文化在父權主義出現前的狀態，是因為想揭露父權主義的自我物化，但事實證明，父權主義出現前的文化架構也是一種物化。近年來，有些女性主義者對女性主義之中的物化結構提出了批判性反思。「父權主義」這個概念可能會變成一種普遍觀點，在很多種文化脈絡下，都會凌駕或削減人們對性別不對稱的表述。女性主義希望成為對抗種族壓迫和殖民壓迫中不可或缺的一環，因此反抗「殖民認知策略」變得愈來愈重要，這種認知策略會讓父權主義在各種不同文化下，都成功宰制其他類型的支配結構。我們必須從這種批判性觀點出發，才能重新了解這個社會為什麼認為父權規則是一種壓迫性的控制結構。女性主義者爬梳這些想像中的過去時，也需要格外小心，不要在揭露陽剛權力的自我物化時，也以政治上不合理的方式，一同物化了女性經驗。

具有壓迫性或次等化性質的律法在自我辯護時，幾乎都會提出這類基礎：目前受到規範的對象，在規則出現**之前**是什麼樣子，所以規則必須設計成現在這樣才行。[1]人們編造這類起源時，往往使用單線敘事，認為只有一種路線可以合理改變規則出現之前的狀態，而該路線演變下來，就構成了現在的規則。因此，起源的故事成為了一種敘事策略。如果無法改變的過去一定只有敘說者講的那種權威性解釋，那目前的規則就變成了歷史上的不得不然。

有些女性主義者在律法出現之前的過去，找到了未來社會能發展成烏托邦的一絲痕跡，找到了能用於顛覆和起義的資源，因而覺得有希望解構現有律法並建立新的秩序。但如果那些想像中的「過去」全都發生在史前時代，並且為律法的現狀提供合法性，或者為想像中超越律法的未來提供合法性的話，那麼，無論是對女性主義者還是反女性主義者來說，述說這些「過去」時，就一定會暗藏很多藉口，藉此維護自己的當下利益和未來利益。如果女性主義理論先是預設了一種「過去」，那麼它在要求未來能像理想中的「過去」那麼美好，或者有意無意地物化了人類超越文化的陰性本質時，理論所預設的「過去」就會在政治上產生問題。這些訴諸「原始」或「真實」陰柔特質的說法，只不過是視野偏狹的思古幽情，沒有注意到當代的人必須把性別論述當成複雜的文化建

---

1 在我撰寫這一章的這個學期，我在教學生卡夫卡的〈在流放地〉（In the Penal Colony），這篇文章描述的一種刑求手段為權力與陽性權力的當代領域提供了有趣的類比。文章數次想重述歷史，把該刑求手段奉為歷史中十分重要的一部分，但每到此時，敘事都會出現停滯。起源已經不可能恢復原貌了，而能夠引導人們前往起源的地圖也因為年代久遠而無法判讀。想了解起源的人說的已經不是同樣的語言，也沒有任何資源能夠翻譯。事實上，人們已經無法完全了解這個起源機制了。起源的各個部件無法以人們能理解的方式組合在一起，因此讀者不但無法了解起源在完整狀態時的理想樣貌，還必須在這種認知之下想像起源的破碎狀態。這篇文章用文學演繹了傅柯的論點：「權力」已經過度分散，以致於權力不再具有系統上的整體性。德希達依據卡夫卡的文章〈在法之前〉的脈絡，對這種法具有的不合理權威性提出了質疑（見德希達的〈在法之前〉〔Before the Law〕，收錄於 Alan Udoff 編的《Kafka and the Contemporary Critical Performance: Centenary Readings》（Bloomington: Indiana University Press, 1987）。他以敘述的方式重現了律法出現之前的時代，藉此強調這種壓迫在根本上的不正當性。值得注意的是，訴諸於律法出現之前的時代，並不能幫助我們對該律法提出批判，這是不可能做到的。

構。這種思考方式不僅只能用來追求文化上比較保守的願景，還會把女性主義切割成不同群體，結果明明是要克服分裂，卻助長了分裂。

綜觀弗里德里希・恩格斯（Friedrich Engels）和社會主義女性主義提出的討論，以及那些根植於結構人類學的女性主義立場所提出的思辯，我們可以看到他們付出了許多努力，希望能在歷史與文化當中，找到人類建立性別階級的時間點和結構。他們之所以想把這些關鍵時間點和結構獨立出來，是為了否定那些將女性的次等地位自然化或普遍化的極端保守理論。在當代理論領域，人們針對壓迫提出了更深一層的辯論，而上述的極端保守理論正是當代理論領域的一部分，這種理論致力於為常見的壓迫形式提供關鍵替代品。不過，女性主義必須探究的問題是，人們針對性別階級進行有力批判時所使用的前提假設，會不會牽涉到各種充滿問題的規範理想。

有些女性主義理論學家挪用了李維史陀的結構人類學（包括問題重重的自然／文化區分法），以支持與說明「生理性別（性）／社會性別（性別）」之間的差別：這些理論學家認為，自然的女性或生物學上的女性是存在的，這種女性出生後，會轉變成社會中處於次級地位的「女人」，此論述最後得出的結論是，「生理性別」是自然的，「社會性別」是文化的，就像「生食」是自然的，而「熟食」是文化的一樣。如果李維史陀建立的框架是真確的，那麼，我們應該可以利用一些方法發現生理性別轉變成社會性別的痕跡，例如找出某種文化的穩定機制或某種親屬關係的交換規則，並確認它們會以十分常見的方式影響生理性別與社會性別的轉換。依據這個觀點，文化和政治不能決定「生理性別」，於是「生理性別」的存在先於律法，生理性別為文化提供了「原料」，從某種程度上來說，唯有服從於親屬關係的規則，生理性別才開始具有意義。

然而，「生理性別是一種物質」與「生理性別是一種文化象徵的工具」的概念，本身就是一種話語的建構，對於自然／文化區分法和這種區分法所支持的支配策略來說，進行自然化之前，得先用此話語建構打下基礎。文化與自然之間的二元關係推動了某種階級關係，文化可以在這種階級關係裡，隨心所欲地對自然「強加」意義，使自然變成「他者」，接著，文化就可以毫無限制地利用自然，在支配模式中維護意符的理想性與指稱的結構。

人類學家瑪莉蓮・斯特拉森（Marilyn Strathern）和卡蘿・麥柯馬克（Carol MacCormack）認為，自然／文化論述時常把自然比喻為女性，是因為自然總得臣服於文化，而文化往往被比喻為男性的、積極的和抽象的。[2]這個例子就像厭女情節的存在辯證一樣，再次展示了人們往往會把理性與思想連結到陽剛氣質和能動力上，而身體和自然則被認為是無聲的陰柔現實（facticity），陰柔現實必須等待與之對立的陽剛主體提出指稱。正如我們在厭女辯證中看到的狀況，物質性和意義這兩個詞語互相排斥，建構和維持此區別的則是性政治。這種性政治被自然和自然性別的語言產物掩蓋了，社會大眾往往將自然性別視為無可置疑的文化基礎。克利弗德．紀爾茲（Clifford Geertz）等結構主義批評家認為，結構主義的普遍框架貶低了「自然」在文化結構方面的多樣性。評論家在分析時若假定自然是單數的，是比話語更早出現的存在，那就不能提出以下疑問：在特定文化脈絡下，哪些事物有資格被稱做「自然」？這樣的稱呼目的為何？二元論是必要的嗎？生理性別／社會性別和自然的／文化的這兩種二元論，如何在彼此的論述中，透過對方進行建構與自然化？這兩種二元論對哪一種性別階級有利？它們物化了哪一種服從關係？如果「性」這個符號本身就具有政治性，那就代表了本應該最偏向自然「生食」的生理性別，其實一直以來都是文化「熟食」，可見結構人類學家的核心區分法不能應用在生理性別與社會性別上。[3]

這些女性主義者之所以在律法出現之前的時代尋找具有性別的自然，最根本的原因在於他們想實踐一個更基礎的計畫，希望人們能認為父權主義的規則並不是決定一切事物的普遍真理。只有建構出來的社會性別的話，那這世界上也就沒有「外部」，文化出現之前的「過去」也不會有知識上的錨點，女性主義者也就無法在批判如今的性別關係時，把這個錨點拿來當作替代性的知識出發點。女性主義者尋找生理性別如何轉變成社會性別的機制，不只是為了確立社會性別的建構性，證實社會性別處於一種非自然且非必要狀態，也是為了以非生物學的詞語，確立「壓迫」在文化方面的普遍性。這種機制是如何形成的？我們能找到這種機制嗎？又或者只能想像？當我們指出了這種機制在表

---

2 Carol MacCormack and Marilyn Strathern, eds. *Nature, Culture and Gender* (New York: Cambridge University Press, 1980)。

3 相關議題的更完整討論，參見 Donna Haraway's chapter, "Gender for a Marxist Dictionary: The Sexual Politics of a Word," in *Simians, Cyborgs, and Women: The Reinvention of Nature* (New York: Routledge, 1990)。

面上的普遍性時，這是何種程度的物化？當我們把普遍壓迫建立在生物學上時，物化程度是否會比較低？

在我們利用政治計畫擴大性別結構的可能性時，若要證明「建構性」**本身**是有用的，唯一方法就是用性別結構的機制，說明此結構的**偶然性**。但是，如果女性主義的規範目標是用超越律法的身體生活，或者把身體恢復成律法出現之前的那種身體，那麼女性主義理論將難以聚焦於現代文化困境的具體表達方式。接下來的章節中，我們正是要依據這樣的律法概念，去談論精神分析、結構主義，以及這兩者在建構性別時的各種禁令具有何種地位與權利：它在本體論中的地位是什麼？它在運作時具有裁決性、壓迫性和簡化性嗎？又或者它不經意地在文化方面創造了自身的替代品？當我們描述的是一個「比描述更早出現」的身體時，從操演上來說，這種描述會自相矛盾到何種程度？又會產出足以取代自己位置的替代品到什麼程度？

一、結構主義的關鍵交換

結構主義者描述自己的論點，提到律法時通常會使用單數詞，十分符合李維史陀的論點：所有親屬系統都具有同一個特徵，那就是人們在規範交換時，使用的是一種通用的結構。根據《親屬關係的基本結構》（*The Elementary Structures of Kinship*）所述，在交換的過程中，能同時加強親屬關係並使親屬關係產生差異的交換物品，就是**女人**。人們透過婚姻制度，把女人當作禮物，從這個父系氏族送到另一個父系氏族。[4] 這個用來交

4 相關過程的討論，參見魯賓的〈The Traffic in Women: Notes on the 'Political Economy' of Sex〉，收錄於 Rayna R. Reiter 編的《Toward an Anthropology of Women》（New York: Monthly Review Press, 1975）。她的論文是本章後段的其中一個重要論點。她引用了 Mauss 的《Essay on the Gift》中「新娘是禮物」的論述，指出在交換中把女人當作交換物品，能鞏固與定義男性之間的社交連結。

換的物品（也就是等同於禮物的新娘）是「一種符號和一種價值」，打開了交換的通道，此物品不但具有促進交易的**功能性**用途，也同時具有**象徵性**或**儀式性**用途，可以鞏固氏族的內部連結與集體身分認同，並透過禮物交換使兩個氏族產生差異。[5]換句話說，新娘的功用就是改變兩群男性之間的關係。她沒有身分，也不能用自己的身分換得另一個身分。正是因為她沒有陽剛身分，所以才能**反映出**陽剛的身分。氏族的成員無一例外都是男性，他們透過婚姻行使身分的特權，對他們來說，婚姻是一種具有象徵意義的重複行為，能製造氏族之間的差異。不同父系姓氏的男性不但靠著異族通婚彼此連結，也藉此區分彼此的差異。他們透過婚姻的儀式同時驅逐女性與輸入女性，並維持父系社會的運作。女性成為妻子後，她們的功能性用途是產出更多相同**姓氏**的人，同時也會在象徵意義上，讓不同氏族的男性彼此往來。父系姓氏在女性身上進行交換，女性既是父系姓氏的象徵，又不是父系姓氏的象徵，她們背負著父系姓氏這個意符，同時又被父系姓氏排除在外。婚姻中的女性沒有身分，她們是一種關係條件，能讓兩個氏族既結合在一起，又出現差異。這兩個氏族透過婚姻獲得的父系身分雖然是共通的，但從內部來說卻具有差異。

李維史陀解釋親屬關係時採用了結構系統的理論，認為我們可以使用一套普遍通用的邏輯來建構人與人之間的關係。李維史陀在《憂鬱的熱帶》（*Tristes tropiques*）一書中指出，他之所以離開哲學，是因為在分析人類的生活時，人類學能提供更具體的文化結構，不過，他還是把人類學的文化結構融入了哲學的整體邏輯結構。他原本希望能脫離哲學的去脈絡化結構，但他的分析方式卻使他回到了這種結構中。雖然李維史陀對普世性的假設有許多疑點（比如人類學家克利弗德．紀爾茲就曾在《地方知識》〔*Local Knowledge*〕中提出質疑），但我們這裡要討論的是以下兩個問題：第一，在這套具有普世性的邏輯中，身分認同的假設處於什麼位置。第二，在身分認同邏輯所描述的文化現實中，這套邏輯與女性次等化地位之間的關係為何。如果交換在象徵意義上的本質是它賦予人類的普遍身分地位，如果那種普遍結構把「身分」分配給男性，把次等化與親屬關係上的「否定」或「闕如」分配給女性，那麼這種邏輯排除的地位，將反過來挑戰

5 參見 Claude Lévi-Strauss, "The Principles of Kinship," in *The Elementary Structures of Kinship* (Boston: Beacon Press, 1969), p. 496.

邏輯本身。親屬關係的另一種邏輯會是什麼樣子？身分認同的邏輯系統有多需要建構一個社會上不可能成功的身分，並用這個身分去占據一個沒有名字的、被排除的，之後會被邏輯本身掩蓋的預設關係？在這裡我們可以看到，促使伊瑞葛萊在陽具中心經濟中提出「劃掉」一說的原動力，以及女性主義中的後結構主義原動力，都提出了同一個疑問：批判陽具中心主義時，是否需要替換掉李維史陀所定義的**象徵**？

結構主義預設語言具有**整體性**與**封閉性**，同時又挑戰這種整體性與封閉性。雖然費爾迪南・德・索緒爾（Ferdinand de Saussure）認為「能指」與「所指」之間的關係具有任意性（arbitrary），但他同時也認為，唯有在完整的語言系統中才有這種任意性。在語言學中，所有詞語的預設前提都是語言結構的整體性，任何一個詞語若想獲得意義，都必須先預設語言結構是完整的，同時也要在詞語中隱含此一結構完整性。這種觀點和萊布尼茲（Gottfried Wilhelm Leibniz）類似，萊布尼茲認為語言的系統是完整的，而此觀點會抑制「能指」與「所指」出現差異，並會在具有整體性的場域中，將差異出現的任意瞬間連結起來、統一起來。後結構主義者的想法不同於索緒爾的論點，也不同於李維史陀提出的身分認同交換結構，後結構主義者駁斥了整體性與普世性的主張，也駁斥了二元結構對立的假設，這種假設會抑制語言指稱與文化指稱的模糊性與開放性。[6]因此，能指與所指之間的差異，變成了具有操作性且沒有限制的語言**延異**（différance），使得指涉性（referentiality）變成了沒有限制的潛在替代品。

李維史陀認為，各個父系氏族會透過公開製造差異的行為，建立陽剛的文化身分認同，這些氏族之間的「差異」是一種黑格爾式的概念，既能讓他們區分彼此的不同，又能使他們彼此連結。但是，建立在男性和女性之間的「差異」卻完全迴避了這樣的辯證，而承受此種差異的女性協助建立了男性之間的差異。換句話說，社會交換製造出差異的瞬間，也在男性之間製造了社會連結，在具體化與個人化的陽剛關係中，這種社會

6 Jacques Derrida, "Structure, Sign, and Play," in *The Structuralist Controversy*, eds. Richard Macksey and Eugene Donato (Baltimore: Johns Hopkins University Press, 1964); "Linguistics and Grammatology," in *Of Grammatology*, trans. Gayatri Chakravorty Spivak (Baltimore: Johns Hopkins University Press, 1974); "Différance," in *Margins of Philosophy*, trans. Alan Bass (Chicago: University of Chicago Press, 1982).

連結是黑格爾式的。[7]在抽象層面上，這是差異中的同一性，兩個氏族都具有相同的身分：男性的、父權的與父系的。同時他們又擁有不同的姓氏，藉此在這個無所不包的陽剛文化身分中使自己變得不同於其他氏族。但是，是什麼樣的關係把女性變成了用來交換的物品，讓她們得先冠上一個父系姓氏，結婚後又冠上另一個父系姓氏？是哪一種製造差異的機制在用這種方式分配性別的功能？李維史陀提出的黑格爾式經濟制度中，有一種由男性促成的明確否定，這種否定所預設與排除的，是哪一種能製造差異的**延異**？正如伊瑞葛萊所說，這種陽具中心經濟依賴的是一種**延異**的經濟，他們不會清楚表露出這種延異，但卻一邊預設這種延異會出現，一邊否認其存在。事實上，父系氏族之間的關係立基於同性社交（homosocial）的慾望之上（伊瑞葛萊一語雙關地將之稱做「男同性戀傾向」〔譯按：hommo-sexuality，homo 意爲同性，homme 意爲男性〕）[8]，這種性傾向受到社會壓抑並因此受到貶低，男性之間的關係注重的是男性之間的連結，但氏族必須透過異性交換與分配女性來建立這種連結。[9]

下面這段文字中，李維史陀揭露了陽具中心經濟的同性情欲潛意識，並描述了「同性情慾連結的實質化」與「亂倫禁忌」之間的連結：

> 交換並不只是在交換物品而已，異族通婚規則也是同樣的情況。交換本身具有社會價值，因此表現出交換的異族通婚規則也一樣具有社會價值。交換提供了各種能使男性連結在一起的方法。

這種禁忌會製造出異族通婚式的異性戀傾向。李維史陀認為，這種異性戀傾向源自

---

7 Lévi-Strauss, *The Elementary Structures of Kinship*, p. 480; "Exchange—and consequently the rule of exogamy which expresses it—has in itself a social value. It provides the means of binding men together."

8 Luce Irigaray, *Speculum of the Other Woman*, trans. Gillian C. Gill (Ithaca: Cornell University Press, 1985), pp. 101-103.

9 讀者在了解李維史陀所描述的親屬關係內部的互惠結構時，可參考賽菊蔻在《Between Men: English Literature and Homosocial Desire》（New York: Columbia University Press, 1985）中的文學分析。賽菊蔻認為浪漫詩歌之所以會對女性付出諂媚奉承的注意力，既是避談也是在詳述男性的同性社交渴望。在詩歌中，女性調解了男性與男性之間未被承認的慾望，在表面上成為了被描述的明確對象，因此女性在詩歌中也是「被交換的物品」。

於人們對比較自然、比較沒有限制的性傾向所設立的禁制，是一種人為達成的非亂倫異性戀傾向（佛洛伊德在《性學三論》也提出了相同的假設）。

然而，男性之間要建立這種互惠關係有兩個條件。第一，男性與女性之間的徹底不互惠關係，第二，女性之間的無關聯型（nonrelation）關係。李維史陀有一個惡名昭彰的論點：「象徵性思維出現的必要條件，是女性應該要像文字一樣，成為人們交換的物品。」我們從這個觀點可以看出，李維史陀的身分是一個不可見的觀察者，他以回溯的角度，對他假設出來的普世文化結構做出了此番歸納。但是，這種「必要」同樣只是一種推論，其唯一目的就是操演。由於李維史陀不可能親眼見證**象徵**出現的歷史瞬間，所以這段關於必要的歷史其實是他的猜想：因此，這段敘述變成了一種指令。伊瑞葛萊因為李維史陀這段分析而開始反思，如果這些「交換的物品聯合起來」會發生什麼事，並因此揭露了另一種性經濟帶來的預料之外的能動力。她在近年的著作《性與宗族》（*Sexes et parentés*）[10]提出批判性論述，解釋了李維史陀所說的經濟中，男性之間的互惠交換結構如何預先假定了兩性無法互惠，也預先假定了女性、陰柔特質與女同性戀傾向都是不可命名的。

如果李維史陀提出的**象徵**會**排除**某一個性領域，而這個性領域又有可能揭露**象徵**的霸權性質，而非在「象徵」的範圍內成為整體，那麼我們就必定有辦法在李維史陀提出的經濟之內或之外，找到這個被排除的性領域，並根據性領域的位置制訂干預策略。接下來我們要重新解讀的是結構主義的法則，以及在這套法則下解釋「性差異」產物的論述，我們會把重心放在法則預設的穩固性和普世性上，提出族譜方面的批判，希望藉此揭露這套法則的能力：它能夠在未加留意的狀況下，以自我挫敗的方式進行傳承。「律法」是以單方面且始終不變的方式在製造性的地位嗎？「律法」製造的性傾向結構能挑戰律法本身嗎？又或者那些挑戰終究只是幻覺？我們能不能說律法的傳承性是可變化的，甚至具有顛覆性？

在禁止同族通婚的親屬經濟中，這套禁止亂倫的律法就是核心。李維史陀認為，亂倫禁忌的核心位置在結構主義人類學與精神分析之間建立了重要的連結。雖然李維史陀

10 Luce Irigaray, Sexes *et parentés* (Paris: Éditions de Minuit, 1987), translated as Sexes *and Genealogies*, trans. Gillian C. Gill (New York: Columbia University Press, 1993).

承認從經驗基礎來說，佛洛伊德的《圖騰與禁忌》（*Totem and Taboo*）不足以取信，但他也認為這種拒絕的態度是種矛盾的證據，能支持佛洛伊德的理論。對李維史陀來說，亂倫並不是社會事實，而是種隨處可見的文化幻想。李維史陀認為，慾望的主體具有異性戀的陽剛氣質，指出「毫無疑問的，並不是歷史上任一時刻的事實都能對應到人們對母親和姊妹的慾望、弒父事件與兒子的後悔。但是，這些事物或許象徵性地描繪出了一個古老而恆久的夢」。[11]

為了證實精神分析對意識亂倫幻想的見解，李維史陀指出：「這場夢的魔力在於，它有能力形塑男人的想法，而男人卻對這些想法一無所知……由於在每一個時間點的每一個地方，文化都會壓抑這場夢引起的各種行為，所以從來沒有人做過這種行為。」[12]這段令人震驚的論述不但讓我們看見了李維史陀具備顯著的否認能力（「從來沒有人做過」亂倫這種行為！），也讓我們了解到，若想指出這種禁忌是有效的，將遇到的主要困難為何。亂倫禁忌雖然存在，但絕不代表這種禁忌有效，其存在反而代表了社會中廣泛流傳的亂倫慾望與亂倫行為，正是源於人們將這種禁忌色情化的過程。雖然人們對亂倫的渴望是虛幻的，但並不代表這種渴望不是「社會事實」。這裡的問題應該是：這種幻覺是如何產生的？對亂倫的禁制如何反過來導致了亂倫的結果？此外，我們可以拿李維史陀的論述做為代表，釐清以下問題：社會信念是如何認定禁制的否定具有效用，並因此清理出一個社會空間，讓亂倫的行為可以不受阻止地任意自我複製？

對李維史陀來說，母子異性戀亂倫與亂倫幻想的禁忌都是普遍存在的文化事實。人們如何把亂倫異性戀傾向建構成一種表面上很自然、沒有經過任何加工的慾望矩陣？又是如何把慾望建構成一種異性戀男性的特權？把異性戀傾向與陽剛的性能動力（sexual agency）自然化，其實是種話語建構，在這套結構主義的基礎框架之中，沒有任何人曾為此話語建構提出解釋，但所有人都認為這是理所當然。

拉岡挪用李維史陀的論述時，側重的是文化再製方面的亂倫禁忌與異族通婚制度。在文化再製的概念中，「文化」指的是一套語言結構與指稱。拉岡認為，禁止母子亂

11 很顯然，李維史陀分析亂倫時，沒有抓住機會指出亂倫**既是**幻想**也是**社會行為，這兩種行為絕不是互相排斥的。

12 Lévi-Strauss, *The Elementary Structures of Kinship*, p. 491.

倫結合的「律法」創制了親屬結構，這種親屬結構是透過語言發生、管控嚴格的原欲（libido）轉移。語言結構必須依賴說話主體才能運作，整體來說語言結構就是所謂的**象徵**，雖然語言結構可以在脫離說話主體的狀況下，維持本體完整性，但這套「律法」會以每一個幼兒都將進入文化為前提，重申律法的內容並將律法個體化。語言出現的必要條件是不滿足，而不滿足則是透過亂倫禁制建立起來。在原始的壓抑建立客體的過程中，原始的**享樂**（jouissance）將會消失。享樂消失後，符號取代了享樂的位置。符號同樣無法接近意符，總是試著在它所意指的對象中，找回不可能恢復的享樂。對這套禁忌所創立的說話主體來說，說話的唯一目的就是把慾望轉移到轉欲的替代品上，希望能獲得無法挽回的享樂。語言是未獲滿足的慾望留下的殘渣，是成就這種慾望的替代方案，是永遠不會真正滿足的昇華（sublimation）所製造出來的複雜文化產物。亂倫禁制奠定了語言的可能性，標記出具有指涉性的舉止，這種禁制最後必然會導致語言在意指時不可避免地遇上失敗。

二、拉岡、李維耶赫與裝扮策略

用拉岡的論點探討社會性別以及／或生理性別的「存在」（being），將混淆拉岡語言理論的真正目的。拉岡否定了本體論在西方形上學中的重要地位，認為相較於「存在是什麼？哪些事物是存在的？」，更重要的是「人們如何透過父系經濟的意指行為建構與分配『存在』？」。他認為父系律法建構的語言與區分機制，決定了本體論中存在哪些東西、禁止存在哪些東西、這兩類東西之間又有什麼關係。我們必須先擁有某個指稱結構，擁有一個先於本體論存在的**象徵**，之後才能用這個結構，在本體論上指稱某個事物「存在」。

性差異是人們能理解「律法」的前提假設，若我們不先探究律法允許的指稱，不探究**陽具**（the Phallus）的「存在」，那麼我們也就無法探究本體論的**本質**，更無法理解

「存在」。在語言中，「做為」（being）**陽具**和「擁有」（having）**陽具**代表著具備某些歧異的性位置，或缺少某些性位置（其實該說不可能取得某些性位置）。「做為」**陽具**，就是成為**他者**慾望的「意符」，並且要**表現得**像是意符。換句話說，做為**陽具**就是成為客體，就是成為（異性戀傾向的）陽剛慾望的**他者**，但同時，做為**陽具**也是在代表那種慾望、反映那種慾望。這個他者構成的不是陰柔異己（alterity）對陽剛氣質的限制，而是陽剛闡述自我的場域。對女性來說，「做為」**陽具**代表的是反映出**陽具**的力量、象徵那種力量、「體現」**陽具**、提供**陽具**貫穿的場域，以及透過「做為」**陽具**的他者、**陽具**的缺席、**陽具**的缺乏來指稱**陽具**，並以辯證的方式肯定**陽具**的身分。拉岡指出，缺乏**陽具**的**他者就是陽具**。他顯然認為「不擁有」**陽具**的陰性地位具有權力，「擁有」**陽具**的陽性個體需要**他者**才能獲得肯定，才能在「延伸」的意義上成為**陽具**。[13]

這種本體論的描述預先假設了，存在的外表與存在的影響力都是來自指稱的結構。**象徵**秩序透過「擁有」**陽具**（男性地位）與「做為」**陽具**（女性的矛盾地位）創造出文化上的可理解性。這兩個地位的互相依賴關係，會讓人想起主人與奴隸之間無法互惠的黑格爾式結構，其中特別值得一提的是，主人為了用奴隸的反應來確認自己身為主人的身分，會出乎意料地依賴奴隸。[14]但拉岡所說的互相依賴關係，並非位於實體世界。在「做為」與「擁有」的二元分裂中，我們為了建立身分認同而付出的所有努力，都會回歸到不可避免的「缺乏」與「損失」上，後兩者為前兩者奠定了虛幻結構的基礎，標示了**象徵**與真實的不可共量性（incommensurability）。

如果我們把**象徵**當作一種無法在現實中完全實體化的文化性普世指稱結構，那麼以下問題就是合理的：在這樁表面上跨越了各種文化的事件中，是誰或什麼在意指誰或什麼？不過，這個問題預設了「主體是能指，客體是所指」，也就是在結構主義替換主體之前，哲學中的傳統認識論二分法。拉岡對這種指稱模式提出了質疑。他描述兩性關係時的用語，揭露了語言上的「我」（I）帶來的陽剛式壓迫，也揭露了「我」是自主

13 做為**陽具**，就是藉著成為**陽具**貫穿的場域，來「體現」**陽具**，同時也是在指稱這個承諾：回歸到尚未個人化的**享樂**。這種享樂是孩子與母親的關係尚未區分開來時的特徵之一。

14 在我的著作《Subjects of Desire: Hegelian Reflections in Twentieth-Century France》（New York: Columbia University Press, 1987; paperback edition, 1999）中，我用其中一章〈Lacan: The Opacity of Desire〉來討論拉岡挪用黑格爾對主人與奴隸的辯證。

的、為自己奠定基礎的主體，但很多時候，人們在形成自我認同時，會排除掉某些性位置，因此開始質疑他們產生出來的「我」是不一致的。對拉岡來說，主體可以存在（也就是在語言之內，把存在視為能替自己奠定基礎的能指）的前提條件，是在尚未個體化的亂倫享樂連結到（如今受壓抑的）母體時，對這種享樂進行原初壓抑（primary repression）。

陽性主體只是**看似**在創造意義而已，但同時也能藉此產生意指。陽性主體想利用「能替自己奠定基礎的自主性」來掩蓋壓迫，陽性主體藉著這種壓迫打下了基礎，也隨時都有可能因為壓迫而失去基礎。然而，這種建構意義的過程需要女性反映出陽剛權力，並在所有位置確保虛幻的自主性具有的真實權力。光說此過程「實在令人費解」可能都還太過含蓄，建構意義需要女性反映出陽剛主體（陽剛意符）的自主權力，如此需求變成了建構這種自主性的必要條件，並因此演變成根本依賴的基礎。更進一步地說，陽剛主體在否定這種依賴性的同時，也在**追求**這種依賴性，因為女性既是令人安心的符號，也是被替代的母體，女性提供了虛無又執著的承諾，保證可以找回尚未個人化的**享樂**。因此，陽剛的衝突雖然需要對自主性的充分認可，也同時保證了人們能重獲沒有受到壓抑也沒有個人化的完整享樂。

我們之所以會說女性「做為」**陽具**，是因為女性有權力可以代表或反映出陽剛主體為自己奠定基礎的「真實性」，假若這種權力被撤回了，陽剛主體地位的基礎幻覺就會被擊碎。表面上來看，女性是陽剛主體地位的反射者與保證者，女性為了「做為」**陽具**，必須「做為」（做為的意思是「表現得宛如」）男性不是的角色，女性必須在缺乏男性必要功能的狀況下，建構出男性的必要功能。因此，「做為」陽具必定代表了女性是「為了陽剛主體而做為」，而陽剛主體則必須透過認可「為了陽剛主體而做為」，來鞏固與加強自己的身分。拉岡非常強烈地否定以下這兩個概念：**男性**表達了**女人**的意義，**女人**表達了**男人**的意義。在「成為」**陽具**和「擁有」**陽具**之間建立分裂與交換的，是**象徵**，也就是父系律法。想當然爾，這個失敗的互惠模型裡，有一部分的滑稽之處在於，陽剛地位與陰柔地位都是「所指」，而「能指」則屬於**象徵**，無論是陽剛地位還是陰柔地位，都絕對無法超越表徵（token）的型態去承擔「能指」。

當女性**成為**了陽具，也就等同於被父系律法所意指、成為父系律法的客體與工具，並在結構主義中成為父系律法的權力「符號」與權力承諾。父系律法把女性拿來當作建構的目標或指稱的目標，藉此延展父系律法的力量與呈現方式。因此，我們說女性成為了**陽具**，更確切的說，是成為了**陽具**持續流動的象徵。但這種「成為」**陽具**必然無法使人們滿意，以致於女性永遠都不能完整地反映出父系律法。有些女性主義者認為，若要讓女性反映出父系律法，女性就必須放棄自己的慾望（這其實是一種雙重放棄，讓我們聯想到「雙重波」壓抑，佛洛伊德認為這種壓抑奠定了女性氣質的基礎）[15]，也就是徵收女性的慾望，只把女性慾望當成某種反射，某種確保**陽具**能獲得普遍必要性的擔保品。

另一方面，我們雖會說男性「擁有」**陽具**，但男性永遠不會「成為」**陽具**，因為陰莖不等於**律法**，也永遠無法完全象徵**律法**。因此，為了獲得「擁有」**陽具**的位置所付出的努力，都是必定不可能達成，或在預設上不可能達成的。用拉岡的話來說，「擁有」與「做為」終究會被視為一種滑稽的失敗，儘管如此，「擁有」與「做為」仍被迫要闡明與執行這些一再重複的不可能達成。

但是，女性要如何「表現出」做為**陽具**的樣子，「表現出」某種缺乏，藉此體現並肯定**陽具**呢？根據拉岡所述，女性是透過裝扮（masquerade）做到這一點的，裝扮是陰性位置必定具有的憂鬱所帶來的結果。拉岡在一篇早期論文〈陽具的意義〉（The Meaning of the Phallus）描述了「兩性關係」：

> 讓我們這麼說，這些關係將圍繞著「存在」與「擁有」運作，由於「存在」與「擁有」涉及了陽具這個意符，所以會帶來矛盾的結果，一方面在這個意符中將真實賦予主體，另一方面又使被指涉的那些關係變得不真實。[16]

15 佛洛伊德認為，達成陰性氣質需要雙重波的壓抑：「女孩」必須先將原欲依附（libidinal attachment）的對象從母親轉移成父親，接著再把對父親的慾望替換到其他可接受的對象身上。有的文章對拉岡的理論提出了接近迷思的描述。參見 Sarah Kofman, *The Enigma of Woman: Woman in Freud's Writings*, trans. Catherine Porter (Ithaca: Cornell University Press, 1985), pp. 143-148, originally published as *L'Enigme de la femme: La femme dans les textes de Freud* (Paris: Editions Galilée, 1980).

16 Jacques Lacan, "The Meaning of the Phallus," in *Feminine Sexuality: Jacques Lacan and the École Freudienne*, eds. Juliet Mitchell and Jacqueline Rose, trans. Jacqueline Rose (New York: Norton, 1985), pp. 83-85. 接下來，我會在引用此作品後，將頁碼放在正文內。

拉岡在這段文句後頭，接著描述了陽性主體的「真實」表象和異性戀的「不真實」。他也提到了女性的位置（中括號內的句子是我添加的）：「這是來自『表現得像』（appearing）的介入，這種『表現得像』取代了『擁有』〔由於我們說女性不能『擁有』，所以這種替代當然是必要的〕，如此一來，才能一邊保護它，一邊偽裝它的闕如。」雖然這裡的「它」不具有文法上的性別，但拉岡描述的應是女性的位置。由於女性位置的特色是「闕如」，所以需要偽裝，並且在某些沒有言明的狀況下需要保護。拉岡接著指出，這種狀況導致的「結果是，兩性的行為理想或典型行為表現，包括性交行為，全都淪為喜劇」（八十四頁）。

拉岡繼續說明這種異性戀喜劇，解釋女性被迫「表現得像是」（appearing as being）陽具，就是一種不可避免的**裝扮**。這個用詞非常重要，它的意義是矛盾的：一方面來說，如果「存在」（being，也就是本體論上的具象化**陽具**）就是裝扮，那就會把所有存在都簡化成一種表象形式，一種存在的表象，最後結果就是性別本體論被簡化成一種表象的扮演。另一方面，裝扮也代表了在裝扮出現**之前**，「存在」或本體論上的具象化陰性就已經先出現了，這種陰性渴望或陰性需求是被掩蓋的，也是可以被揭露的，最後或許會導致陽具中心的表意經濟（signifying economy）瓦解或被替換。

拉岡的分析結構顯得有些模稜兩可，我們可以從中看出至少兩個截然不同的目標。一方面，我們可以把裝扮理解為性本體論的一種操演式產品，一種表象，人們會因為這種表象而相信裝扮就是「存在」。另一方面，我們也可以把裝扮視為一種拒絕陰性渴望的態度，這種態度預先認為，陽具經濟往往不會表現出先於本體論存在的某些陰性特質。伊瑞葛萊在這樣的脈絡中評論道：「裝扮……是女性做的事……目的是參與男性的渴望，但付出的代價卻是放棄女性自己的渴望。」[17]第一個目標是一種對性別本體論的批判反思，將性別本體論視為模擬式的建構（與解構），或許也會在「表現得像」與「存在」之間的模糊差異中，尋找流動的可能性，這種做法等同於把性本體論的「滑稽」面向基進化（radicalization），拉岡在這方面只做到了部分的基進化。第二個目標則推動了女性主義去除裝扮的策略，目的是恢復或釋放陽具經濟架構一直在壓抑的陰性渴望。[18]

17 Luce Irigaray, *Ce sexe qui n'en est pas un* (Paris: Éditions de Minuit, 1977), p. 131.

或許這兩個目標的方向並沒有表現上看起來那麼互相排斥，原因在於表象的不可靠程度一直在增加。李維耶赫的文章〈女性氣質是一種裝扮〉（Womanliness as a Masquerade）和拉岡都對裝扮的意義做了反思，但兩人對於「裝扮」真正掩蓋的事物有截然不同的解讀。是不是因為陰性渴望必須被否定，導致這種渴望變成一種缺乏，必須以某種形式表現出來，所以才會有裝扮的存在呢？是不是因為女性應該要表現得像是**陽具**，導致這種**缺乏**被否定，所以才會有裝扮的出現呢？人們用裝扮把陰性氣質打造成陽具的反射影像，是不是因為雙性戀的可能性會破壞異性戀陰性氣質的無瑕結構，所以必須掩飾雙性戀的可能性呢？裝扮是不是像李維耶赫所說的，把侵略與報復帶來的恐懼轉變成了引誘與調情？裝扮的主要目的是不是遮蓋或壓制一種既定的（pregiven）陰性特質、一種陰性慾望，這種陰性慾望會建立不服從陽性主體的異己，並揭露陽性氣質必定會遇到的挫敗？陰性氣質**最初**是不是靠著裝扮才成立的？裝扮是不是陰性氣質用來形成身分認同的排他式行為，將陽性氣質排除在外，置放在陰柔性別位置的邊界之外？

接續上述引文，拉岡繼續道：

儘管這樣的論述看起來很矛盾，但為了成為陽具，也就是為了成為**他者**慾望的意符，女性將會拒絕陰性氣質中必不可少的一部分本質。女性能透過裝扮獲得這種本質的某些特性，而這些特性是女性尤其必須拒絕的。對女性來說，正是因為她沒有這些特性，所以她才會預期有對象會渴望自己、愛自己。但在她向

18 涉及裝扮的女性主義文學是非常廣泛的，這裡的分析則把分析目標放在表達和表演造成的問題與裝扮之間的關係上。換句話說，此處探討的問題是，裝扮會不會隱藏了一種可能會被視為真正或真實的陰性氣質？又或者陰性氣質與陰性氣質所產生的「真實性」是靠著裝扮才成立的？女性主義挪用裝扮的更完整討論，參見 Mary Ann Doane 的《The Desire to Desire: The Woman's Film of the 1940s》（Bloomington: Indiana University Press, 1987）；〈Film and Masquerade: Theorizing the Female Spectator〉（*Screen*, Vol. 23, Nos. 3-4, September–October 1982, pp. 74-87；〈Woman's Stake: Filming the Female Body〉（*October*, Vol. 17, Summer 1981）。史碧娃克對「女人就是裝扮」提出了發人深省的解讀，她引用了尼采和德希達，參見〈Displacement and the Discourse of Womanr〉，收錄於 Mark Krupnick 編的《Displacement: Derrida and After》（Bloomington: Indiana University Press, 1983）。另見 Mary Russo 的〈Female Grotesques: Carnival and Theory〉（Working Paper, Center for Twentieth-Century Studies, University of Wisconsin-Milwaukee, 1985）。

> 對象提出了對愛的需求後，她會發現自身慾望的意符卻位於對象的身體之中。當然了，我們也不該忘記，被賦予這種表意功能的器官具有戀物（fetish）的價值。（八十四頁）

我們可以合理推測，拉岡沒有指名的「器官」就是陰莖（陰莖就像希伯來語的**耶和華**〔Yahweh〕一樣，永遠都不可言說）。如果這個器官是一種戀物的話，我們為什麼會像拉岡所說的，那麼輕易地忘記這個器官呢？女性必須拒絕的「陰性氣質中必不可少的一部分本質」是什麼？這個本質是被拒絕後就表現出闕如、並且沒有被指名的部位嗎？又或者這個本質是女性為了表現得像是**陽具**，而必須拒絕的闕如本身？「必不可少的一部分本質」不可指名，我們總是快忘記的男性「器官」也不可指名，這兩種不可指名是否相同？這種遺忘是不是在陰性裝扮的核心建構出壓迫的那種遺忘？女性因為闕如而肯定了**陽具**，也因此成為了**陽具**，若女性想表現出這種闕如，是不是必然得放棄預設的陽性特質？若女性想成為闕如並藉此肯定**陽具**，是不是必然得否定**陽具**的可能性？

拉岡用這句話清楚闡述了自己的觀點：「面具（mask）的功能……控制了身分認同，

人們藉由這種身分認同解決了對愛的拒絕。」（八十五頁）換句話說，面具是憂鬱的整合策略其中一環，女性在拒絕了愛之後，失去了客體／他者的屬性，並因為接納了失去這些屬性此一事實，所以產生了面具。[19]面具會「支配」與「解決」這些對愛的拒絕，我們則由此得知，挪用（appropriation）這個策略就是在拒絕這些拒絕本身，挪用是種雙重否定，藉由憂鬱吸收了遭遇兩次失去的女性，雙重加倍身分認同的結構強度。

值得注意的是，拉岡把他對面具的討論與對女同性戀傾向的論述連結在一起。他指出：「根據觀察，女同性戀傾向來自失望的情緒，這種失望會加強女性對愛的需求。」（八十五頁）拉岡直接省略了觀察者是誰，也沒有提到是什麼被觀察了，認為只要是想了解這些資訊的人，都能看出他在說什麼。人們可以透過「觀察」得知女同性戀的基礎是失望，這種失望會讓人想到女性透過裝扮來支配／解決的拒絕。人們也可以「觀察」

19 我將在本章下一個小節〈佛洛伊德與性別憂鬱〉中，試著描述憂鬱的核心意涵。亂倫禁忌替那些被否認的損失建立了特定的型態，藉此設立了性位置與性別，當我們把憂鬱應用在亂倫禁忌上時，憂鬱就會變成被否定的哀傷帶來的結果。

到，女同性戀受到某種強烈的理想化所影響，會犧牲自己的渴望，去追求她們對於愛的需求。

拉岡繼續這段關於「女同性戀傾向」的描述，提到了我先前引述過的論點：「我們可以用面具的功能來確認這些陳述，面具控制了身分認同，人們藉由這種身分認同解決了對愛的拒絕。」如果我們認為女同性戀傾向是一種能「觀察」到的失望所造成的**結果**，那麼這種失望就必定會出現，而且會非常明顯，如此一來才能被觀察到。如果拉岡相信觀察帶來的結果，認為女同性戀傾向議題的源頭來自令人失望的異性戀傾向，那麼觀察者是不是也應該同樣清楚地注意到，異性戀傾向議題其實來自令人失望的同性戀傾向？被「觀察」到的會是女同性戀的面具嗎？如果答案是肯定的，那麼又是哪一種能被清楚解讀的表達，證明了「失望」和「性傾向」的存在，證明了女性對愛的（理想化的）需求取代了慾望？或許拉岡在這裡暗示的是，觀察者清楚觀察到的其實是女同性戀的去性化（desexualize）狀態，是把拒絕整合起來，表現出缺乏慾望的樣子。[20]但我們可以理解，若用異性戀化的陽剛觀點來觀察的話，必然會帶來如此結果，這種觀點之所以會認為女同性戀傾向拒絕了性慾**本身**，是因為這種觀點預設認為性慾是異性戀的，而在這種狀況下，被建構成異性戀男性的觀察者當然會被拒絕。事實上，難道不是觀察者因為自己被拒絕而感到失望，所以才產生這種說法嗎？難道不是觀察者的失望被否認與投射後，轉變成拒絕了他的女性所具有的基本特質嗎？

拉岡在此展現了他著名的飛掠代名詞技巧，沒有清楚指明是誰拒絕了誰。不過身為讀者，我們必定會理解到，這種飄忽不定的「拒絕」顯然和面具密切相關。如果每一次拒絕到了最後，其實都是在對現在或過去的其他連結表達忠誠，那麼這些拒絕同時也是一種保留。因此，儘管面具能隱藏這種損失，但也透過隱藏保留了（並否認了）這種損失。面具擁有雙重功能，恰恰正是憂鬱的雙重功能。女性在整合的過程中戴上了面具，這裡的整合，也就是在身體之內與身體之上刻寫並穿戴上憂鬱的身分認同，整合指稱的身體是典型的被拒絕的他者。拉岡的理論藉由挪用進行支配，使得每一次拒絕都是失敗的，拒絕者則被納入了被拒絕者的身分中，變成了被拒絕者的心靈拒絕接受的事

20 值得注意的是，拉岡是在討論性冷淡的脈絡之下，討論起女同性戀的，就好像他在以轉喻暗示女同性戀主義構成了一種對性的否定。在本文中進一步解讀「否定」的作用方式顯然是合理的。

物。客體的喪失從來都不是絕對的，因為客體會在精神／肉體的邊界之內被重新分配，邊界則會為了整合這種喪失而向外擴張。因此，性別整合的過程會被放入較寬廣的憂鬱運作範圍。

李維耶赫於一九二九年發表〈女性氣質是一種裝扮〉[21]，在文章中根據解決侵略與衝突的理論，提出了陰性氣質是一種裝扮的概念。拉岡則是依據性位置的滑稽狀態分析裝扮。乍看之下，拉岡的分析和李維耶赫的理論大相逕庭。李維耶赫先以尊重的態度，評論了恩斯特．瓊斯（Ernest Jones）針對女性發展成異性戀與同性戀所提出的類型學，但她把重點放在「中間型」（intermediate types），中間型的存在使得異性戀與同性戀的界線變得模糊不清，此外，她也以隱晦的方式質疑瓊斯分類系統的描述能力。李維耶赫其中一段敘述讓人想起拉岡輕率提起「觀察」的做法。李維耶赫用世俗的感知或經驗，驗證她對「中間型」的關注：「日常生活中，各個類型的男性與女性都會遇到一種人，這種人在發展過程中的多數時間都是異性戀，但同時也明顯表現出另一個性別的特點。」（三十五頁）這段論述中，最明顯的是用來制約與建構人們感知這種混合屬性的分類方法。顯而易見，李維耶赫在文章一開始就設立概念，表明了何謂「展現一個人的性特點」，也指出「我們認為這些明顯的特點能表達或反映出表面上的性傾向」是怎麼回事。[22]這種感知或觀察不只預設了特點、慾望與「傾向」[23]有關聯，也透過「知覺」的動作創造出了特點、慾望與「傾向」的一體性。李維耶赫假定，性別特質與自然化的

21 〈女性氣質是一種裝扮〉收錄於 Victor Burgin、James Donald 和 Cora Kaplan 編的《Formations of Fantasy》（London: Methuen, 1986, pp. 35-44）。該文初次發表於《The International Journal of Psychoanalysis》（Vol. 10, 1929）。接下來，我會在引用此作品後，將頁碼放在正文內。另見史蒂芬．希斯（Stephen Heath）在這之後發表的傑出論文〈Joan Riviere and the Masquerade〉。

22 也有人對於這種簡單的推論做出了當代的反駁，參見 Esther Newton 和 Shirley Walton 的〈The Misunderstanding: Toward a More Precise Sexual Vocabulary〉，收錄於 Carole Vance 編的《Pleasure and Danger》（Boston: Routledge, 1984, pp. 242-250）。她們把性慾認同、性慾角色與性慾行為區分開來，指出基進的不連續性會如何出現在慾望形式與性別形式之間，舉例來說，我們不能用一個人在社會脈絡中表現出來的性慾身分認同，去推斷這個人的性慾偏好。雖然我認為她們的分析十分有益（也十分勇敢），但我想知道這種分類是否只有特定的話語脈絡才適用，我也想知道，是不是只有在我們反對把這些詞語簡化成一體時，這種把性行為分解成「零件」的對策才是合理的。

「傾向」之間是一體的，此番假定體現了維蒂格所說的性的「想像建構」。

然而，李維耶赫質疑這些自然化的類型。她訴諸精神分析的解釋，把混合的性別特質的意義定位在「衝突的相互作用」中（三十五頁）。值得注意的是，她把這種精神分析理論和另一種理論拿來做對比，後者將女性在表面上表現出來的「陽性氣質」簡化成「基進傾向或基本傾向」。換句話說，人們為了抑制焦慮而產生衝突，接著透過解決衝突來獲得上述性別特質，建構出異性戀或同性戀的傾向。李維耶赫引用了桑多・費倫奇（Sandor Ferenczi），藉此和她自己的論述建立類比：

費倫奇指出……同性戀男性會為了「抵禦」他們的同性戀傾向而誇大自己的異性戀傾向。我要在此指出的是，希望獲得陽剛氣質的女性可能會為了避免焦慮與男性報復帶來的恐懼，而戴上女性氣質的面具。（三十五頁）

我們無法從這段敘述清楚了解同性戀男性展現出來的「誇大」異性戀傾向是什麼樣子，但這段敘述所描述的現象，或許只是同性戀男性和異性戀男性的外表沒有太大差異。文化刻板印象打造了某種異性戀的概念，分析者從文化刻板印象中引用了這種異性戀概念，並因為他描述的這些同性戀男性不符合此概念，就把這些男同性戀沒有表現出顯著不同的風格與外表一事，診斷成某種「抵禦」的症狀。拉岡式的分析可能會認為，無論這些同性戀男性「誇大」了哪些特質，只要這些特質顯然屬於異性戀者，他們就是在試圖「擁有」**陽具**，而**陽具**的主體地位包括主動的、異性戀傾向的渴望。同樣的，拉岡式分析可能也會認為「希望獲得陽剛氣質的女性」戴上「面具」，是為了否認她們「擁有」**陽具**，因為**陽具**必然是從其他人身上閹割而來，否認「擁有」陽具就能避免那些被閹割的人做出報復。李維耶赫解釋，女性之所以恐懼報復，是因為女性幻想能取代

23 貝爾．胡克斯（bell hooks）在《Feminist Theory: From Margin to Center》（Boston: South End Press, 1984）中，巧妙地對性「傾向」的概念提出了質疑。她指出，在這個社會指定一個性別做為慾望的客體時，若我們對這個性別的所有成員傳遞出虛假的開放訊息，那麼這就是一種物化。她之所以會反對「傾向」這個詞，是因為當我們用這個詞語描述一個人的時候，就是在質疑那個人的自主性。但是我要在此強調，「傾向」本身鮮少是固定的，甚至有可能從來都不是固定的。很顯然地，傾向會隨著時間改變，也有可能會在文化方面進行重新建構，絕不會只有單一種意義。

男性，或者更準確的說，是因為女性幻想能取代父親。在李維耶赫觀察的案例中（有些人認為該例具有自傳性），人之所以會和父親建立敵對競爭關係，並不像一般人想像的那樣是為了對母親的慾望，而是為了父親在公眾討論中的地位，父親是發聲者、演講者、撰寫者——也就是說，這種競爭關係的目標是成為符號的使用者，而非符號指稱的客體、被交換的物件。人們或許會在解讀這種閹割的慾望時，認為這種慾望是想拋開「女性是符號」的狀態，藉此在語言中成為主體。

事實上，李維耶赫認為，她在同性戀男性與戴面具的女性之間做的比較，並不等同於男同性戀傾向與女同性戀傾向之間的比較。承擔陰性氣質的是「希望獲得陽性氣質」的女性，但她又害怕承擔了陽性大眾形象會帶來的結果。承擔陽性氣質的則是男同性戀者，根據這套論述的假設，他想做的不是避免他人表現出陰性氣質，而是避免自己表現出陰性氣質。女性是在知情狀態下承擔起裝扮的，她這麼做的目的，是在面對她想閹割的陽性群眾時，遮掩自己的陽性氣質。但是這套論述又說，同性戀男性是在不知情的狀況下，為了「抵禦」而誇大自己的「異性戀傾向」（指的是能讓他被視為異性戀的陽剛氣質嗎？），這是因為男同性戀者無法承認自己的同性戀傾向（又或者是因為該分析者本人若有同性戀傾向的話，不願意承認？）。換句話說，同性戀男性既渴望又害怕閹割帶來的結果，因而在無意識的狀態下報復自己。男同性戀者並不「了解」自己的同性戀傾向，不過費倫奇和李維耶赫倒是相當了解。

但是，李維耶赫描述裝扮中的女性時，真的了解她們的同性戀傾向嗎？在李維耶赫自己建立的對比中，論及類比的另一方時，「希望獲得陽性氣質」的女性只有在維持陽剛身分的同時才是同性戀，這件事和性傾向與慾望無關。李維耶赫再次引用瓊斯的類型學，就好像類型學是一面陽具盾牌，藉此建構出「抵禦」的概念，將她認為屬於裝扮類型的女同性戀者劃分成無性戀：「他分出的第一類同性戀女性對其他女性沒有興趣、希望男性能『認可』她們具有陽剛氣質，並宣稱自己和男性是平等的，換句話說，她們想成為男性。」（三十七頁）如同拉岡的論述，女同性戀在這裡被指稱到了無性戀的位置，也就是拒絕了性慾的位置。若要完善李維耶赫先前對費倫奇做的類比，那這種描述應該會把女同性戀「抵禦」女同性戀傾向的行為**當作一種性慾**，此性慾會被視為「同性戀男性」的反射結構。但是，我們沒有方法能夠清楚解讀這段描述女同性戀、與女性的性慾望無關的論述。李維耶赫希望我們相信，這種奇妙的、異常的類型學不能被簡化成壓抑的女同性戀傾向或女異性戀傾向。被隱藏起來的不是性傾向，而是憤怒。

其中一種可能的解讀是，做出裝扮的女性之所以想獲得陽剛氣質，是為了能和男性一起參與公眾討論，能以男性的身分參與男性的同性情欲交換。正是因為男性的同性情欲交換會意指閹割，所以女性會擔心報復，這種報復和推動了同性戀男性做出「抵禦」的報復相同。或許，陰性氣質成為一種裝扮的目標，就是轉移原本放在男同性戀傾向上的注意力——男同性戀傾向是霸權論述中的一種性慾假設，是伊瑞葛萊所說的「男同性戀傾向」（hommo-sexuality）。無論哪一種脈絡，李維耶赫都希望我們認為，這些女性維持陽剛身分認同的目的，不是在性交換中占據一席之地，而是為了追求一種沒有性對象的競爭關係，或者退一步說，在這種競爭關係當中，至少不存在她會指名的性對象。

李維耶赫的論述提供了另一條路讓我們思考以下問題：裝扮這個行為遮掩了什麼？李維耶赫在文章中脫離了瓊斯的分類系統劃分出來的嚴格分析方式，於關鍵段落指出，「裝扮」不只是「中間型」的特性而已，裝扮是所有「女性氣質」的核心：

現在讀者可能會想提問，我是如何定義女性氣質，或者我如何判定真正的女性氣質與「裝扮」之間的界線在哪裡。不過，我並不認為這兩者間有清楚的分界線，無論是從根本來說或從表面上來說，它們都是一樣的。（三十八頁）

李維耶赫拒絕「假定陰性氣質先於模仿與面具存在」，之後史蒂芬・希斯（Stephen Heath）在〈瓊安・李維耶赫與裝扮〉（Joan Riviere and the Masquerade）中引用了她的觀點，以此做為證據，支持「真正的女性氣質就是這種模仿，**就是**裝扮」的概念。希斯其中一個立論基礎是假定原欲（libido）的特質就是陽剛氣質，並因此做出結論，認為陰性氣質是在否定原欲，是在「掩飾根本的陽剛氣質」。[24]

陰性氣質變成了面具，可以用來支配／解決陽性身分認同，因為在假定的慾望異性戀矩陣中，陽性身分認同會對女性客體產生慾望，也就是對**陽具**產生慾望；因此，戴上陰性氣質做為面具的行為，可能會揭露人們對女異性戀傾向的拒絕，同時也會揭

24 Heath, "Joan Riviere and the Masquerade," pp. 45-61.

露被拒絕的女性**她者**（female Other）受到的誇大整合——這是一種維持和保護愛的奇特形式，出現在人們的心靈被灌輸強制的異性戀概念之後所帶來的憂鬱與負向自戀（negative narcisissm）之中。

有些人解讀李維耶赫時，認為她在害怕自己的陽具崇拜[25]——也就是害怕她會在演講和寫作過程中，暴露她的陽具身分，更確切的說，是指該文本身在隱藏與執行這種陽具崇拜的書寫。然而，李維耶赫在成為她禁止自己去愛的客體時，她試圖否認與執行的，與其說是她自己的陽剛身分，不如說是陽剛異性戀的慾望。這是矩陣製造出來的困境，依照這個矩陣的解釋，性與性別的主體對女性的所有慾望，都源自陽剛地位、異性戀地位。這個矩陣假定，所有性傾向都源自「原欲是陽剛的」此一概念。[26]

討論到這裡，性別與性傾向的類型學必須讓位給「性別是文化產物」的話語描述。如果李維耶赫的分析對象是沒有同性戀傾向的同性戀者，那可能是因為她本來就已經被該選項給拒絕了；這種文化的禁制存在於論說的空間中，決定了她是講者，主要聽眾是男性，將講者與聽者區分開來。雖然她擔心她想閹割的想法會被察覺，但她仍舊否認人們會為了共同的慾望對象而競爭。沒有了共同的慾望對象，她承認的陽剛身分就會缺乏認可與必要的符號。她的論述假定了侵略的地位優於性傾向，此侵略是一種想閹割與取代陽剛主體的慾望，根植於競爭狀態中，但對她來說，這種慾望會在取代陽剛主體的過程中自我耗損。不過，我們可以提出一個或許能帶來幫助的問題：這種侵略有助於哪種性幻想，又許可了哪種性傾向？雖然表面上看來，被分析者表現出侵略行為的目標是獲得權利，以占據語言使用者的位置，但我們仍然可以提問，難道此一侵略行為沒有否定在話語中建立該位置的陰性氣質嗎？這種陰性氣質總是以**陽具他者**（Phallic-Other）的角色再次出現，在虛幻的層面確認說話主體的權威。

接著，我們可能會重新思考陽性概念與陰性概念，這兩者在此被建構成了根植於尚未解決的同性情欲投注（homosexual cathexis）上的概念。對於同性情欲的憂鬱否認／支配逐漸累積，導致了同性慾望對象的整合，並在建構離散的性「本質」時重新浮現，

25 史蒂芬·希斯指出，身為女知識分子的李維耶赫，在競爭精神分析機構的認可時所遇到的狀況，和她在文章中所描述的分析對象極為相似，甚至有可能是一模一樣的。

26 Jacqueline Rose, in *Feminine Sexuality*, eds. Mitchell and Rose, p. 85.

這種性本質需要對立的事物，並透過排除建造出對立的事物。在這種狀況下，就算假定雙性戀傾向的首要考量是陽剛氣質，或假定原欲的原初特性是陽剛氣質，也無法說明這些不同的「首要考量」是如何建構出來的。有些精神分析觀點認為，陰性氣質的基礎是排除陽性氣質，而陽性氣質是雙性戀精神結構中的「一部分」。這些觀點先假設二元性共同存在，再透過壓抑與排除的介入，從二元性中打造出離散的性別「身分」，最後造成的結果是，雙性戀意向（disposition）的本質裡永遠都有這種身分存在，而壓抑則會分割雙性戀結構，使此結構變成身分的一部分。從某種意義上來說，文化方面的雙性戀限制會以先於文化存在的雙性戀樣貌出現，而此雙性戀樣貌會在降臨於「文化」之中時，分裂成我們熟悉的異性戀樣貌。不過，打從一開始，性傾向方面的雙性戀限制就已經清楚顯示了，文化絕不可能比它需要壓抑的雙性戀傾向更晚出現：文化建構出了理解的矩陣，透過矩陣，我們才得以思考原初的雙性戀傾向這個概念。這種「雙性戀傾向」被假定為精神基礎，並在後來受到壓抑，是一種話語的產物，它宣稱自己先於所有話語存在，是異性戀的強制性規範與生成性規範實施以後帶來的結果。

拉岡式論述以「分裂」（divide）的概念為核心，這種原初性、根本性的分裂會分割主體的內部，並建立性的二元性。但是，為什麼這套論述只把焦點放在此種二元性上呢？依照拉岡的論點，分裂永遠都是律法帶來的**結果**，而不是比律法更早出現的律法實行條件。賈桂琳・羅斯寫道：「對兩性而言，性傾向必定會涉及雙重性，這種雙重性破壞了其根本上的分裂。」[27]這段話指的是，壓抑造成的性分裂總是會被身分認同的伎倆給破壞。但是，這種雙重性難道不是先於語言存在的嗎？它難道不會在性差異的領域中破壞每一個立場的單一姿態嗎？羅斯的論點十分有說服力：「正如我們所見，對拉岡來說，沒有任何現實是先於話語存在的（『除了藉由特殊的話語，我們要如何回到先於話語存在的現實？』，SXX，三十三頁），我們也不可找回或取回任何先於律法的位置。」接著，羅斯間接批判了伊瑞葛萊在陽具經濟之外找出陰性書寫的位置時所付諸的努力：「語言之外，不存在陰性氣質。」[28]如果禁制創造出了性傾向「根本性的分

27 Jacqueline Rose, "Introduction-II" in *Feminine Sexuality*, eds. Mitchell and Rose, p. 44.
28 同前註，五十五頁。

裂」，如果此「分裂」會因為本身是人造的而顯現出雙重性，那麼，必定也有一種分裂會**反抗**分裂，這種分裂是一種精神上的雙重性或天生的雙性戀傾向，它會破壞分裂所付出的所有努力。拉岡的目的就是把這種精神上的雙重性當作律法帶來的**結果**，但是他的理論卻也同時抗拒著這種觀點。

羅斯無疑是對的，正因為每一個身分都把虛幻當作理想，所以每一個身分都必定會失敗。有些精神分析理論在描述發展過程時，會預設發展過程的目的是達到特定的父子身分認同或母女身分認同，這種理論全都誤把**象徵**和真實混為一談，也錯失了**象徵**與真實之間十分關鍵的不可共量性（incommensurability），這種不可共量性能揭露「身分認同」永遠都是虛幻的，揭露「成為」陽具與「擁有」陽具的戲碼也同樣虛幻。[29]然而，是什麼決定了虛幻的領域範圍在哪裡？是什麼決定了我們要用何種規定來規範**象徵**與真實間的不可共量性？我們可以聲稱這種戲碼適用於晚期資本主義的西方家庭，也可以指出，或許這種戲碼同樣適用於我們尚未定義、且會操控性本體論語言的其他**象徵**體制，但這樣的論述顯然不夠。當我們一律把象徵建構成一種虛幻時，這種「一律」將變成「不可避免」，製造出對性傾向的描述，並因此促成文化的停滯。

在解讀拉岡時把「先於話語存在」這件事視為不可能，也就保證了我們會提出批判，把律法概念化成一種具有禁制性與生產性的事物。雖然此處沒有出現生理學的語言和意向的語言是個好消息，但二元性的限制仍在運作，二元性建構並規劃了性傾向，還事先限定了性傾向會以何種行事反抗「真實」。在劃定受壓抑的範圍時，排除比壓抑更早開始運作——這裡說的是劃定律法及其從屬對象的界線時。雖然我們也可以指出，對拉岡來說，壓抑透過禁制性與父系律法創造出了被壓抑者，但此論點無法解釋為什麼拉岡的著作充滿了鄉愁——一種對已經失去的完整**享樂**產生的鄉愁。唯有當歡愉的不可恢復性沒有指定一個透過禁制律法隔絕於現在的過去，我們才可以把這種失去視為一種失去。就算我們無法從已建立的主體位置了解過去，也不代表過去不會在主體語言中，以裂縫（*fêlure*）、不連續性、轉喻游離性（metonymic slippage）的樣貌再次出現。如同

29 羅斯批評 Moustapha Safouan 的著作，認為他無法理解象徵與真實的不可共量性。詳見《La sexualité féminine dans la doctrine freudienne》（Paris: Éditions de Seuil, 1976）。感謝伊莉莎白．威德和我討論拉岡的反發展動力（antidevelopmental impetus）。

康德認為更真實的本體真實（noumenal reality）＊是存在的，雖然我們無法用口述語言知曉**享樂**先於律法存在的過去，但這並不代表此一過去沒有真實性。當代言論中的轉喻游離性表明了，過去是不可及的，正是這種不可及，證實了原初的完整就是最終的真實。

這裡出現了更進一步的問題：這套對於**象徵**的論述，必須遵從一個已被證明無法實行的**律法**，而且這套論述也沒有空間讓律法本身進行彈性調整，或讓律法以可塑性更高的行事做文化重組，那麼，這套論述是合理的嗎？用**象徵**規範的方式強制人們獲得性特質，只會導致失敗，還會在某些情況下導致性身分的虛幻本質暴露出來。**象徵**以霸權型態存在時，**象徵**在文化方面的可理解性會加強虛幻的力量，也會加強身分認同失敗帶來的各種戲碼具有的力量。我們的另一個選擇並非指出身分認同應該變成一種可行的成果，但先於**律法**存在的「失敗」、謙卑和限制，的確有浪漫化甚或宗教理想化的傾向，此一事實使得拉岡的論述在意識形態上顯得可疑。無法實踐的律法命令與不可避免「存在於律法之前」的失敗之間，存有某種辯證關係，會讓我們聯想到《舊約》中，上帝與那些服從於祂且不求回報的受辱僕從之間的折磨關係。於此，性傾向轉變了型態，變成一種對愛的需求（demand for love，這種需求被視為一種「絕對的」需求），藉此體現上述宗教衝動，這種對愛的需求不同於需要（need）與渴望（desire）（對愛的需求是一種狂喜的超越，就算是性慾也會在比較之下黯然失色），我們將因此更加相信**象徵**，認為象徵對人類主體而言，宛如無法觸及又決定一切的神祇。

在拉岡的理論中，宗教悲劇的結構其實會削弱文化政治的所有策略，藉此為渴望的戲碼規畫出不同的想像。如果**象徵**保證了它下令執行的任務全部會失敗，或許**象徵**存在的意義就像《舊約》中的上帝，符合全然的非目的論——它們不是要達成某個目標，而是用服從與受苦來加強「主體」感知到的「先於律法存在」之限制。這樣的戲碼當然也有喜劇層面，在我們揭露身分認同永遠不可能實現時，也就會揭露此一喜劇層面。但就連這種喜劇，也是對上帝奴役行為的反向論述——此處的上帝宣稱，自身無法被跨越。

我們必須把拉岡的理論理解為一種「奴役道德」。尼采在《道德系譜學》指出，將上帝（也就是無法觸及的**象徵**）變得無法觸及的是一種權力（權力意志），這種權力不

＊譯注：康德認為本體真實是不可用語言描述、無法感知的。

斷建構自己的無權力性。挪用尼采此觀點之後，我們要如何重新建構拉岡的理論呢？[30]若我們描繪父系律法時，將之形象化成不可避免的、未知的權威，並認為性的主體在這種權威面前必然會失敗，那麼我們解讀這種描繪時，就必須為了推動它的神學衝動與超越它的神學批判而做。保證失敗的律法建構是一種源自奴役道德的症狀，否定了在建構永遠不可能實踐的「**律法**」時所使用的生成權力。這個虛構物反映出了不可避免的臣服，是哪一種權力創造了此虛構物？把權力保留在自我否定的迴圈中會帶來何種文化風險？當權力隱藏自身、縮小自身並躲入禁制律法中，怎麼做才可能重新取回這種權力？

30 有關尼采對奴役道德的分析，請見尼采《道德系譜學》（*The Genealogy of Morals*）〈第一論〉（trans. Walter Kaufmann. New York: Vintage, 1969）。尼采在此處的論點和其他著作一樣，認為神是由權力意志所創造，這是一種自我貶低的行為，此一權力意志不但靠著創造力創造出上帝思維，也很矛盾地創造出了人類無權力的思維，若權力意志能收回這種創造力，就有可能從自我臣服的結構中重新恢復。傅柯讀《規訓與懲罰》（*Discipline and Punish*）顯然是以《道德系譜學》為基礎，最明顯的是〈第二論〉（Second Essay）和尼采《曙光》（*Day-break*）。他區分生產權力與司法權力的方法顯然也源於尼采對意志的自我臣服的分析。在傅柯的論述中，司法建構是生產權力帶來的結果，但生產權力也在此處隱藏了自身，並建立了自身的次等化。傅柯對拉岡與壓抑假說的批判（見《History of Sexuality, Volume I, An Introduction》，trans. Robert Hurley. New York: Vintage, 1980, p. 81），大多聚焦在司法的多重決定地位（譯按：或譯為超越決定地位）。

三、佛洛伊德與性別憂鬱

雖然伊瑞葛萊主張陰性氣質的結構與憂鬱的結構彼此「交叉驗證」[31]，克莉斯蒂娃也在她的著作〈貝里尼描繪的母職〉（Motherhood According to Bellini）與《黑太陽：抑鬱症與憂鬱》（*Soleil noir: Dépression et mélancolie*）指出母職與憂鬱密切相關[32]，但幾

31 Irigaray, *Speculum of the Other Woman*, pp. 66-73.

32 參見 Julia Kristeva *Desire in Language: A Semiotic Approach to Literature and Art*, ed. Leon Roudiez, trans.Thomas Gora, Alice Jardine, and Leon S. Roudiez (New York: Columbia University Press, 1980); *Soleil noir: Dépression et mélancolie* (Paris: Gallimard, 1987), translated as *Black Sun: Depression and Melancholia*, trans. Leon Roudiez (New York: Columbia University Press, 1989).

乎沒有人在異性戀框架製造出來的性別產物中，試著去理解同性戀傾向的憂鬱拒絕／保留。佛洛伊德把憂鬱的機制區分成「自我形成」和「性格」這兩種，卻只稍微提到憂鬱在性格中的中心位置。一九二三年出版的《自我與本我》（*The Ego and the Id*）中，佛洛伊德把哀痛的結構描述成自我形成的初始結構，他在一九一七年的文章〈哀悼與憂鬱〉（Mourning and Melancholia）就已提過相關論點。[33]佛洛伊德認為，人類失去所愛的對象時，自我會把對方結合進自我的結構中，接收對方的特質，並透過神奇的模仿行為「延續」對方的存在。人在失去自己所愛、所渴望之人時，會透過特定的身分認同行為，把對方藏進自我的結構之中，藉此克服這種失去：「因此，透過逃避到自我之中，愛逃脫了滅絕。」（一七八頁）這種身分認同並不是暫時的或偶然的，反而會成為一種新的身分認同結構。事實上，我們會把對方的特質永久內化，使對方成為自我的一部分。[34]失去會損害矛盾的情感關係，在這種狀況下，矛盾會內化成自我批判或自我貶低的意向，他者則會占據與指揮我們的自我並「接著，對客體的自戀式身分認同會變成性慾投注的代替品，其結果是，儘管與所愛的人產生衝突，但也不需要放棄這種愛的關係」。（一七〇頁）佛洛伊德後來闡明，在我們形成自我與建構自我的「對象選擇」

在第二本書中，克莉絲蒂娃對憂鬱的解讀有一部分源自梅蘭妮．克萊恩（Melanie Klein）的著作。憂鬱是一種針對女性主體的弒母衝動，因此憂鬱和受虐的問題有關聯。克莉絲蒂娃在此書中似乎接受了原初攻擊（primary aggression）的概念，並依據原初攻擊的對象與拒絕殺死內心深處最想殺死的人來區分性別。因此，陽性位置被理解成一種外在導向的施虐，陰性位置則被理解成一種內在導向的受虐。對克莉絲蒂娃來說，憂鬱是一種「滿足感官的悲傷」（voluptuous sadness），似乎和藝術作品的昇華密切相關。這種昇華的最高表現形式似乎都集中在導致昇華的痛苦上。因此，克莉絲蒂娃突如其來地以有點容易引起爭端的方式為此書作結，她讚美現代主義中描繪了人類行為的悲劇結構的偉大作品，譴責後現代主義致力於肯定當代的精神碎片化，而沒有從中受苦。有關憂鬱在〈貝里尼描繪的母職〉中扮演的角色之相關討論，請見本書第三章第一節〈茱莉亞．克莉絲蒂娃的身體政治〉。

33 有關佛洛伊德對哀悼與憂鬱的論述、這兩者和自我與個性形成之間的關係，還有他對伊底帕斯衝突的替代解決方法的相關討論，參見佛洛伊德〈The Ego and the Super-Ego (Ego-Ideal)〉，收錄於《自我與本我》（*The Ego and the Id*, trans. Joan Riviere, ed. James Strachey. New York: Norton, 1960, originally published in 1923）。感謝 Paul Schwaber 推薦此章節給我。本書對〈哀悼與憂鬱〉的引用段落源自 Philip Rieff 編的佛洛伊德《General Psychological Theory》（New York: MacMillan, 1976），之後的引文將標示在正文內。

34 有關「身分認同」（identification）的有趣討論，參見 Richard Wollheim 的〈Identification and Imagination: The Inner Structure of a Psychic Mechanism〉，收錄於 Richard Wollheim 編的《Freud: A Collection of Critical Essays》（Garden City: Anchor Press, 1974, pp. 172-195）。

時，將我們失去的愛內化與保留起來的過程會造成關鍵影響。

佛洛伊德在《自我與本我》提及了曾在〈哀悼與憂鬱〉描述的內化過程，並指出：

> 我們假定〔在那些因為失去對象而受苦的人之中〕失去的對象已經在自我中重新建立起來——也就是說，對客體的投注已經轉變成一種身分認同——藉此成功解釋了憂鬱的痛苦失序。但在我們做出此種解釋時，並沒有意識到這個過程有多重要，也不知道這個過程有多常見、多典型。我們在做出解釋後逐漸理解到，這種取代行為會對自我的型態產生重大影響，也會在建構所謂的「性格」時帶來重要貢獻。（十八頁）

不過，隨著〈自我與超我（自我理想）〉（The Ego and the Super-Ego [Ego-Ideal]）這一章節繼續推進，我們會發現，佛洛伊德描述的不只是「性格」，還包括了取得性別身分認同的過程。佛洛伊德指出：「也許本我能放棄其客體的唯一條件，就是這個身分認同。」這句話代表的是，憂鬱的內化策略與哀悼的運作並非互相**對立**，但或許自我只有透過這個方法，才能在失去了與他人連結的必要情感後存活下來。佛洛伊德接著又說：「自我的性格是被放棄的對象投注（object-cathexis）所遺留下來的，自我的性格中包含了這些對象選擇的歷史。」（十九頁）接著我們意識到，亂倫禁忌的其中一個功能是使自我失去所愛的對象，且這個自我會在恢復的過程中內化該禁忌的渴望對象，有了此種意識後，把失去的愛內化的過程就變得與性別形塑息息相關。在異性結合被禁止的狀況中，由於被否認的是對象而不是慾望的型態，所以慾望會從該對象轉移到其他異性對象身上。但在同性結合被禁止的狀況中，由於雙方顯然都應該放棄自身的慾望與結合對象，所以慾望與對象會受到憂鬱的內化行為所影響。因此，「年輕男孩面對父親時，會認為自己的身分與父親相同。」（二十一頁）

佛洛伊德推測，在父子的身分認同初次形成之前，並沒有對象投注的存在（二十一頁），代表了這種身分認同並非來自兒子失去了對父親的愛，也不是源於兒子被禁止愛父親。不過，佛洛伊德後來確實假定了在形成性格與性別的過程中，原初的雙性戀傾向是個複雜的因素。若我們採用了雙性戀情慾的原欲意向假設，就沒有理由否認兒子對父親的原初性愛，但佛洛伊德暗示了這種否定。不過，男孩確實會對母親維持某種原初的情感投注，按照佛洛伊德的論述，在男孩試圖引誘母親的陽性行為與陰性行為中，就能清楚看見這種雙性戀傾向。

儘管佛洛伊德引用伊底帕斯情結來解釋男孩為什麼必須拒絕母親，並用曖昧態度對待父親，但他接著又簡明扼要地指出：「我們甚至有可能認為，孩童與父母之間的關係之所以出現矛盾，應該要完全歸咎於雙性戀傾向。此外，正如我先前陳述的，這種矛盾並不是因為敵對，而從身分認同中發展出來的。」（二十三頁註釋一）但此一狀況中的矛盾從何而來？很顯然，佛洛伊德的原意是指出，男孩必須做出的選擇，不是在兩個對象之中擇一，而是在兩種性欲意向之中擇一：陽性氣質與陰性氣質。那麼，男孩通常會選擇異性戀情慾的原因，並不是害怕被父親閹割，而是害怕被閹割——也就是在異性戀傾向的文化中，男同性戀被「陰性化」的恐懼。事實上，這裡最主要的重點，並不是男孩對母親的異性戀慾望必須被懲罰與昇華，而是男孩對同性的情感投注必須臣服於文化批准的異性戀傾向。確實，如果男孩對陰性氣質的否定與對父親的矛盾心態，並非來自伊底帕斯的敵對戲碼，而是來自原初的雙性情慾的話，那麼對母親投注情感的優先性將會顯得愈加可疑。同樣道理，男孩的對象投注所具有的原初異性戀傾向，也會顯得愈加可疑。

無論男孩拒絕母親的原因為何（我們要將施加懲罰的父親詮釋成敵對者嗎？又或者詮釋成一個禁止自身被慾望的慾望對象？），這種拒絕都會變成佛洛伊德稱作「鞏固」的起始時刻。母親身為慾望對象的身分被剝奪之後，男孩只能透過認同母親來內化此損失，否則就要替換他異性戀傾向的情感依附，無論如何，男孩都會加強他對於父親的情感依附，進而「鞏固」他的陽性氣質。正如這種鞏固的比喻所示，我們顯然可以在精神領域、意向、性趨向和目標中找到許多零星的陽性氣質，但這些陽性氣質是分散的、解構的，沒有受到雙性戀傾向在選擇對象時的排他性所約束。確實，如果男孩同時放棄了目標和對象，並因此一併放棄了異性戀傾向的情緒投注，那他就會把母親內化，設立陰性超我，此一超我將消除與解構陽性氣質，以鞏固的陰性原欲意向取而代之。

對年輕女孩來說也一樣，伊底帕斯情節既可以是「正向的」（相同性別的身分認同），也可以是「負向的」（相反性別的身分認同）；亂倫禁忌導致女孩失去父親的最終結果只有兩種可能，一是對失去的對象產生身分認同（加強陽剛氣質），二是把目標從對象偏移到別處，在這樣的狀況下，會導致異性戀傾向勝過同性戀傾向，使女孩找到替代對象。佛洛伊德在描述年輕女孩負向伊底帕斯情節的簡短篇章中，於結尾處指出，決定身分認同的因素在於，女孩的陰性意向與陽性意向是強是弱。值得注意的是，佛洛伊德在文章中打斷自己的論述，用破折號加入自己的疑慮：「——無論其組成內容是什麼——」（二十二頁），用這句話承認了自己其實很困惑陽性意向與陰性意向到底是什麼。

這些使得佛洛伊德宣告自己失敗的原初意向是什麼？這些意向是屬於無意識原欲組織的屬性嗎？確切來說，由伊底帕斯情結建立起來的不同身分認同又是如何加強或消除原初意向？我們把「陰性氣質」的哪一個面向稱作意向？哪一個面向應該是身分認同的結果？是什麼使我們無法把雙性戀「意向」理解成一系列內化帶來的**結果**或**產物**？此外，我們一開始是如何辨別出「陰性意向」與「陽性意向」的？我們按照何種依據得知這種意向？又在何種程度上，假設「陰性意向」與「陽性意向」是異性戀對象選擇的先決條件？換句話說，即使我們假設人擁有原初的雙性戀情慾，但我們仍然認定人在一開始就擁有異性戀的慾望矩陣，並因此把對父親的慾望解讀成陰性傾向，如此解讀又會延伸到何種程度？

在陰性意向與陽性意向的概念中，人們會把異性戀的目標當作自己在意向上的相應對象，在**傾向**（disposition）一詞中，雙性戀的概念化代表的——對佛洛伊德來說，**雙性戀代表的是，在一個人的精神中同時有兩種異性戀慾望存在**。事實上，陽性意向從來都不會導向「把父親當作性愛對象」，同樣的，陰性意向也不會導向母親（年輕女孩的狀況或許也是如此，但這是在她放棄傾向本質中的「陽性」面向之前）。女孩放棄把母親當作性愛對象的過程中，必須放棄自身的陽性氣質，矛盾的是，她獲得的結果卻是「固定」自身的陰性氣質。因此，在佛洛伊德的原初雙性戀理論中，沒有同性戀傾向的存在，只有相反性別會彼此吸引。

但是，佛洛伊德為了證明這種意向的存在，給了我們什麼證據呢？如果我們無法區分「透過內化獲得的陰性氣質」和「絕對的陰性傾向」，那又如何排除以下結論：所有對特定性別的喜愛之情都是從內化得來的結果？我們依據何種基礎認定，個體先天就賦有意向情慾與意向身分認同？我們又是依據何種基礎認定，一開始要讓「陰性氣質」與「陽性氣質」代表何種意義？且讓我們把充滿問題的內化當作出發點，首先討論內化的身分認同在性別構成中的地位，接著再討論「內化的性別吸引力」與「內化的身分認同之中帶有自我懲罰性質的憂鬱」之間的關係。

佛洛伊德在〈哀悼與憂鬱〉中，把憂鬱的自我批判態度解讀成失去所愛對象造成的結果。正是因為失去了對象，所以就算情感關係仍處於矛盾或未解狀態，對象一樣會被「帶進」自我裡面，接著，爭執將在自我中神奇地重生，變成精神的兩個部分所進行的內在對話。〈哀悼與憂鬱〉裡，失去的對象進入自我以後，會被建構成批判的聲音或能動力，扭轉了原本對失去的對象所懷抱的憤怒。如今變成內化的對象可以斥責自我：

如果我們耐心傾聽憂鬱者各種自我指責的話，我們終將無法避免獲得這樣的印象：最激烈的指責往往不適用在病人身上，但若稍加修改的話，這些指責將適用在別人身上，這些人是病人現在愛的、過去愛過或應該要愛的人……這些自我批評是針對所愛對象的批評，而病人已經把這些批評轉移到自我之中。（一六九頁）

憂鬱者拒絕接受自己已失去此一對象，內化變成了一種可以使失去的對象重生的策略，這不只是因為失去很痛苦，也是因為憂鬱者對他們失去的對象懷有矛盾感，他們需要失去的對象繼續存在，直到解決這種分歧。在這篇較早期的文章中，佛洛伊德認為，憂鬱者藉由悲傷來戒除他們對失去對象的原欲投注，悲傷代表他們成功把該投注轉移到新的對象上。在《自我與本我》裡，佛洛伊德修正了哀悼與憂鬱之間的差異，並指出有關憂鬱的身分認同過程或許是「唯一能讓本我放棄對象的方法」（十九頁）。換句話說，憂鬱的其中一個特徵，是對失去的所愛之人的身分認同，而這種身分認同變成了哀悼能夠運作的前提條件。一開始被認為是截然相反的兩個過程，如今則被視為悲傷過程中密切相關的兩個面向。[35]佛洛伊德在後來的文章中指出，把失去內化是種補償：「在自我取得了對象的特質時，我們可以說它其實藉此強迫自己接受了本我的失去，自我說的是：『看啊，你也一樣可以愛我——我和你失去的對象這麼像。』」（二十頁）嚴格來

35 尼可拉斯・亞伯拉罕（Nicolas Abraham）與瑪莉亞・托洛克（Maria Torok）反對把哀悼與憂鬱合併在一起。參見本章註39。

說，放棄對象的行為並非否定情感投注，而是把情感投注內化，並因此保存了投注。

自我與自我失去的愛會永久居留在精神中，準確來說，這種精神的拓樸學（topology）是什麼？很顯然，佛洛伊德認為自我永遠都伴隨著自我理想（ego ideal）的存在，自我理想具有各種道德能動力。自我內化的那些失去會重建成道德審查的一部分能動力，內化了原先以外在形式對於失去的對象所感覺到的憤怒與責怪。在內化的行為中，憤怒與責怪會不可避免地受到失去本身的加強，並轉往內部，維持下去；自我和內化的對象交換位置，藉此把道德能動力與權力投資在內化過的外在物上。於是，自我放棄了自己的憤怒與效力，轉移給自我理想，自我理想是因為自我才得以維持，但自我理想卻會反過來對付自我。事實上，佛洛伊德曾經提出警告，自我理想的超道德可能性若走到極端的話，有可能會促使自殺。[36]

內在的自我理想在建構的過程中，也涉及了性別身分認同的內化。佛洛伊德指出，自我理想有助於成功鞏固陽性氣質與陰性氣質，是伊底帕斯情節的解決方法之一：

不過，超我不只是本我的早期對象選擇留下的殘渣：超我也是一種對抗那些選擇的、有力的反向作用。我們沒辦法用「你應該像這樣（像你的父親）」這樣的訓誡來完整描述超我和自我的關係。超我之中包含了這樣的禁制：「你不可以像這樣（像你的父親）——也就是說，你不可以把他做的事全都做一遍；有些事情是他的特權。」（二十四頁）

因此，自我理想也必須在內部擔任批准與禁忌的能動力，根據佛洛伊德所述，自我理想能適當地重新引導慾望並昇華慾望，透過這種方式合併性別認同。當我們把父母當作我們所愛的對象來內化時，內化必定會遭遇到意義的反轉。我們不但被禁止把父母當

36 佛洛伊德在《自我與本我》中沒有區分做為懲罰機制的超我與自我理想（一種滿足自戀式願望的理想），若想了解區分這兩者有何益處，可參見以下精神分析理論。Janine Chasseguet-Smirgell的《The Ego-Ideal, A Psychological Essay on the Malady of the Ideal》（trans. Paul Barrows, introduction by Christopher Lasch. New York: Norton, 1985. originally published as *L'ideal du moi*）。她的文本採用的是一套較不成熟的性慾發展模型，貶低了同性戀傾向，並且不時批評女性主義與拉岡。

作所愛對象，父母還被內化成了一個**被禁止**或**被保留**的所愛對象。或者，自我理想的禁制功能因此會禁止，或者該說會壓抑我們對父母的慾望表達，但也會建立一個能夠**保存**這種愛的內部「空間」。由於伊底帕斯的兩難困境解決方式只有「正向」與「負向」兩種，所以對雙親中性別相反者的禁制，有可能導致孩子對該家長的性別產生身分認同，或者拒絕該身分認同，並因此轉移異性戀慾望。

自我理想是一套獎懲核可與禁忌，能規範與決定陽性身分認同與陰性身分認同。由於身分認同會取代我們與對象之間的關係，又是失去帶來的結果，所以性別身分認同也就是一種憂鬱。在這樣的憂鬱中，被禁止的對象的性別會內化成一種被禁制，可以批准與規範離散的性別身分與異性戀慾望的法則。這種處理伊底帕斯情結的解決方法會影響性別身分認同的方式，不只是亂倫禁制，還包括了更早之前的同性戀禁忌。此解決方法導致的結果是，個體會對同性別的所愛對象產生身分認同，因而把同性戀情感投注的目標與對象統統內化。我們和所愛對象的關係保存下來、懸而未解，憂鬱導致的各種身分認同就是這種關係的表現形式，在同性別的性別身分認同中，我們和對象懸而未解的關係永遠都是同性戀傾向的。事實上，性別吸引力愈強烈、愈穩定，最初的失去愈無法獲得解決，所以，嚴格的性別界線將不可避免地隱藏最初之愛的失去，這種失去不被承認，因而無法解決。

但很顯然，並不是所有身分認同都源自成功禁止同性戀傾向的禁忌。如果陰性意向和陽性意向是此種禁忌內化後帶來的結果，如果在失去了同性對象後，解決憂鬱的方法是把該對象合併到自我中，並透過自我理想的建構來**成為**此對象，那麼從根本上來說，性別身分似乎是一種禁制的內化證據，證明了這種禁制是構成身分的元素。此外，此一身分靠著不斷實踐這種禁忌而建構出來並維持下去，這樣的情形不只出現在我們為了順應離散的性分類而套用的身體風格化（stylization）上，也出現在性慾望的生產與「意向」上。意向（disposition）的語言從動詞（**使之獲得意向**〔to be disposed〕）轉變成名詞，並因而凝固了（**擁有意向**〔to have dispositions〕）；「意向」的語言於是變成了一種錯誤的基礎主義，這是禁制的影響所形塑或「固定」情感後帶來的結果。因此，意向並不是精神的原初性慾事實，而是律法製造出來的結果，執行此律法的是文化，是自我理想的共謀行為與價值轉變。

在憂鬱之中，有許多種失去所愛對象的管道：分離、死亡或切斷情感的連結。然而，在伊底帕斯情結的狀況下，指揮此一失去的是**禁制**，還有隨之而來的一系列懲罰。因此，我們必須把「回答」了伊底帕斯兩難困境的性別身分認同之憂鬱，視為一種內在道德指示的內化，這種指示的結構與力量都來自於外部強加的禁忌。雖然佛洛伊德沒有明確主張此論點，但針對同性戀傾向的禁制應該比針對異性戀亂倫的禁忌**更早**出現；事實上，是針對同性戀傾向的禁忌創造出了異性戀「意向」，因此才使得伊底帕斯情結成為可能。年輕男孩與年輕女孩進入以亂倫異性戀為目標的伊底帕斯戲碼之前，禁制已經為他們「安排」（dispose）了特定的性別方向。因此，儘管佛洛伊德原本假定意向應該是性生活中的原初事實或根本事實，但意向其實是律法帶來的結果，這套律法內化、生產並規範了離散的性別身分認同與異性戀傾向。

這些意向遠非基礎，而是隱藏自身系譜的過程所導致的結果。換句話說，「意向」是強加的性禁制的歷史遺留下來的痕跡，這段歷史不被講述，這些禁制也致力於讓這段歷史無法被講述。佛洛伊德從意向的假設出發，做出性別獲得（gender acquisition）的敘事解釋（narrative account），這種解釋會有效地排除敘事出發點（point of departure），藉此阻止敘事出發點揭露「敘述」其實是一種禁制用來自我強化的手段。在精神分析的敘事中，意向受到禁制的訓練、鞏固與合併，該禁制後來以文化為名，壓制了不受拘束的同性情感投注所創造的騷亂。若我們從「禁制律法是這種敘事的起始時刻」的觀點來看，律法先產生了「意向」型態的情慾，後來又虛偽地把這些表面上看似「自然」的意向，轉變成文化能接受的異族通婚式的親屬關係結構。律法的系譜建構出此一現象，後來又宣稱它只是疏導或壓抑該現象。為了隱藏這種系譜學，律法執行了第三種功能：把自己設立為因果關係敘事中的邏輯連續性原則，而該敘事把心理事實當作出發點，藉此排除了「用較基進的系譜學探詢性慾與權力的關係之文化起源」的可能性。

準確來說，反轉佛洛伊德的因果敘事有何意義？把原初意向當作律法造成的結果又有何意義？傅柯在《性史》第一卷批評壓抑假說——此假說認為有一種原始慾望（指的並非拉岡所說的「慾望」，而是**享樂**）壓抑著律法在本體論方面的完整性，與時序上的優先性。[37]根據傅柯的論述，接下來這套律法會噤聲慾望，或把慾望轉化成一種次要、必然使人不滿意的形式或表達（換置）。傅柯主張，被視為原始的、壓抑的慾望，其實

37 Foucault, *The History of Sexuality, Volume I*, p. 81.

是服從律法本身導致的結果。因此，律法生產出壓抑慾望的觀點，是為了合理化律法自我強化的策略，而不是為了實施壓抑的功能，司法無論在這裡或別處，都應該被重新設想成一種具有生產力或生成力的話語實踐——司法的話語性在於它會製造壓抑慾望的語言假定，以維持自己身為目的論工具的立場。此處討論的慾望具有「壓抑」的意義，以至於律法建構出了慾望的語境架構；律法確認並鼓勵了「被壓抑的慾望」，使這個詞語流通，並且在實際上為「被壓抑的慾望」闢出話語空間——我們在此把這種自覺的、由話語闡述的經驗稱作「被壓抑的慾望」。

亂倫禁忌與隱含的同性戀傾向禁忌是一種壓抑的命令，它假定原始慾望的位置在「意向」的概念中。這種慾望受到原始的同性戀原欲定向所壓抑，同時也會產生異性戀慾望的取代現象。這種嬰兒發展期的特殊後設敘事結構，把性意向視為先於話語存在、時序上較優先、本體論上是離散的驅動力，它擁有目的，因此是先擁有意義，然後才在語言與文化之中浮現。進入文化場域會使慾望的原始意義出現偏移，最後的結果是文化中的慾望必定會變成一系列換置。因此，壓抑律法其實會製造異性戀傾向，這套律法不只實踐了消極法典或排他法典的功能，也是一種批准的律法、一種話語的律法，會判斷哪些事物可以言說、哪些不可言說（它定義且建構了不可言說的領域），哪些事物合法、哪些非法。

四、性別的複雜性與身分認同的限制

先前我們提到了拉岡與李維耶赫的分析，以及佛洛伊德在《自我與本我》的分析，藉此得知了他們針對「性別認同如何運作」抱持的一些互相牴觸的觀點——姑且不論性別認同是否真的「運作」。我們能否使用各種文化上不協調的身分認同出現倍增與趨同的現象，解釋性別的複雜性與不協調性呢？又或者所有身分認同都是透過排除某一種性傾向建構而成，將因此遭受質疑？在第一種假設之下，多重身分認同會建構出一套身分認同不斷改變與重疊的無階級結構，進而使得所有單一意義的性別屬性之優先性受到質疑。以拉岡的架構來說，在「擁有」陽具或「成為」陽具的二元分裂中，身分認同是種需要被固定的事物，其結果是二元分裂中被排除的部分會縈繞不去，破壞任何形式的連貫型態。被排除的性傾向會挑戰主體自行奠定基礎的主張，也會挑戰主體說它了解其慾望來源與慾望對象這一套說詞。

大多數情況下，關注身分認同方面的精神分析問題的女性主義批評家，通常會把焦點放在母系身分認同的問題上，從母系身分認同的觀點與其難處出發，發展出母系身分認同以及／或母系話語，希望藉此清楚闡述女性主義的認識論位置。雖然批評家的著作大多成效斐然且具有重要影響力，在嶄露頭角的女性主義理論經典中卻逐漸占據霸權地位。此外，這些著作傾向於加強二元的異性戀框架，此框架把性別分割成陽性與陰性兩種，並在面對男同性戀與女同性戀文化特有的，那些顛覆的、戲謔的趨同時，排除了對此現象的適當描述。不過，在了解母系主義論述的過程中，我們付出的其中一小部分努力，是在下一章解釋克莉絲蒂娃如何把符號界（semiotic）描述成一種作用在**象徵**上的母系顛覆。

以我們目前考慮過的精神分析論述而言，這些論述帶來了哪些顛覆性的批判策略與資源？唯有當我們把父系律法視為嚴格且普遍的決定論，且認為父系律法會使「身分」成為被固定的虛幻事物時，訴諸無意識為顛覆的資源才是合理的。就算我們接受了身分的組成具有虛幻性，也沒有理由假定這套固定了虛幻框架的律法，不會受到歷史的變化性與可能性所影響。

相對於具有奠定作用、事先固定了身分**象徵**的**律法**，我們或許可以不去預設這種固定的、奠定基礎的律法，並且重新思考具有建構性的身分認同的歷史。雖然父系律法的「普世性」可能會在人類學領域中受到質疑，但很重要的一點是，我們要考慮到，律法在任一歷史脈絡中的**意義**，都不像拉岡描述的狀況那麼單一、那麼偏向決定論。我們理應可以概略描述一種方法，說明各種身分認同如何符合或無法符合文化強加的性別完整性之標準。在自傳式敘事中，總是有一部分的建構性身分認同是在述說過程中編造出來的。拉岡主張，我們永遠都無法講述我們的起源故事，因為語言阻擋了說話的主體，使之無法接觸到被壓抑的語言的原欲起源；不過，父系律法建立了主體的基礎時刻似乎具有後設歷史的作用，我們不但可以訴說這種歷史，也應該訴說它，即使主體的起始時刻——也就是律法的建構——和無意識本身一樣，比說話主體更早出現。

精神分析理論的另一個觀點認為，多重且同時存在的身分會在性別結構中製造衝突、趨同與新的失調，也對陽性位置與陰性位置在父系律法之下的固定性提出了質疑。事實上，多重身分認同（我們不能將此處的認同簡化成固定在陽性位置與陰性位置中，那些原始的或起始的身分認同）的可能性代表了**律法**（Law）並非決定論，也代表了「該」律法（"the" law）甚至有可能不是單數。

在論及身分認同的意義與顛覆可能性的討論中，目前我們仍無法清楚了解那些身分認同是在哪裡被找到的。有些論述指出，身分認同被保存在內在的精神空間裡，但唯有我們把這種內在空間理解為一種具有精神功能的虛幻場所時，這樣的論述才會合理。精神分析學者羅伊·薛佛（Roy Schafer）認同亞伯拉罕與托洛克的看法，認為「合併」是一種幻想，而不是一個過程；我們用來放置所愛對象的內在空間是想像出來的，而想像出該空間的，是能夠變出與具體化該空間的語言。[38]如果在憂鬱期間延續下來的身分認同是「合併」出來的，那麼以下問題仍未解決：合併的空間在哪裡？如果這個空間不是如同文字描述地存在於身體之中，那麼或許是在身體**之上**，正如其表面上的意義：我們必須把身體本身**當作**合併的空間。

亞伯拉罕與托洛克都認為，內攝（introjection）的過程有助於哀悼的運作（此處的哀悼對象不但已經失去了，也被承認是已經失去的）。[39]另一方面來說，合併應屬於憂鬱，此處的憂鬱指的是被否認或被延緩的悲傷狀態，在這種狀態下，失去的對象會以某種神奇的方式留存在「身體裡」。亞伯拉罕與托洛克認為，哀悼的特點就是內攝失去，這種內攝會建立一個**空曠的空間**，被空口文字化（literalize），而此一空口變成了說話

---

38 出自薛佛的《A New Language for Psycho-Analysis》（New Haven: Yale University Press, 1976）一六二頁。同樣值得關注的，還有薛佛早期對各種不同內化的區別，包括內攝、合併與身分認同，參見薛佛的《內化的各種面貌》（*Aspects of Internalization*, New York: International Universities Press, 1968）。有關**內化**與**身分認同**等詞語的精神分析歷史，參見 W. W. Meissner 的《Internalization in Psychoanalysis》（New York: International Universities Press, 1968）。

39 亞伯拉罕與托洛克的討論基礎為〈Deuil ou mélancholie, introjecter-incorporer, réalité métapsychologique et fantasme〉（*L'Écorce et le noyau*, Paris: Flammarion, 1987, translated as *The Shell and the Kernel: Renewals of Psychoanalysis*, ed., trans., and with intro. by Nicholas T. Rand [Chicago: University of Chicago Press, 1994]）。部分討論也以英文出現在〈Introjection-Incorporation: Mourning or Melancholia〉，收錄於 Serge Lebovici 和 Daniel Widlocher 編的《Psychoanalysis in France》（New York: International University Press, 1980, pp. 3-16）。另見同兩位作者的〈Notes on the Phantom: A Complement to Freud's Metapsychology〉，收錄於 Francoise Meltzer 編的《The Trial(s) of Psychoanalysis》（Chicago: University of Chicago Press, 1987, pp. 75-80）；和〈A Poetics of Psychoanalysis: 'The Lost Object-Me'〉（*Substance*, Vol. 43, 1984, pp. 3-18）。

與指稱的條件。我們必須透過**文字**（words）的形成，才能成功置換失去對象的原欲，這種文字同時意指與置換了該對象；來自原始對象的置換在本質上是一種隱喻活動，文字會在置換時「表現出」缺乏（absence）並超越它。內攝被理解成哀悼的運作方式，合併則是憂鬱的特徵，是解決失去的某種**神奇**方法。內攝建立了隱喻指稱的可能性，合併則是反隱喻的，因為合併堅持認為，失去徹底無以名之；換句話說，合併不只是一種無法命名或承認失去的失敗，更削弱了隱喻指稱的條件。

正如拉岡的觀點，對亞伯拉罕與托洛克而言，否認母性身體，是在**象徵**中進行指稱的先決條件。他們進一步主張，這種原初壓抑建立了個體化與能指話語的可能性，在這種主張中，話語勢必是隱喻的，也就是說，所指（慾望的對象）是一種永久的換置。事實上，按照他們的理解，在失去母性身體這個所愛對象時，這種失去建立了空曠的空間，文字正是源自此一空間。但若拒絕這種失去——也就是憂鬱——將導致換置至文字的行為失敗；母性身體的位置被建立在身體之中——用他們的話來說就是「被加密」（encrypted）——在此獲得永久居留權，變成死去並逐漸麻木的身體部位，或者被各種幻想占據或支配。

若我們把性別認同視為一種憂鬱的結構，那麼選擇「合併」來完成身分認同很合理。根據以上敘述，我們是透過拒絕失去來建立性別認同，這樣的失去會加密到我們的身體中，並在實際上決定活人與死者的相對關係。合併是一種反隱喻的行為，它會把失去**文字化**，解釋成存在於身體**之上**或**之中**，使失去看起來像是身體中的事實，身體透過這些方法接受「性」是一種文字意義的真實。在特定的「情色」（erotogenic）地帶，局部化與／或禁止歡愉和渴望的，正是遍布身體表面、負責區分性別的憂鬱。在失去了能夠帶來歡愉的對象後，解決這種失去的方法是合併此歡愉，而如此做法帶來的結果是，性別區分律法的強制效力會確立與禁止此一歡愉。

相較於同性戀傾向禁忌，亂倫禁忌涵蓋的範圍當然更廣。在建立了異性戀認同的異性戀亂倫禁忌中，我們會把失去當作悲傷來承受。但在建立了異性戀認同的同性戀亂倫禁制中，我們卻會透過憂鬱的結構保留這種失去。佛洛伊德主張，失去異性戀情慾的對象時，此對象會受到置換，但異性戀目標不會被置換；另一方面，失去同性戀情慾的對象時，卻需要我們同時失去同性戀情慾的目標**與**對象。換句話說，我們不但失去了對象，慾望也被徹底否認，於是我們會認為：「我從來沒有失去那個人，而且我永遠也不會愛那個人，我根本從來沒有感覺過那種愛。」我們透過否認的完整軌跡，更加確保了能夠把那種愛以憂鬱的方式安全地保存起來。

伊瑞葛萊認為，在佛洛伊德的著作中，憂鬱的結構與已發展的陰性氣質的結構非常相似，她指的是對於對象與目標的否定建立了完整發展的陰性氣質特有的壓抑「雙重波」。伊瑞葛萊認為，承認閹割的存在會推動年輕女孩進入「徹底無法陳述的『失去』」。[40]因此，憂鬱變成了女人的精神分析常態，憂鬱存在於她希望能擁有陰莖的表面慾望之中——正好再也不會被感覺到或認知到。

伊瑞葛萊的解讀充滿了嘲諷的引文，她證明了佛洛伊德認為性傾向與陰性氣質是發展出來的主張大有問題，而這種主張在佛洛伊德的文章中顯然處處都是。伊瑞葛萊也指出，對此種理論的其他解讀也可能會超越、反轉與替代佛洛伊德所主張的目標。思考一下我們對於同性戀情感投注、慾望與目標的否定，這些否定不但是社會禁忌強迫給予的，還會受到許多發展階段的挪用，而且這些否定帶來的結果是憂鬱的結構，此結構把目標與對象有效地封存在透過持續否定所建立的肉體空間或「加密空間」當中。如果同性戀情慾的異性戀否定會導致憂鬱，如果憂鬱會透過合併運作，那麼被放棄的同性之愛，將在培養反向定義的身分認同過程中被保存下來。換句話說，被放棄的男同性戀傾向會發展成強烈的或被鞏固的陽性氣質，這種陽性氣質會把陰性氣質變成不可思考的、不可命名的存在。可是，異性戀慾望的認知卻會導致原始對象被換置成第二對象，正是佛洛伊德認定為普通悲傷之特質的那種原欲脫離與再依附。

顯然地，對於無法想像異性戀慾望的同性戀者而言，他們維持異性戀傾向的方法很可能會是合併的憂鬱結構，他們體現了自己未曾知曉也未曾哀傷過的愛，對這樣的愛產生身分認同。但在這裡我們可以清楚發現，異性戀拒絕承認原初的同性依附是同性戀傾向禁制在文化上強加的，這種同性戀傾向與憂鬱的同性戀傾向無法相比。換句話說，異性戀傾向憂鬱是在文化上被創立與維持的，是為了達到穩定的性別身分認同所付出的代價，此認同是某種透過對立的慾望所達成的共識。

但是，有哪一種表層與深層語言可以適當表達這種憂鬱造成的合併結果呢？這個問題的初步答案可能存在於精神分析的論述中，我們會在最後一章討論更完整的答案，進

---

40 Irigaray, *Speculum of the Other Woman*, p. 68.

而在思考過程當中把性別視為一種操演上的行為，此行為會為性別的內在固定性建構出表象。不過，從這個角度來說，「合併是一種幻想」的主張，代表的是身分認同的合併是文字化的某種幻想（fantasy of literalization），或某種經過**文字化的幻想**（literalizing fantasy）。[41]這種身體的文字化透過自身憂鬱結構的本質，隱瞞了自身系譜，並把自己置於「自然事實」的範疇中。

維持文字化的幻想是什麼意思？如果性別分化是由亂倫禁忌與更早出現的同性戀傾向禁忌帶來的，那麼「成為」某種性別就是一種**被自然化**的艱辛過程，需要依照性別化的意義，去區分身體歡愉與身體部位。根據這套說法，歡愉存在於陰莖、陰道和乳房之中，或者從這些部位散發出來，但這種論述必須對應到已經被建構成或自然化成特定性別的身體上。換句話說，身體某些部位之所以會變成可以想像的歡愉焦點，正是因為這些部位已經對應到特定性別身體的標準理想上。從某些意義上來說，歡愉是受到性別的憂鬱結構所決定的，此結構中的某些器官對歡愉感到麻木，有些則會因為歡愉而甦醒。通常來說，哪些歡愉會存活以及哪些歡愉會死亡，取決於哪些歡愉有利於合法的身分形成過程，這種過程發生在性別常規的矩陣之中。[42]

跨性者往往主張性愉悅與身體部位之間是非常中斷的。他們想要的歡愉模式時常需要想像他們實際上沒有的身體部位，有可能是附肢或孔洞，又或者會需要他們在想像中把某些部位變大或消除。慾望的想像狀態當然不受限於跨性身分認同；慾望的幻想本質揭露了身體並不是慾望的基礎或成因，而是慾望的**場合**與**對象**。慾望其中一部分策

---

41 參見薛佛的《A New Language for Psycho-Analysis》一七七頁。在此著作與其早期著作《內化的各種面貌》中，薛佛清楚表明，內化空間的比喻是一種虛幻的結構，而不是一種過程。此論述以一種耐人尋味的方式呼應了亞伯拉罕和托洛克提出的理論：「合併只是一種使自我感到安心的幻想。」（"Introjection-Incorporation," p. 5）

42 這顯然是出自維蒂格《蕾絲邊的身體》的理論基礎，書中指出，異性戀化的女性身體遭到劃分，對性的反應變得遲鈍。此一身體透過女同性戀做愛來實踐身體的分解與重組，在這個過程中表現出一種「反轉」，揭露了所謂的完整身體其實是遭受過徹底的去整體化與去情慾化，也揭露了這個遭到「真正」去整體化的身體，其實有能力在身體的整個表面獲得性的歡愉。值得注意的是，這些身體上並沒有穩定的表面，這是因為人們認為強制異性戀傾向的政治原則會決定什麼是完整的、完全的身體，是解剖意義上呈現離散狀態的身體。維蒂格的論述（這樣的論述也是一種反論述）對文化建構出來的、有關身體完整性的觀念提出了質疑。

略是去轉變擁有慾望的身體之形貌。慾望若想存在，就必須相信一個已改變的身體自我（bodily ego）[43]是存在的，在區分性別的想像規則中，擁有一個身體自我，才符合「有能力產生慾望的身體」的需求。這種想像出來的慾望先決條件透過物理上的身體運作，或者說運作在物理身體之上，與此同時，先決條件也超越了物理身體。

身體一直以來都是種文化符號，對於自身引發的想像意義設下了限制，但身體也永遠無法擺脫想像的結構並獲得自由。我們在理解想像的身體時採用的相對概念，永遠都不會是「身體是真實的」；我們採用的相對概念，是另一個在文化方面組建出來的幻想，該幻想占據了「文字化」與「真實」的位置。「真實」的限制是在身體的自然化異性戀傾向中生產出來的，在這之中，物理事實就是成因，慾望則反映了物理身體帶來的、不可更改的結果。

慾望與真實的合併——也就是相信歡愉與慾望來自身體部位，來自「文字化的」陰莖與「文字化的」陰道——正是憂鬱異性戀傾向的症狀所特有的、那種文字意義上的幻想。在憂鬱異性戀傾向的基礎中被否認的同性戀傾向再次重新出現，成為一種不證自明、解剖學上的性別事實，在此處，「性」命名了模糊的解剖學一貫性、「自然的身分」與「自然的慾望」。失去遭到否認與合併，而轉變的系譜則遭到徹底的遺忘與壓抑。因此，區分了性別的身體表面成為自然（化）的身分與慾望的必要象徵。同性慾望的失去被否認了，愛則在身體部位中保存下來或加密隱藏，文字化成一種表象的解剖學性別事實。我們可以在這裡看到，普遍的文字化策略變成了一種遺忘的形式，在文字化的性別解剖學中，這種文字化會使我們「忘記」想像力，也忘記一種可以設想的同性戀傾向。以憂鬱的異性戀男性來說，他從來都沒有愛過另一個男人，他**就是**男人，而且他

---

43 佛洛伊德曾在他提出的「身體自我」概念中，提及「身體表面是投射的」的概念。佛洛伊德主張「自我先是一個身體自我」（《自我與本我》第十六頁），這代表了能夠決定自我之發展的身體概念是存在的。佛洛伊德接續上述句子道：「〔身體〕不只是一個表面的實體，身體本身就是表面的投射。」針對佛洛伊德此觀點的有趣討論，參見 Richard Wollheim 的〈The bodily ego〉，收錄於 Richard Wollheim 和 James Hopkins 編的《Philosophical Essays on Freud》（Cambridge: Cambridge University Press, 1982）。有關引起爭論的「皮膚自我」論述（可惜的是，此論述並沒有考慮到它對區分了性別的身體而言具有何種意涵），參見 Didier Anzieu 的《Le moipeau》（Paris: Bordas, 1985, published in English as *The Skin Ego: A Psychoanalytic Theory of the Self*, trans. Chris Turner [New Haven: Yale University Press, 1989]）。

可以試著訴諸於能夠證實這件事的實證事實。但解剖學的文字化不但什麼都沒有證明，還用文字化限制了歡愉，使歡愉被困在我們擁戴為陽性身分象徵的器官中。對父親的愛儲存在陰莖裡，透過密不透風的否認保護起來，如今，慾望的焦點集中在陰莖上，持續的否認變成了慾望的結構與任務。被看作對象的女性，必定象徵了男性不但從來沒有感覺過同性戀慾望，也從來沒有為了失去這種慾望而悲傷過。被看作象徵的女性必定會有效地取代與隱藏那段異性戀傾向之前的歷史，這麼做有助於把毫無漏洞的異性戀歷史神聖化。

五、將禁制重新設想為權力

雖然本文是因為傅柯在系譜學方面針對基礎主義的批判，而對李維史陀、佛洛伊德和異性戀矩陣有此番解讀，但我們需要更準確地理解，精神分析的司法（也就是壓抑）如何生產與增加它意欲控制的性別。有些女性主義理論學家之所以會注意到精神分析對性別差異的描述，一部分原因是伊底帕斯與前伊底帕斯動態提供了方法，可以追蹤性別的原初結構。亂倫禁制能禁止與批准具有階層性與二元性的性別位置，我們能否把這種禁制重新設想成一種具有生產力的權力，會在無意間製造出多種文化上的性別結構？亂倫禁忌是不是傅柯所說的壓抑假設的批判對象？女性主義會用什麼方法運用那種批判？那種批判會不會推動特定計畫，去挫敗異性戀矩陣強加的性／別二元限制？很顯然，在解讀李維史陀、拉岡與佛洛伊德的女性主義文本中，影響力最大的是蓋爾・魯賓一九七五年發表的〈女人交易：性的「政治經濟」〉（The Traffic of Women: The "Political Economy" of Sex）。[44]雖然傅柯並沒有出現在這篇文章中，但魯賓其實為傅柯式的批判設置好了舞台。她自己後來在基進的性理論著作[45]中挪用了傅柯的理論，此舉使我們在回顧時提出質疑：這篇影響力深遠的文章，可能會在傅柯的框架中遭到何種改寫？

傅柯分析禁制律法在文化方面的生產可能性時，顯然和現有的昇華理論有關，此昇華理論曾出現在佛洛伊德的《文明與其不滿》（*Civilization and its Discontents*），馬庫色（Marcuse）也曾在《愛欲與文明》（*Eros and Civilization*）重新解讀昇華理論。佛洛伊德和馬庫色都認同昇華能帶來具有生產性的結果，主張文化的人造物與制度是**愛欲**昇華後帶來的結果。儘管佛洛伊德認為性傾向的昇華會製造出普遍的「不滿」，但馬庫色卻以柏拉圖式的方法把愛欲貶低至理體（Logos）之下，把貶低的行為看做是人類精神的表達中最令人滿意的一種。不過，傅柯從根本上偏離了此一昇華理論，他在支持具有生產力的律法時，不認為有原始慾望的假設存在；人們往往透過這套律法自身的譜系敘述結構來合理化與鞏固這套律法，此一敘述結構能夠有效地偽裝其實已深陷權力關係之中的律法。因此，亂倫禁忌無法壓抑原初意向，而是在「原初」意向與「次級」意向之間有效地創造出差異，藉此描述和製造合法異性戀傾向與違法同性戀傾向之間的差別。事實上，如果我們認為亂倫禁忌帶來的主要結果具有生產性，那麼形成了「主體」、並以主體之慾望律法的身分存活下來的禁制，就會變成建構身分認同——尤其是性別認同——的方法。

魯賓強調亂倫禁忌既是一種禁制，也是一種准許，他寫道：

> 亂倫禁忌將異族通婚與聯盟的社會目標，強加在性與繁殖的生物學活動上。亂倫禁忌在性選擇的世界中劃出界限，區分成允許的與禁止的性伴侶。（一七三頁）

---

44 見第二章，註4。接下來若有引用此作品，我會將頁碼放在正文內。

45 參見魯賓的〈Thinking Sex: Notes for a Radical Theory of the Politics of Sexuality〉（*Pleasure and Danger*, pp. 267-319）。一九七九年討論西蒙・波娃《第二性》的研討會中，魯賓針對權力與性傾向做了報告，對我產生了重要影響，改變了我對女同性戀傾向的結構位置的觀點。

由於所有文化都在追尋繁殖這件事本身，也因為親屬群體所具有的特殊社會身分，所以人類創立了異族通婚，也創立了異族通婚的前提：異族通婚的異性戀傾向。因此，亂倫禁忌不但會禁止同族人之間的性結合，還包含了針對同性戀傾向的禁忌。魯賓寫道：

> 亂倫禁忌的先決條件是更早出現的、描述較不清楚的同性戀傾向禁忌。在針對某些異性戀結合的禁制中，也假定了有一種針對非異性戀結合的禁忌存在。性別不只是對於單一性別的身分認同；性別也蘊含了一種被導向異性的性慾望。性的區分同時涉及了性別的兩個面向——第一個面向是這種區分創造出了男性與女性，第二個面向是這種區分把男性與女性創造成異性戀。（一八〇頁）

魯賓認為精神分析——尤其是以拉岡形式體現的精神分析——能夠補完李維史陀對親屬關係的描述。特別值得一提的是，她認為「性／別系統」——也就是把生物學上的男性與女性，轉變成具有階級的離散性別的文化規範機制——獲得了文化（家庭、「女性交易」的殘餘型態、強制的異性戀傾向）的授權，並透過建構與推動了個人精神發展的律法進行思想灌輸。因此，伊底帕斯情結實體化並執行了針對亂倫的文化禁忌，最後導致離散的性別身分認同與必然的異性戀意向。魯賓在文中進一步主張，在生物學上的男性與女性轉變成社會性別上的男人與女人之前，「每一位孩童都擁有人類所能表達的所有性別可能性。」（一八九頁）

當我們努力尋找「先於律法存在」的性傾向，並將這種性傾向描述成原初的雙性戀傾向，或一種理想的、不受限制的多型態身分時，這種努力付出本身就代表了律法比性傾向更早出現。律法本身就是一種對原初完整性的限制，禁止某些先於懲罰存在的性的可能性，同時又許可其他性的可能性。但是，如果把針對壓抑假說的傅柯式批判，套用在亂倫禁忌這種典型的律法壓迫上的話，我們將發現，律法會**同時**產出受到准許的異性戀傾向與逾越社會規範的同性戀傾向。這兩者同樣都是律法帶來的**結果**，他們在時序上與本體上都比律法更晚出現，而「性傾向比律法更早出現」這個幻覺本身就是律法的產物。

魯賓這篇著作主張，生理性別與社會性別是有區別的，認為生理性別的真實是離散的、先於本體論的，是以律法之名形塑而成，接著才轉變成了「社會性別」。這種社會性別獲致論需要許多事件按照一定的時間順序出現，假定了論述者所在的位置能「知道」何者先於律法出現、何者後於律法出現。然而，此種論述卻發生在語言之中，嚴格看來，此語言後於律法出現，是律法帶來的結果，因此此種論述其實源自於較遲出現的、回顧性的觀點。如果這種語言是由律法建構出來，而律法又在語言中成為典範並獲得實踐，那麼這種描述、這種敘事非但無法知道本身之外的事件——也就是先於律法存在的事件——對於「之前」的描述也將永遠有利於「之後」。換句話說，這種敘事雖然宣稱自己能描述「之前」，其實它（從語言學上的本質來看）絕對已經被排除在「之前」以外，而且對於「之前」的描述也只會發生在「之後」的語境中。這種敘事因此變成了「律法邁入律法缺席之處」的衰退過程。

雖然魯賓主張，前伊底帕斯情結的孩子擁有無限的性可能性，但她並不認同原初的雙性戀傾向。雙性戀傾向是育兒的結果，育兒過程中，兩種性別的父母都存在，兩人都會照顧孩子，在這種狀況下，無論對男人還是女人來說，對於陰性氣質的否認都不再是性別身分的先決條件。魯賓呼籲「親屬關係革命」時，設想的是根除女性交易。我們可以在兩處清楚看見女性交易的痕跡，一是當代的異性戀傾向體制化，二是殘餘的精神常態（精神的體制化），後者以異性戀的方式准許與建構出了性傾向與性別身分。隨著強加的異性戀特質逐漸鬆綁，加上雙性戀與異性戀在文化方面的行為可能性與身分可能性同時浮現，魯賓設想出了一個性別本身遭到推翻的未來（二〇四頁）。有鑑於性別是生物學上的多性戀經過文化轉變後所形成的文化強制異性戀傾向，又有鑑於異性戀傾向為了達成自身目標而部署了離散的、具有階級性的性別身分，因此魯賓認為，若強加的異性戀特質崩潰了，那也就代表性別本身必然也會崩潰。至於性別是否能被完全根除，以及性別的「崩潰」會在何種意義上成為文化方面可想像的事件，在魯賓的分析中，這兩個疑問是十分引人注目、但沒有清楚闡明的模糊描述。

魯賓如此主張的基礎是我們有機率能有效地推翻律法，也有機率能以理想的方式，在不涉及社會性別差距的狀況下，從文化解讀那些具有不同生理性別的身體。顯而易見的是，在人們身上強加異性戀傾向的系統可以被扭轉（事實上這種系統也已經被改變了），此外，無論女性交易以何種殘餘形式存在著，這種交易並不總是能決定異性戀的交換；從這個層面來說，魯賓在李維史陀那惡名昭彰且不具有歷史時序性的結構主義中，看見了厭女的意涵。但是，是什麼使她做出結論，認為性別只是強加的異性戀傾向的一個功能，並認為若消除了這種強加的狀態，我們的身體就再也不會被標記上性別呢？很顯然，魯賓已經預想了一個擁有另類的性的世界，這個世界是從嬰兒發展的烏托邦階段產生出來的，而此一烏托邦階段是在律法「之前」存在的，它可能會在律法消亡或分解「之後」重新出現。如果在討論是否有可能認識（knowing）或指稱這種「之前」時，我們接受了傅柯式批判與德希達式批判的話，那麼，我們要怎麼做才能反轉這種社會性別獲致的敘事呢？如果我們拒絕假定在亂倫禁忌之前有一種理想的性傾向存在，也拒絕接受「亂倫禁忌具有文化持久性」這個結構主義的前提，那性傾向和律法之間還會剩下何種關係，可以用來描述性別呢？我們必須訴諸一個比律法更早出現、更快樂的狀態，才能主張當代的性別關係與性別身分的懲罰性產物都具有壓迫性嗎？

傅柯在《性史》第一卷針對壓迫假說提出批判，他指出（一）結構主義的「律法」可能會被理解成**權力**的一種生成，一種特殊的歷史構造。（二）律法可能會被理解成能夠生產與創造某種慾望，據稱律法會壓抑這種慾望。真正被壓抑的對象，並不是律法在表面上拿來當作壓抑對象的**慾望**，而是權力本身的多重結構，這種權力的多元性能夠取代司法或壓抑式律法在表面上的普世性與必須性。換句話說，慾望與針對慾望的壓抑是鞏固司法結構的藉口；慾望被當作一種儀式象徵姿態，遭到製造與禁止，而司法模型藉此執行與鞏固自身的權力。

亂倫禁忌就是司法，據稱這套司法透過強加身分認同的機制，既禁止了亂倫慾望，也建構了特定的性別主體性（gendered subjectivity）。但是，是什麼保證了這套律法的普世性與必要性呢？有些人類學的論點顯然希望能證實與駁斥亂倫禁忌的普世性[46]，除此之外，還有第二階段的爭議，討論這種普世性的主張對社會過程（social processes）而言有何意義，甚或是否有意義。[47]主張某個律法具有普世性，並不等同於主張該律法能以相同的方式跨文化運作，或該律法能夠單方面決定社會生活的狀況。事實上，律法的共通性特質僅僅代表了，該律法在運作時是占據優勢的體系，而社會關係都在此一體系之中發生。主張某個律法在社會生活中普遍存在，絕不等於認為該律法會出現在某一

46 有關亂倫的決定論描述，參見（或該說不要參見）Joseph Shepher 編的《Incest: A Biosocial View》（London: Acadaemic Press, 1985）。

47 參見 Michele Z. Rosaldo 的〈The Use and Abuse of Anthropology: Reflections on Feminism and Cross-Cultural Understanding〉（*Signs: Journal of Women in Culture and Society*, Vol. 5, No. 3, 1980）。

種社會型態的每一個層面中；從最低限度來說，此一主張代表的是該律法會在每一種社會型態的其中一部分出現與運作。

在此，我的任務並不是指出亂倫禁忌不會在某些文化中運作，而是強調亂倫禁忌具有的生產特質，強調此禁忌會在何處運作，不只是討論這種禁忌的司法地位而已。換句話說，這種禁忌不但會禁止與支配特定型態的性傾向，還會在無意間生產出各種替代的慾望與身分，從某種意義上來說，這些慾望與身分目前都是「替代品」，但除此之外，它們事先並沒有受到任何限制。如果把針對亂倫禁忌的傅柯式批判繼續做延伸，那麼我們將會發現，這種禁忌以及對母親／父親的原始慾望是可以被歷史化的，我們可以在歷史化的過程中反抗拉岡的公式化共通性。這種禁忌有可能會被理解成創造與維持了對母親／父親的慾望，同時也創造與維持了這種慾望的強迫換置。因此，「『原始』性傾向會永遠被壓抑與禁止」的概念，變成了律法的產物，而此一律法隨後又禁止了這個概念。如果母親是原始慾望——這個假設在許多晚期資本主義家庭中很可能為真——那麼在此文化脈絡的條件下，這種慾望會同時被生產與禁止。換句話說，禁止這種結合和鼓勵這種結合的其實是同一條律法，而我們再也不可能把司法亂倫禁忌的壓抑功能和生產功能區分開來。

很顯然，精神分析理論一直以來都承認亂倫禁忌確實具有生產功能；正是這種功能創造了異性戀慾望與離散的性別身分。精神分析也清楚表明了，亂倫禁忌在製造性別與慾望時，並不總是按照預期的形式。負向伊底帕斯情結的情況只是一個例子，在這個例子中，針對異性家長的亂倫禁忌顯然比針對同性家長的禁忌還要強大，被禁止的父母將成為身分認同的對象。但是，在同時具有司法性與生產性的亂倫禁忌概念中，這樣的情況是如何被重新描述的呢？在亂倫禁忌下，家長會變成身分認同的對象，而同樣的權力機制會同時製造與否認這種對於家長的渴望。不過，這個機制有什麼目的？如果亂倫禁忌規範了離散性別身分的生產，如果這種生產需要針對異性戀傾向的禁制與准許，那麼為了繼續壓抑同性戀傾向，同性戀傾向就必定得以慾望的型態被生產出來。換句話說，若想讓異性戀傾向成為一種能好好維持下去的明確社會型態，它將**需要**一種清楚易懂的同性戀傾向概念，也需要禁止此一概念，讓此概念在文化上變得難以理解。在精神分析中，雙性戀傾向與同性戀傾向都被視為是原初的原欲意向，異性戀傾向則是以逐漸壓抑這兩種傾向為基礎而努力打造出來的結構。雖然這種學說似乎含有顛覆的可能性，但在精神分析著作中，雙性戀傾向與同性戀傾向的語言結構其實駁斥了「這兩種傾向先於文化存在」的主張。上文針對雙性戀意向的語言所做的討論，就是個很好的例子。[48]

據稱雙性戀傾向存在於**象徵**秩序的「外部」，且是顛覆的場所，事實上，雙性戀是位於這種建構式話語之中的一種結構，既是「外部」的結構，但又具有完整的「內部」特質，雙性戀傾向不是一種超越文化的可能性，而是一種穩固的文化可能性，這種可能性被拒絕、被重新描述成一種不可能。在現存的文化形式中，那些「不可思考」與「不可言說」的事物，並不一定會被該文化形式中的可理解矩陣給排除；事實正好相反，會引起恐懼或導致准許權消失的，其實是被邊緣化的事物，而非被排除的事物。那些沒有被社會確實認可為異性戀者的人將失去一種社會身分的可能性，同時或許也會增加一種極少受到認可的社會身分。因此「難以想像」的事物完全存在於文化之中，但卻完全被排除在**優勢**文化之外。當這套理論假定雙性戀傾向或同性戀傾向是在文化「之前」出現的，並且把這種「優先性」視為先於話語存在的顛覆之源，那麼，這套理論在矛盾地維護與抵抗此一顛覆的同時，也會從文化框架之內禁止此一顛覆。正如我在論及克莉絲蒂娃時說的，顛覆因此變成了一種徒勞的姿態，只有在非現實的審美模式中能帶來娛樂，而這種審美模式永遠無法轉變成其他文化實踐。

拉岡認為，在亂倫禁忌中，（與「需要」相對的）渴望是透過律法建立起來的。存在於**象徵**框架之中的「理解」需要渴望的制度化與不滿，這種不滿是壓抑有關母性身體的**原始**歡愉與需求後，必定導致的結果。慾望永遠無法獲得這種完整的歡愉，因而對其無法忘懷，這種歡愉是先於律法存在的歡愉所遺留下來、不可恢復的記憶。拉岡清楚表明了，這種先於律法存在的歡愉只是種幻想，會在慾望的永恆幻覺中再現。這種幻覺被禁止幫助原始快感進行真正的復生。從何種層面上來說，此幻覺會是「原初」幻想的一種結構，並且可能會或可能不會對應到真正的原欲狀態？在拉岡式的理論架構中，這樣的問題又應該在何種程度上獲得解決？唯有把換置與替代拿去和原始狀態比較，我們才能理解換置與替代，但在這種狀況下，原始狀態永遠都不可能被恢復或被理解，永遠都

48 Sigmund Freud, *Three Essays on the Theory of Sexuality*, trans. James Strachey (New York: Basic Books, 1962), p. 7.

是從假定了某種理想特質的後見之明推測出來。這種歡愉「超越」的神聖化，調用了本質上無法改變的**象徵**秩序建立而成。[49]我們必須把**象徵**的戲碼、慾望的戲碼、性區別制度的戲碼解讀成一種自給自足的意指經濟，這種經濟在文化理解的框架之下，運用權力劃分出哪些事物可以思考，哪些事物不能思考。若想從一開始就排除部分的文化可能性，其中一種方式是把那些存在於文化「之前」的事物，以及那些與文化「同時」存在的事物清楚劃分開來。「表象秩序」（order of appearances）是此種敘述的基礎暫時狀態，儘管表象秩序將分裂引入主體中，又將裂隙引入慾望中，藉此挑戰敘事連貫性，但表象秩序也在按時間順序敘述的層面上重新建立了連貫性。因此，所有試圖以顛覆之名恢復起源的努力，全都因為這種敘事策略——此一策略圍繞著不可恢復的起源與永遠都被取代的現在之間的差異打轉——而不可避免地被推遲了。

49 Peter Dews 在《The Logics of Disintegration: Post-Structuralist Thought and the Claims of Critical Theory》（London: Verso, 1987）中指出，拉岡在挪用李維史陀提出的**象徵**概念時，將此概念大幅窄化了：「拉岡在改編李維史陀的論點時，把李維史陀的多元『象徵系統』轉變成了一種單一的象徵秩序，他忽略了這些推動或掩蓋權力關係的意義系統的可能性。」（一〇五頁）

III

顛覆的身體行動

SUBVERSIVE BODILY ACTS

一、茱莉亞．克莉絲蒂娃的身體政治

克莉絲蒂娃初次提出語言方面的符號界理論時，似乎只是引用拉岡理論的前提來揭露這些前提的限制，並在語言之中的父系律法內提出一個明確的、顛覆的陰性場域。[1]根據拉岡的說法，父系律法建構了所有語言的指稱，也就是所謂的「**象徵秩序**」（Symbolic），因而成了文化本身的普遍組織原則。此一律法透過壓抑原初的原欲驅動力，創造了有意義語言的可能性，也因此創造了有意義的經驗。原欲驅動力包括孩子對母親身體的極度依賴，因此**象徵秩序**是透過否認孩子與母體的原初關係才變得可能。這

1 「茱莉亞．克莉絲蒂娃的身體政治」此小節原出版於《海芭夏》（*Hypatia*）針對法國女性主義哲學出版的特刊中（Vol. 3, No. 3, Winter 1989, pp. 104-118）。

種壓抑的結果便是「主體」，而主體又會成為此一壓抑律法的承載者或支持者。那種早期依賴的原欲混亂特質如今完全受到單一的能動者所約束，而這能動者的語言是由父系律法所建構的。此語言建構世界的方法是壓迫多重的意義（這總是會讓我們想起原欲的多重性，這種多重性是孩子與母親身體的原初關係特有的），並在這些意義的位置上建立單義的、離散的意義。

克莉絲蒂娃挑戰拉岡的敘事——假定文化意義必須壓迫孩子與母親身體之間的原初關係，指出「符號界」（semiotic）是語言學的面向之一，是由原初的母親身體所致，而母親身體不但駁回了拉岡的原初前提，同時也成了**象徵秩序**中的永久性顛覆源頭。對克莉絲蒂娃而言，符號界在文化的脈絡中表達了原初的原欲多重性，或者更準確地說，符號表達這種多元性的場域是詩的語言，而在詩的語言（poetic language）中占據優勢的是多重的意義與符號的非封閉性。事實上，在語言的脈絡中，詩的語言就是母親身體的回歸，詩的語言有潛力能夠瓦解、破壞與置換父系律法。

儘管克莉絲蒂娃對拉岡多有批判，但事實證明她的顛覆策略同樣啟人疑竇。雖然她希望置換父系律法，不過她的理論似乎恰恰需要依附父系律法的穩定與再製。儘管她確實揭露了拉岡在語言中把父系律法普遍化的行為有其侷限，但她仍然承認符號界的地位總是居於象徵秩序之下，也承認符號界假定了它在不受挑戰的階級脈絡下具有其獨特性。如果符號界能推動一種顛覆、換置或破壞父系律法的可能性，如果**象徵**總是能重申其霸權的話，那麼那些脈絡又具有何種意義呢？

接下來對克莉絲蒂娃的評論，主要針對她把符號界當作一種有效顛覆根源，按部就班地提出不同的看法。首先，我們並不清楚那種克莉絲蒂娃和拉岡似乎接受的孩子與母親身體的原初關係，是不是一種可行的概念，以及根據他們任一人的語言理論來說，這種原初關係是否甚至是一種可以認知的經驗。符號界特有的多重驅動力建構出了一種先於話語存在的原欲經濟，這種經濟偶爾會在語言中使自身變得可以認知，同時又會維持一種先於語言存在的本體論狀態。這種先於語言存在的原欲經濟在語言中——尤其是在詩的語言中——顯露，變成文化顛覆的場域。第二個問題則在克莉絲蒂娃提出以下論點時浮現：克莉絲蒂娃認為，原欲的顛覆源頭無法在文化的脈絡中維持下去，當此一顛覆源頭持續存在於文化之中，會導致精神疾病與文化生活本身的崩解。因此，克莉絲蒂娃假定符號界是一種解放的概念，卻又否定此番假定。雖然她告訴我們，符號界是經常被壓抑的一個語言面向，但她也同時承認，符號界是不可能長久維持下去的語言。

若要評估這看似自打嘴巴的理論，我們得先提問：原欲的多重性是如何在語言中顯露，又是什麼限制使它的生命周期如此短暫？此外，克莉絲蒂娃認為母親身體承載了一套先於文化存在的意義。她的看法捍衛了文化本是種父權結構的概念，也限定了母性基本上就是一種先於文化存在的現實。她在描繪母親身體時採用的自然主義論點，實際上把母職具體化了，並且避免了去分析母職在文化上的結構與多變性。在探問先於話語存在的原欲多樣性是否可能存在的同時，我們也會探討克莉絲蒂娃主張她在先於話語存在的母親身體中發現的事物，是不是歷史論述的產物、文化的**結果**，而非文化的祕密與原初成因。

就算接受了克莉絲蒂娃對原初驅動力的理論，我們也無法確知，這種驅動力的顛覆效應會不會只能透過符號界對父系律法的霸權造成暫時且徒勞的破壞。我將試著描繪她在政治策略上會失敗的部分原因，在於她以幾乎不加批判的方式挪用了驅動力理論。此外，仔細檢視克莉絲蒂娃對語言內的符號界功能相關描述後，我們會發現，克莉絲蒂娃似乎在符號界本身的層面上恢復了父系律法。最後，克莉絲蒂娃提供給我們的，似乎是一個永遠都不可能成為長久政治實踐的顛覆策略。我會在本小節最後一部分提出一個重新設想驅動力、語言與父權特權之間關係的方法，此法或許是更有效的顛覆策略。

克莉絲蒂娃在描述符號界的過程中，採用了數個問題重重的步驟。她認為驅動力在語言中出現之前就已經擁有目標、語言不可避免地會壓抑這些驅動力或使驅動力昇華，也認為展現這種驅動力的唯一方法，是用語言表達來反抗**象徵界**中對於指稱的單一意義要求。她進一步主張，在符號界中，多重驅動力在語言中的出現是顯而易見的，她認為驅動力的語言意義領域和象徵界區隔分明，象徵界是母親身體在詩意語言中的展現。

早在一九七四年出版的《詩意語言的革命》（*Revolution in Poetic Language*）中，克莉絲蒂娃就認為驅動力的異質性（heterogeneity）與詩意語言的多重聲音可能性之間有著必要的因果關係。她的觀點與拉岡恰好相反，認為詩的語言並非建立在壓抑原初驅動力的基礎上。她主張詩的語言是一種語言場合，在這個場合中，驅動力會打碎普遍的、單一意義的語言脈絡，揭露出多重聲音與意義中不可壓抑的異質性。克莉絲蒂娃藉此挑戰了拉岡認為象徵等同於所有語言意義的觀點，指出詩的語言具有自己的意義形式，並不符合單一意義指稱的需求。

她在同一本著作裡描述了自由的概念，或者也可以說是無投注的能量（uncathected energy）的概念，這種概念透過詩的功能在語言中變得為人所知。舉例來說，她認為「在語言內的混雜驅動力上……我們可以看到詩意語言的經濟」，在這樣的經濟中，「單一主體再也無法找到他的〔**原文如此**〕位置」。[2]這種詩的功能是一種拒絕式或分裂式的語言功能，傾向於打破意義與增加意義；透過單一指稱的增殖與破壞實行驅動力的異質性。因此，趨向高度分化意義或多重意義的衝動，會顯得像是一種反抗**象徵**規則的報復式驅動力，而**象徵**又建立在壓抑這種驅動力的基礎上。克莉絲蒂娃把符號界定義為在語言中顯露的驅動力多重性。這些驅動力具有持續的能量與異質性，破壞了意指的功能。因此，她在早期作品中把符號界定義為一種「與原初過程〔的〕形式有關的……意指功能。」[3]

克莉絲蒂娃在一九七七年出版的《語言中的慾望》（*Desire in Language*）中，以精神分析的詞語為符號界下了更完整的定義。受到象徵壓迫，並在符號界中間接展現出來的原初驅動力，現在被理解成了**母性驅動力**（maternal drive），不但屬於母親，且是嬰兒的身體（男女皆是）對母親的依賴所特有的驅動力。換句話說，「母親身體」表明了具有連續性的關係，而不是離散的慾望主體或慾望客體；事實上，「母親身體」表明了**享樂**，此一**享樂**先於慾望存在，也比慾望假定的主體／客體二分法更早存在。**象徵**的建立基礎是拒絕母親，符號界則透過韻律、共鳴、半諧音、聲調、發聲與重複，在詩的言說中重新呈現或恢復此一母親身體。甚至，連「嬰兒的初次牙牙學語」和「精神症狀中的語意不清」都展現了母嬰關係的連續性，這是比嬰兒與母親的分離／個體化更早存在的異質化衝動場域，也是強迫執行亂倫禁忌帶來的結果。[4] 禁忌造成了母親和

---

2 Julia Kristeva, *Revolution in Poetic Language*, trans. Margaret Walker, introduction by Leon Roudiez (New York: Columbia University Press, 1984), p. 132. 原書為 *La Revolution du language poetique* (Paris: Editions du Seuil, 1974)。

3 同前註，p. 25。

4 克莉絲蒂娃《語言中的慾望》（*Desire in Language, A Semiotic Approach to Literature and Art*）一三五頁。見第二章註32。此論文合集來自兩個不同的來源：《Polylogue》（Paris: Editions du Seuil, 1977）與《Σημειωτιχη: Recherches pour une sémanalyse》（Paris: Editions du Seuil, 1969）。

嬰兒的分離，在語言上被表達為聲音與意義的斷裂。用克莉絲蒂娃的話來說：「音素（phoneme）是意義的區別元素，它屬於做為**象徵秩序**的語言。但音素也被含括在韻律的、語調的重複之中；因此，音素傾向於從意義中獨立出來，獲得其自主性，藉此使自身維持一種符號界的性質，趨近於本能驅動力的身體。」[5]

克莉絲蒂娃描述的符號界能摧毀或削弱**象徵**；它的存在「先於」意義，例如孩童開始發聲的時候，或者它的存在「後於」意義，例如精神病患者不再使用文字來意指時。若我們把**象徵**與符號界視為語言的兩種形式，又如果我們認為符號界普遍來說受到**象徵**的壓抑，那麼對克莉絲蒂娃來說，語言就是一種系統，在這個系統中，象徵一直維持著霸權地位，唯一的例外就是符號界透過不明確的意指形象與隱喻，進行省略、重複、更多聲音與意義的增加，破壞了意指過程。在語言的象徵模式中，語言的基礎是母性依賴關係的斷裂，語言藉此變成抽象的（從語言的具象中抽離）、單一意義的；這在量化的或純粹形式的論據（reasoning）中最為明顯。在語言的符號界模式中，語言參與了母親身體的詩性恢復，傳播某種物質性，此物質性抵抗著所有離散且單一意義的表意。克莉絲蒂娃寫道：

舉例來說，在任何詩的語言中，韻律的限制不但違反了某些民族語言的特定文法規則……而且在近來的文本中，這些符號界的限制（韻律、象徵主義作品中的母音音色，還有頁面上的版面安排）都伴隨著不可恢復的句法省略；想要重新建構被省略的特定句法範疇（受詞或動詞）是不可能的事，這些句法範疇使我們得以決定話語的意義。[6]

對克莉絲蒂娃來說，這種不可決定性正是語言中的本能瞬間，是它的破壞功能。因此，詩的語言代表的，是把連貫的、意指的主體溶解至原初的連貫性——母親身體之中：

5 同前註，一三五頁。
6 同前註，一三四頁。

做為象徵功能的語言在建構自身時，付出的代價是壓抑本能的驅動力和與母親的連續式關係。與之相反，不穩定的、充滿問題的詩意語言主體（在這主體中，文字永遠都不只是符號）維持自身時，付出的代價是重新啟動這種壓抑的、本能的、母親的元素。[7]

克莉絲蒂娃對詩性語言之「主體」的描述並不完全適當，因為詩的語言會削弱與摧毀主體，而主體在這裡則被視為一種參與**象徵秩序**的言說存在。她追隨拉岡的理論，認為禁止母親亂倫的禁制是主體的基礎律法，這個基礎會切割或打破母性依賴的連續式關係。在創造主體的過程中，禁制律法也把象徵或語言的領域創造成了一種單一意義的意指符號系統。因此，克莉絲蒂娃斷定：「詩的語言對於其充滿問題的、正在形成的主體來說，等同於亂倫。」[8]象徵語言與自身基礎律法之間的斷裂性，或者等同而言，從斷裂的內部本能浮現至言語中的斷裂本身，並不只是原欲異質性爆發至語言中；這樣的斷裂也意指了依賴母親身體的肉體狀態，比自我的獨立化更早出現。因此，詩的語言總是表明了通往母體場域的回歸，此處的母體同時意指了原欲的依賴與驅動力的異質性。

克莉絲蒂娃在〈貝里尼描繪的母職〉（Motherhood According to Bellini）中指出，由於母親身體意指了連貫性的失去與離散的身分認同，所以詩的語言位在精神病症的邊緣。在女性於語言中進行符號界表達的例子裡，回歸母性意指的是先於語言存在的同性戀傾向，克莉絲蒂娃也清楚表明了這種同性戀傾向和精神病症有關。儘管克莉絲蒂娃承認藉由參與**象徵秩序**與語言可溝通性之常規，詩的語言獲得了文化上的維持，她卻不允許同性戀傾向成為一種非精神病症的社會表達方式。若要了解克莉絲蒂娃將同性戀本質視為精神症狀的觀點，我認為關鍵在於她接受了結構主義的假設，認為異性戀傾向和**象徵秩序**的基礎是共同擴張的。因此，依據克莉絲蒂娃的觀點，達成同性慾望投注的唯一方法就是換置，這種換置在這類**象徵秩序**中受到批准，例如詩的語言或生產的行為：

7 同前註，一三六頁。

8 同前註。

女人透過生產和她的母親產生連結；她成為母親，她是她自己的母親；她們就是分化自己的同一個連續體。因此，她實現了母職的同性情慾面向，女人同時也藉此更加靠近她的本能記憶，以更加開放的態度面對她的精神症狀，因此也更加否定社會的**象徵式連結**。[9]

依據克莉絲蒂娃的論述，生產的行為並不會成功重新建立先於個體化存在的連續式關係，因為嬰兒必定會受到亂倫禁制所苦，也必定會在分離後成為一個離散的身分。在母親與女童分離的狀況下，會使雙方皆得到憂鬱的結果，因為她們的分離永遠都無法真正完成。

在悲傷或哀悼中，分離會被承認，依附在原始對象身上的原欲也會成功換置到新的替代對象上，但憂鬱不一樣，憂鬱代表的是失敗的悲傷，在憂鬱中，失去會直接被內化，並在此一意義上**被拒絕**。母體不會成為對於身體的負面依賴，而會被內化成一種否定，因此女孩的身分認同本身便會成為一種失去，一種女孩獨有的剝奪或闕如。

那麼，所謂同性戀傾向的精神病症之主要特質，就是儘管它是脆弱的，但它在與母親身體分離時的憂鬱回應中，徹底打破了它與父系律法之間的連結，也打破了它與女性「自我」的基礎之間的連結。因此，根據克莉絲蒂娃的觀點，女同性戀傾向是精神症狀在文化中的浮現：

> 同性戀—母性（homosexual-maternal）的面向是一種文字的迴旋，是一種意義與視覺的缺乏；是一種感受、換置、韻律、聲響、閃光，以及一種為了抵禦下跌而把母親身體視為屏障的、幻想著依附母親身體的狀態……對女人來說，它是失去的樂園，但又看似觸手可及。[10]

9 同前註，一三九頁。
10 同前註，一三九—一四〇頁。

然而對女人來說，這種同性戀傾向會在詩的語言中展現，事實上除了生產，詩的語言是唯一能在**象徵秩序**的脈絡中維持下來的符號界形式。那麼，對克莉絲蒂娃而言，公開的同性戀傾向就無法成為能在文化方面持續的活動，因為它會用缺乏合理脈絡的方式打破亂倫禁忌。但是，這樣的情形為何會發生呢？

克莉絲蒂娃接受以下假定：文化等同於**象徵秩序**，**象徵秩序**則完全歸屬於「父親的律法」（Law of the Father）之下，唯有在某種程度上參與了**象徵秩序**的模式，才是非精神病症活動的唯一模式。那麼，她的策略性任務就不會是用符號界取代**象徵秩序**，也不會是把符號界建立成某種互別苗頭的文化可能性，而是去合法化**象徵秩序**裡，那些允許界線去區分**象徵秩序**與符號界的經驗。正如生產被看作一種為了達到社會目的論而執行的本能驅動力投注，詩的創作也被當作是一種場域，在這個場域中，本能與表達之間的分裂以一種可以在文化上傳播的形式存在：

> 說話者唯有透過名叫「藝術」的特定論述實踐，才能達到這種極限、這種社會性的必要條件。女性也能透過分裂象徵化（split symbolization）的奇特形式

（語言與本能驅動力的門檻、「象徵」與「符號界」的門檻）來達到這個目標（在我們的社會中**尤其如此**），這種象徵化包含在生產的行為之中。[11]

因此，對於克莉絲蒂娃來說，詩與母性在父權批准的文化中代表了特權的實踐，此一文化允許我們在母性場域中對此處特有的異質性與依賴性，進行非精神症狀式的體驗。這種**詩意**（poesis）的行為揭露了本能的異質性，進而暴露了受壓抑的**象徵秩序**基礎，挑戰了單一意義意符的優勢，並傳播了做為這些行為必要場域的主體自主性。驅動力的異質性在文化面運作時，是一種換置的顛覆策略，會透過釋放語言內部受壓抑的多重性，驅趕父系律法的霸權。正因為本能異質性必須在父系律法之中透過父系律法才能重新表達，所以它無法徹底挑戰亂倫禁忌，而是必須留在**象徵秩序**最脆弱的區域。於

11 同前註，二四〇頁。論及把生產隱喻為詩性創作過程的描述，有一篇極有趣分析，參見溫蒂·歐文（Wendy Owen）的〈A Riddle in Nine Syllables: Female Creativity in the Poetry of Sylvia Plath〉（doctoral dissertation, Yale University, Department of English, 1985）。

是，取代了父系律法的詩性－母性實踐便會服從於語法上的需求，始終與父系律法維持薄弱的聯繫。因此，全面拒絕**象徵秩序**是不可能的事，對克莉絲蒂娃而言，「解放」的話語同樣做不到。在最好的狀況下，律法的策略性顛覆和換置會挑戰律法自我奠基的假設。但是，克莉絲蒂娃仍然沒有嚴肅地去挑戰結構主義的假定：禁制的父系律法就是文化本身的基礎。因此，若要顛覆父權批准的文化，顛覆不會來自另一種形式的文化，只會來自文化本身被壓抑的內部、來自驅動力的異質性，這種異質性構成了文化的隱藏基礎。

異質性驅動力與父系律法之間的關係，會產生一種問題極大的精神病症觀點。一方面，它把女性同性戀傾向指定成文化上不可理解的實踐、先天的精神病症；另一方面，它又把母性塑造成一種抵抗原欲混亂的強制防衛機制。雖然克莉絲蒂娃沒有明確描述此一觀點，但我們可以從她對律法、語言與驅動力的觀點推出這番意涵。對於克莉絲蒂娃而言，詩意的語言打破了亂倫禁忌，因此總是接近精神病症。做為通往母性身體的回歸，也做為一種伴隨回歸而生、自我的去個體化，詩的語言透過女人傳達出來時，就顯得格外具有威脅性。於是，詩的語言不只挑戰了亂倫禁忌，也挑戰了同性戀禁忌。對女人來說，詩的語言既取代了對母親的依賴，也同時因為這種依賴具有原欲的特性，取代了同性戀傾向。

對克莉絲蒂娃來說，缺乏合理脈絡的女同性戀慾望投注無疑會導向精神症狀。若想滿足這種驅動力，唯一方法就是一系列換置：母職身分的建立——也就是透過成為母親建立此身分——或者透過詩的語言進行換置，詩的語言隱晦地展現了母體依賴所特有的驅動力異質性。母性與詩意是唯一受到社會批准能換置同性戀慾望的事物，也因此不具有精神症狀特質，這兩者為女性建構了憂鬱的經驗，使女性以合宜的方式適應了異性戀傾向的文化。異性戀的詩人－母親會因為同性戀傾向投注的換置，而遭受永無止境的折磨。然而，根據克莉絲蒂娃的論點，這種慾望的實現會導向精神病症式的身分瓦解——她假定對於女人來說，異性戀傾向與連貫式的自我之間的連結是不可分割的。

我們要如何理解這種女同性戀經驗的建構是一種不可回溯的自我失去的發生場所呢？克莉絲蒂娃顯然認為，異性戀傾向是親屬關係與文化的先決條件，因此將女同性戀經驗視為精神病症式的另類選項，是接受父權批准的律法以外的另一種選擇。但是，為什麼要將女同性戀傾向建構成精神病症？從哪一種文化的觀點來看，女同性戀會被建構成一個融合、自我失去與精神病症的場所？

克莉絲蒂娃把女同性戀投射成文化的「**他者**」，並將女同性戀的言語描述成精神病症式的「文字迴旋」獨有特徵，她藉此把女同性戀傾向建構成本質上不可理解的事物。克莉絲蒂娃以律法的名義，策略性地撤除與簡化女同性戀經驗，因此她位在父權－異性戀的特權軌道中。保護她免於遭遇這種極度不連貫的父系律法，恰恰是把女同性戀建構成非理性場所的那套機制。值得注意的是，這種針對女同性戀經驗的描述來自外在，告訴我們的不是女同性戀經驗本身，而是極端的異性戀文化為了拒絕承認自己可能是同性戀而製造出來的種種幻想。

克莉絲蒂娃認為女同性戀指定了一種自我的失去，此番主張似乎表述了一個和個體化的必要壓抑有關的精神分析事實。這種對於「退化」至同性戀傾向的恐懼，也就是對於失去文化批准與特權的恐懼。儘管克莉絲蒂娃指出這種失去指定了一個**先於**文化存在的位置，但我們沒有理由認為這不是一種全新的或未知的文化形式。換句話說，克莉絲蒂娃傾向於把女同性戀經驗，解釋成一種先於文化適應存在的退化原欲狀態，而在女同性戀傾向挑戰了她對父權准許的文化律法抱持的受限觀點時，她沒有接受此一挑戰。在將女同性戀建構成精神症狀的過程中被植入的恐懼，是不是發展所必須的壓抑帶來的結果？又或者對於失去文化傳承並進而被放逐的恐懼，並非獨立於文化或先於文化存在，而是獨立於文化**合法性**存在，但仍在文化之中，只是文化面的「違法事項」？

　　克莉絲蒂娃描述母親身體與女同性戀經驗時，是從被批准的異性戀角度作描述，這樣的角度無法承認失去批准帶來的恐懼。她將父系律法實體化的過程中，不但否認了女同性戀傾向，也拒絕了把母親當作文化實踐的各種意義與可能性。但是，克莉絲蒂娃真正關注的並非**文化方面**的顛覆，因為當顛覆出現時，它是從文化的表層之下浮現的，必定會回歸到原本的位置。儘管符號界是逃離父系律法的一種語言可能性，但符號界不可避免地位於律法的領域之中，或者更確切的說，是位於律法的領域之下。因此，詩的語言與母性的歡愉建構了父系律法的局部換置，進行了暫時的顛覆，但終究會服從於它們一開始反抗的對象。克莉絲蒂娃將顛覆的源頭放逐到文化本身之外，似乎排除了把顛覆視為有效的或可實現的文化實踐的可能性。若要想像超越父系律法的歡愉，就必須連同這種歡愉的必然可能性也一起想像。

　　克莉絲蒂娃的顛覆理論之所以會受挫，在於此理論的前提是她對驅動力、語言與律法間的關係所抱持的大有問題的看法。她對於顛覆式驅動力多重性提出的假設，帶來了許多關於認識論與政治的問題。首先，如果這些驅動力只能在語言或文化形式中展現，且這些形式已經被決定為**象徵秩序**的話，那麼我們要如何才能證明，這些驅動力具有先於**象徵秩序**存在的本體論地位呢？克莉絲蒂娃指出，詩的語言使我們得以在這些驅動力的基礎多重性中接近這些驅動力，但這個答案令人覺得不太滿意。由於她認為詩的語言依賴的是這些多重驅動力的預先存在，所以我們無法以循環辯證的方式，訴諸詩的語言證明了這些驅動力的假定存在。如果驅動力必須先受到語言的壓抑才能存在，又如果我們可以把意義只歸因於語言能表達的事物，那麼便不可能把意義歸因於先於語言出現的驅動力。我們也同樣無法在語言的領域內，合理地把因果關係歸因給驅動力——這些驅動力推動了自身往語言轉型，並使語言本身因此得到解釋的驅動力。換句話說，我們只能在驅動力造成的影響之中、透過這些影響得知，驅動力就是「成因」，因此我們沒有理由不把驅動力和驅動力造成的結果視為相等的事物。隨之而來的只有兩種可能，若非(A)驅動力與驅動力的陳述同時存在，就是(B)陳述比驅動力本身更早存在。

我認為後者是值得深思的重要可能性，因為我們要怎麼樣才知道，克莉絲蒂娃描述的本能主體並不是此一描述本身的建構呢？我們要以什麼事物為基礎，去假設這個主體、這個具有多重性的場域先於指稱存在？如果詩的語言必須為了文化方面的可溝通性而參與象徵秩序，如果克莉絲蒂娃自己的理論文本就是象徵秩序的標誌，那麼我們要去哪裡尋找一個有說服力的、在這個領域之外的「外界」呢？在我們發現了母性驅動力被視為「生物命運」（biological destiny）的一部分，發現了母性驅動力本身就是一種「非象徵性、非父權因果性」的表現之後，她假定的「先於話語存在的身體多重性」就變得更加疑點重重。[12]對克莉絲蒂娃而言，這種先於象徵秩序存在的、非父權的因果性，就是一種符號界的、**母性的**因果性，或者更明確來說，是一種母性直覺的目的論概念：

> 肉體的強迫衝動、記憶的痙攣都歸屬於特定物種，這些物種為了延續自身，若非連結在一起，就是彼此分裂，這一系列標記的意義，在於生命－死亡之生物

12 Kristeva, *Desire in Language*, p. 239.

循環的永恆回歸，除此之外別無意義。我們要如何用語言描述這種先於語言存在的、無法描述的記憶？赫拉克利特（Heraclitus）所說的流變（flux）、伊比鳩魯（Epicurus）所說的原子、猶太神祕學（cabala）的漩渦塵、阿拉伯與印度的神祕學，以及迷幻藝術帶來的點刻畫——這些隱喻似乎全都勝過了存在論、理體（logos）與其法則。[13]

在此，被壓抑的母性身體不只是多重驅動力的場域，也是生物目的論的載體，如此觀點在早期西方哲學、非西方之宗教信仰與宗教實踐、精神失常或接近精神失常的狀態產出的美學表達，甚至前衛的藝術實踐中，似乎都是不證自明。但是，我們為什麼會預先假定這些不同的文化表達都會展現同一種母性異質性的原則呢？克莉絲蒂娃直接把這些文化時刻都劃分到同樣的原則之下。因此，符號界代表的是為了取代理體而付出的所有文化努力（奇怪的是，她把理體拿來和赫拉克利特的流變做比較），其中理體代表的是單一意義的意符，也就是身分認同的法則。她把符號界與象徵秩序拿來做比較，並簡化成了形上學的爭論：逃脫了非矛盾式指控的多重性原則和奠基於該多重性的身分認同原則之間的爭論。奇怪的是，克莉絲蒂娃在文本中處處維護的多重性原則，其運作方式和身分認同原則幾乎差不多。我們要特別留意的是，所有類型的「原始」事物與「東方」如何被概括劃定至母親身體的原則之下。毫無疑問，她的論述不但有理由被指控為東方主義，還引發了此一重要疑問：多重性是否已經變成了一種單一意義的意符？

克莉絲蒂娃為母性驅動力賦予了目的論的目標，這些驅動力的存在又比它們在語言或文化中的建立更早出現，導致人們對她的政治構想提出了許多疑問。雖然她在這些符號界的表達中，清楚地看見了挑戰父系律法異質性的顛覆潛力與破壞潛力，但是，是什麼構成了這些顛覆就顯得沒那麼清楚了。如果我們認為律法位於某種建構的基礎之上，而律法之下潛伏著受壓抑的母性領地，這樣的揭示會造成哪些具體的文化選擇從文化脈絡中浮現出來呢？表面上看來，與母性原欲經濟相互連結的多重性有力量消解父權意符的單一意義特性，似乎還可以創造出一種可能性，使其他文化表達不再受到非矛盾律法的嚴格限制。但這種顛覆行為是一個指稱場域的開端嗎？又或者是在展現一種生物仿古

13 同前註，一三九頁。

主義，會根據自然的、「先於父權存在的」因果運作？若克莉絲蒂娃認為前者為真（事實上她並不這麼想），那她感興趣的應該會是父系律法的換置，並以文化可能性的擴增範圍來取代。但取而代之的，她卻指定要回歸到母性異質性的原則，此原則是個封閉的概念，更確切來說，是單線發展、單一意義的目的論所限制的異質性。

克莉絲蒂娃把生產的慾望理解為物種慾望（species-desire），是集體且古老的女性原欲驅動力的一部分，這種驅動力建構了一個不斷重複出現的形上學現實。克莉絲蒂娃在此具體化了母性，接著推廣這種具體化是符號界的破壞潛力。因此，當父系律法被理解為單一意義指稱的基礎時，父系律法就會被同樣單一意義的意符取代，也就是母親的身體，它會無視於自身展現的「多重性」，在目的論中維持一樣的自我認同。

克莉絲蒂娃把這種母性本能概念化，使之獲得先於父系律法存在的本體論地位，就這點而言，她沒有考慮到對於父系律法壓抑的那一個慾望來說，父系律法很可能就是慾望的**成因**。這些慾望並沒有表現出先於父權的因果性，而是證實了母性是一種親屬關係所需要、且不斷重演的社會實踐。克莉絲蒂娃接受了李維史陀的分析：女性交換是鞏固親屬連結的先決條件。不過，她將這種交換理解為母親身體被壓抑的文化時刻，而不是在文化上把女性身體強制**建構成**母性身體的機制。事實上，我們可以把女性交換理解成一種強加在女性身體上的強制生產義務。根據魯賓對李維史陀的解讀，親屬關係會影響到「性傾向……的形塑」，譬如生產的慾望其實來自於需要這種慾望並製造這種慾望的社會實踐，為的是達到繁衍目的。[14]

那麼，克莉絲蒂娃是以什麼為基礎，在女性身體於文化中出現之前，就將母性目的論歸因於女性身體呢？用這種方式提出問題，也就是在質疑象徵秩序與符號界之間的差異，她認為這是母親身體概念的先決條件。克莉絲蒂娃主張，母親身體在原初的指稱中，是先於指稱本身而存在的；因此，在她的論述框架中，我們不可能把母性本身視為對文化多樣性開放的一種指稱。她的論述清楚指出，母性驅動力構成了必然會被語言壓迫或昇華的原初過程。但是，或許她的論點可以在更加全面的框架中被重新塑造：語言的何種文化型態，或者更確切地說，**論述**的何種文化型態，會產生先於論述存在的原欲

14 Gayle Rubin, "The Traffic in Women: Notes on the 'Political Economy' of Sex," p. 182.（詳見第二章註4）。

多重性的比喻？目的又是什麼？

克莉絲蒂娃把父系律法限定為某種禁制或壓抑的功能，因此沒能理解產生了情感本身的父權機制。據稱壓抑了符號界的律法，很可能正是管控符號界本身的原則，如此一來，被稱為「母性本能」的事物很可能是文化建構的慾望，而我們藉由自然主義的詞彙詮釋這種慾望。如果那種慾望的建構基礎，是一套需要異性戀情慾進行生產與再生產的律法，那麼自然主義的詞彙就能有效地讓「父系律法」無法被看見。對克莉絲蒂娃來說，先於父權存在的因果性，似乎在自然的或特殊的母性因果性的偽裝之下，表現得像是**父系**因果性。

值得注意的是，將母親身體與其目的論描述成一種自我認同且持續的形上學原則時——此原則是一種集體的、特定性別的生物構成的仿古主義——這種描述的基礎是單一意義的女性性別概念。這裡的性別會同時被視為具有原初性與因果性，展現出純粹的生產原則。事實上，對克莉絲蒂娃來說，它等同於**詩意**本身，在柏拉圖的《會飲篇》（*Symposium*）中，創作活動被奉為既是一種生產行為，也是一種詩的構思行為。[15]但是，女性生產力真的是一種沒有原因的成因（uncaused cause）嗎？女性生產力是否開啟了敘事，把全人類都放到了亂倫禁忌的影響力之下與語言之中？克莉絲蒂娃所說的、先於父權存在的因果性，是否意指了一種歡愉與意義的原初女性經濟？我們能否反轉這種因果性的秩序，並把此種符號界經濟理解為一種先於話語存在的生產？

《性史》第一卷最後一章中，傅柯提醒我們留意，不要把性別類別（category of sex）當作一種「假想的整體單位……〔與〕因果原則」，並主張這種性別的假想整體會推動因果關係的反轉，以至於「性」被理解為慾望的結構與意義的成因：

> 「性別」的概念使得我們有可能以人為的整體單位，把解剖學元素、生物學功能、行為、感官與歡愉集結在一起，也使得我們可以把這種假想的整體單位當作一種因果原則、一種無所不在的意義來使用：因此性別的功能可以是一種獨

---

15 參見柏拉圖《會飲篇》（209a: Of the "procreancy ... of the spirit"），他在此處指出這是詩人的特殊能力。因此，詩的創作被理解為經過昇華的生產慾望。

特的意符與一種普遍的意指。16

對傅柯來說，在身體於話語中被決定、並透過此話語被賦予了天然性別或基礎性別的「概念」之前，身體無論從何種重要意義上來說，都沒有受到「性別化」（sexed）。唯有在權力關係的脈絡中，身體才會在話語中獲得意義。性傾向（sexuality）是一種在歷史上融合了權力、話語、身體與情感的特定系統。按照傅柯的理解，性傾向會把「性別」（sex）製造成一種人為打造的概念，此概念會延伸與偽裝那些製造出此概念的權力關係。

傅柯的論述框架指出了一條道路，可以解決克莉絲蒂娃的女性身體觀點當中所衍生的部分認識論難題與政治難題。我們可以把克莉絲蒂娃對於「先於父權存在的因果性」的主張，理解為一種根本的反轉。克莉絲蒂娃假定母親身體是先於話語的存在，會在驅動力的結構中運用自身的因果力量，而傅柯無疑將主張，「母性身體的話語產物是先於話語的存在」是種戰略，讓製造了母親身體比喻的特定權力關係能放大自身與隱藏起來。在這些脈絡中，母親身體再也不會被理解為所有指稱的隱藏基礎、所有文化的未言明成因。取而代之的，母親身體會被理解為性傾向系統帶來的影響或結果，在該系統中，母親身體必須假定母性是自身的本質，也是自身慾望的法則。

若接受了傅柯的框架，我們就會被迫把母性原欲經濟描述成性傾向這個歷史上的特定系統所帶來的某種產品。此外，本身就充滿了權力關係的性傾向語言，會變成先於話語存在的母性身體比喻的真正基礎。克莉絲蒂娃的論述遭到徹底反轉：**象徵秩序**和符號界不再被詮釋成母性原欲經濟的壓抑或表達所帶來的那些語言面向。取而代之的，母性原欲經濟被理解成一種具體化，同時延伸與隱匿了母職制度，將此制度強加在女人身上。事實上，當維持母職制度的慾望遭到價值轉變，成為先於父權存在也先於文化存在的驅動力時，母職制度就會在女性身體的不變結構中獲得永久的正當性。明確的父系律法准許並要求女性身體主要以生產功能做為特徵，這樣的律法銘刻在女性身體上，成為其自然需要的法則。克莉絲蒂娃捍衛生物學上必要的母性法則，認為此法則是一種先於

16 Michel Foucault, *The History of Sexuality, Volume I: An Introduction*, trans. Robert Hurley (New York: Vintage, 1980), p. 154.

父系律法存在的顛覆運作，她因此助長了系統性製造出父系律法之不可見性的過程，也助長了父系律法具有不可避免性的幻覺。

由於克莉絲蒂娃劃地自限於父系律法專有的禁制概念中，所以她無法解釋父系律法如何以自然驅動力的形式**創造出**特定慾望。她想描述的女性身體，就是由女性身體應該要破壞的父系律法所產生的概念。雖然我對克莉絲蒂娃所描述的父系律法概念提出了這些批判，但這不一定會無效化她的整體立場：文化或象徵秩序的建立前提是否定女性身體。不過我想指出，無論是任何理論，只要主張指稱的前提是對女性原則的否認或壓抑，此理論就應該要考慮到，女性特質（femaleness）是不是真的位於壓抑女性特質的文化常規之外。換句話說，就我的解讀而言，對陰性本質的壓抑並不需要壓抑的能動力與被壓抑的對象有著本體論上的區別。事實上，壓抑所否定的事物也可以是壓抑本身製造出來的事物。這樣的製造過程很有可能詳細闡述了壓抑本身的能動力。正如傅柯清楚說明的，壓抑機制在文化上是矛盾的，同時具備禁制性和生成性，這使得「解放」的議題更加急迫。擺脫了父系律法鐐銬的女性身體，很可能其實是父系律法的另一種化身，此一女性身體雖然展現出顛覆的姿態，卻會在運作過程中幫助父系律法放大自身與隱藏起來。為了避免壓迫者以受壓迫者的名義獲得解放，我們必須考慮父系律法的完整複雜性與細微之處，也必須消除這種我們以為真正的身體能超越父系律法的幻覺。如果顛覆是可能的，那麼這種顛覆必定來自於父系律法的框架，在父系律法背叛自身、產出預料之外的自身置換時出現。接著，文化建構的身體會被解放，但既不是被解放到它的「自然」過去狀態，也不是被解放至它的原初歡愉中，而是被解放至充滿了文化可能性的開放未來。

二、傅柯、巴賓和性別不連續性的政治

傅柯的系譜學批判提供了一種批判方法，可以應用在把性傾向的文化邊緣型態塑造成某種文化上不可理解之概念的拉岡式理論與新拉岡式理論。傅柯寫作時，他對解放的愛欲（liberatory Eros）這個概念已經幻滅了，他認為性傾向（sexuality）充滿了權力，並針對那些主張性傾向是先於律法或後於律法存在的理論提出了批判式觀點。然而，若認真思考傅柯批判性別類別與性傾向權力體制的文本範例，我們會清楚發現，他自己的理論同樣沒有承認解放的概念，而事實證明了這種不承認的態度已經愈來愈難維持下去，就算在他自己使用的嚴苛批判架構下也一樣。

傅柯為十九世紀法國雙性人赫克林・巴賓（Herculine Barbin）的日記寫過一篇簡短但重要的引言，從某些方面來說，傅柯在《性史》第一卷提出的性傾向理論和該引言內

容互相矛盾。赫克林出生時被認定的性別是「女性」。她／他在二十多歲時向多位醫師與牧師做了一系列的坦白與告解，被迫在法律上將她／他的性別改成男性。這本傅柯出版的合集裡，除了有他宣稱是他找到的日記，也附上一些醫療文件與法律文件——決定赫克林「真正」性別的依據，還附上了德國作家奧斯卡．帕尼薩（Oscar Panizza）的諷刺短篇故事。傅柯為這本合集的英文譯本撰寫了一篇引言，在其中提出疑問，質疑「真正的性別」此一概念是否必要。一開始，這個問題似乎很符合他在《性史》第一卷結語中，針對「性別」類別提出的批判系譜學。[17]不過，這些日記與引言卻提供了一個機會，能讓我們注意到，傅柯對赫克林的解讀與他在《性史》第一卷的性傾向理論相悖。雖然他在《性史》主張性傾向和權力是共存的，卻沒有清楚辨認出那些同時建構與指責了赫克林性傾向的權力關係。事實上，他似乎把赫克林的歡愉世界浪漫化成「沒有身分的快樂邊境地帶」（xiii），一個超越了性別類別與身分類別的世界。在赫克林的自傳文體中，再次出現了有關性差異的論述與性別的類別，這引領我們以不同的方式解讀赫克林的文本，不同於傅柯對其文本的浪漫化挪用與拒絕。

在《性史》第一卷，傅柯主張「性別」（sex）的單一意義結構（一個人就是他／她的性別，因此不會是另一個性別）(A)是為了讓社會規範與控制性傾向而產生出來的，並且(B)隱藏並人為統合了一系列不同且無關的性別功能，接著(C)做為話語中以**成因**的姿態出現，是一種內在本質，以性別獨具的方式同時生產與表達感官、歡愉與慾望的所有可理解形式。換句話說，身體的歡愉並不只是依據因果性簡化成這種表面上只有單一性別的本質，且很容易被解釋成這種「性別」的展現或符號。[18]

為了對抗這種把「性別」視為具有單一意義與因果性的虛假結構，傅柯提出了一套

---

17 Michel Foucault, ed., *Herculine Barbin, Being the Recently Discovered Memoirs of a Nineteenth Century Hermaphrodite*, trans. Richard McDongall (New York: Colophon, 1980), originally published as *Herculine Barbin, dite Alexina B. presenté par Michel Foucault* (Paris: Gallimard, 1978). 所有引用都來自該書的英文版本與法文版本。

18 「『性別』的概念使得我們有可能以人為整體單位，把解剖學元素、生物學功能、行為、感官與歡愉集結在一起，也使得我們可以把這種假想的整體單位當作一種因果準則。」傅柯《性史》第一卷一五四頁。參見引用了此篇章的第三章第一節。

反轉的話語，把「性別」視為**結果**，而非起源。「性別」原本被視為身體歡愉的原始成因、持續成因與指稱，他為了取代性別，提出了把「性傾向」視為一種開放的、複雜的、屬於話語與權力的歷史系統，此系統會製造出「性別」這個不當用詞做為策略，去隱藏、進而長久延續各種權力關係。長久延續與隱藏權力的其中一種方式是，在權力與性之間建立外在的或具有任意性（arbitrary）的關係，此處的權力會被視為某種壓迫或支配，而性會被視為一種勇敢但受到阻撓的能量，等待釋放或真誠的自我表達。使用這種律法系統的過程，就是在假定權力和性傾向之間的關係並非僅在本體論上截然不同，而且權力運作時總是會、也只會征服或解放那毫髮無傷的、自給自足的、並非權力本身的性。「性」受到這樣的本質化時，將在本體論上免於受到權力關係與自身歷史性的影響。因此性傾向的分析會崩解至「性」的分析中，所有針對「性」這個範疇本身的歷史生產提出的質問，都會被這種反轉的、偽造的因果性排除掉。根據傅柯的論述，「性」不但必須在「性傾向」的框架中接受重新脈絡化，司法權力也必須被重新設想成一種由生產權力製造出來的結構，而生產權力則會反過來隱藏自身的生產機制：

性的概念帶來了一種根本的反轉；它使我們有可能倒置權力與性傾向的關係之呈現，使性傾向**不去展現出它和權力之間那種必要的、正向的關聯**，而是展現出它被根植於一種特定的、不可簡化的急迫中，而權力正傾盡全力試圖支配這種急迫性。（一五四頁）

傅柯在《性史》中明確地表明立場，反對解放的或自由主義的性傾向模型，原因在於這些模型支持的司法模型並不承認「性」的歷史產物是一種範疇，是權力關係帶來的、令人困惑的「結果」。他與女性主義的表面問題似乎也在此浮現：依據傅柯的觀點，女性主義分析的出發點是性的範疇，因此也是一種對性別的二元限制，但他自己的研究是在質疑「性」的範疇與性別差異如何在語言中被建構成某種身體身分認同的必要特徵。他認為從某些層面來說，建構了女性主義解放模型的司法法律模型，假定了解放的主體——「性別化的身體」——並不是需要批判解構的事物本身。正如傅柯曾針對某些人道主義監獄改革提出的見解，被解放的罪犯所遭受的束縛或許比人道主義者原本以為的更嚴峻。對傅柯來說，被性別化代表的就是成為一整套社會常規的規範對象，允許控制這些規範的律法成為一個人在性、性別、歡愉與慾望方面的發展原則，同時也成為解讀自我時的詮釋原則。性的範疇因此不可避免地受到管控，所有以性的範疇做為前提的分析，都會不加批判地擴展並進一步正當化那做為權力／知識體制的管控策略。

傅柯在編輯與出版赫克林．巴賓的日記時，顯然試圖展現出雙性人或間性人的身體是如何隱晦地揭露並否認了性別範疇的管控策略。由於他認為「性」連結了原本沒有必然關係的身體功能與身體意義，所以他預設「性」的消失會使這些功能、意義、器官、軀體與生理學過程出現令人愉快的分散，並使二元關係中單一意義性別所強加的可理解框架之外的歡愉出現增殖。根據傅柯的論述，在赫克林所處的性的世界中，身體的歡愉不會馬上把「性」意指成原初的成因與最終的意義；他主張在那個世界裡，「看不到貓，但看得見掛在虛空中的微笑」（xiii）＊。事實上，這些歡愉顯然超越了那些加諸於歡愉上的管控，在這裡我們可以看到，傅柯在情緒上沉溺於解放話語的概念中，此概念正是他在《性史》的分析中試圖換置的事物。依據這個解放的傅柯式性政治模型，推翻「性」所帶來的結果，就是解放原初的性多重性，此概念和原初多態性的精神分析假定或馬庫色的想法相去不遠——馬庫色認為具有創造力的原初雙性愛欲會在出現後被工具主義取向的文化壓抑。

傅柯在《性史》第一卷與《巴賓備忘錄》引言的立場有所差異，事實上，我們可以在《性史》中找到這種未解的衝突（他在書中提到了在實施各種管控策略之前存在的、跨代的性交換所帶來的「田園式的」、「純真的」歡愉〔三十一頁〕）。一方面，傅柯企圖主張，只要是「性」**本身**就一定是由話語和權力的複雜相互作用製造出來的，但似乎又有一種「歡愉的多重性」**本身**不受任何特定話語／權力交易影響。換句話說，傅柯引用了一種先於話語存在的原欲多樣性做為比喻，這種比喻實際上假定了一種「先於律法存在」、在「性」的鐐銬中等待被解放的性傾向。另一方面，傅柯又公開指出，他認為性傾向與權力同時存在，絕不能認為我們對性說「是」的時候，就代表我們是對權力說「不」。在他的反司法與反解放模型中，傅柯「公開」主張性傾向總是處於權力的矩陣中，總是在話語和體制的特定歷史實踐中被產出與建構，而訴諸於先於律法存在的性

* 譯按：此處指的是《愛麗絲漫遊奇境》中的柴郡貓。

傾向，其實是解放式性政治的幻覺與共謀的妄想。

赫克林的日記提供了一個機會，讓我們能解讀傅柯的自相矛盾，或者更適切的說法是，讓我們能揭露這種針對性自由的反解放呼籲在結構上的矛盾。赫克林在該書中被稱做亞利西娜（Alexina），她／他描述了自己經歷的悲慘困境，她／他在生活中遭遇了不公迫害、欺騙、渴望與無可避免的不滿。她／他描寫道，打從她／他還是個小女孩開始，就和其他女孩不同。在日記中，這種差異使得她／他在焦慮與自大的狀態之間來回交替，但在法律變成日記中的明確角色之前，這種差異只是一種內隱知識（tacit knowledge）。雖然赫克林沒有在日記中直接描述自身身體特徵，但傅柯隨著赫克林日記附上的醫學報告指出，赫克林擁有的器官可被稱作小型陰莖或較大的陰蒂，應該是陰道的地方則出現了醫師所謂的「直腸子宮陷凹」（cul-de-sac），此外，她似乎並沒有可以識別的女性乳房。她／他似乎有某種程度的射精能力，這是醫療文件中沒有完整描述到的。赫克林從來沒有直接提到自己的身體在解剖學方面的特徵，但將自身困境描述為一種自然錯誤、形上學的無家可歸、一種慾望永不滿足的狀態以及極端的孤獨感，這些感受在她／他自殺之前轉變成為滿腔怒火，憤怒對象一開始是男人，而後轉向整個世界。

赫克林簡略描述了她／他與學校其他女孩之間的關係、與修道院「修女媽媽」之間的關係、與後來變成愛人的莎拉（Sara）之間的強烈依戀關係。赫克林一開始因為罪惡感而飽受折磨，後來又苦於不知名的生殖器疾病，於是把自己的祕密先後告訴了一位醫師與一位牧師，一系列的坦白最後迫使她／他離開了莎拉。政府當局推動並授予了她／他在法律上轉變為男性身分，她／他因此有法律上的義務穿男人的衣服，並在社會中行使男人的各種權力。赫克林的日記以多愁善感的語調寫成，傳達著永恆的危機感，最後以自殺作結。我們也主張，在亞利西娜於法律上轉變成男人之前，她／他能在律法與規範上免於「性」範疇帶來的壓迫，自由地享受各種歡愉。事實上傅柯似乎認為，這份日記提供的觀點，恰恰描述了在行使單一定義的性別律法之前存在的、不受規範的歡愉場域。然而，此番解讀卻建構出了一種對歡愉的根本誤解，事實上，那些歡愉已經深植在普遍使用但又沒有言明的律法中，歡愉其實正是由它們要挑戰的律法所產生的。

我們應該要拒絕這樣的誘惑：把赫克林的性傾向浪漫化，變成一種比「性」的強制規定更早存在的烏托邦式歡愉遊戲。不過，我們還是可以提出另類的傅柯式問題：哪些社會實踐與社會慣例會用這種形式產生性傾向？我認為我們探索這個問題時有機會理解：(A)權力的生產能力——也就是管控策略如何生產這些策略未來要征服的主體；(B)在這種自傳式敘事中，權力生產性傾向的特定機制。當我們摒棄具象化多重性傾向的形上學、在赫克林的案例中探詢那些生產與規範了溫柔親吻的具體敘事結構與政治和文化上的慣例、四散的歡愉、在赫克林的世界中受挫且越界的刺激，我們將以嶄新的角度看待性別差異的問題。

許多權力矩陣在赫克林與她／他的伴侶之間製造了性傾向，這些矩陣中顯然也有女同性戀傾向的慣例，修道院與其宗教理念同時鼓勵與限制這種慣例。我們對赫克林的其中一個了解是她／他有大量閱讀的習慣，她／他在十九世紀接受的法國教育包括學習古典作品與法國浪漫主義，由此可知，她／他的敘事發生在一套已確立的文學慣例之下。事實上，這些慣例為我們製造與詮釋的，正是傅柯與赫克林認為存在於慣例之外的性傾向。在赫克林的日記中，對於不可能之愛的浪漫感性描述似乎製造了各種慾望與折磨，同樣的書寫模式也出現在命運多舛的基督聖徒傳說、主角具有自殺傾向的雌雄同體者的希臘神話，以及顯而易見的、基督本身的形象。無論是「先於」律法存在的多重性傾向，還是「外在於」律法的非自然逾矩行為，這些定位必定都會落在生產了性傾向的話語「之中」，再透過位於文本「之外」的、充滿勇氣與反叛精神的性傾向，隱藏這種生產。

而此文本的持續誘惑，是在解釋赫克林與年輕女孩的性關係時，訴諸於她／他在生物二元性中的陽剛面向。若赫克林渴望女孩的話，那麼或許就是一種證據，能證明荷爾蒙結構、染色體結構或解剖學上的無孔陰莖之存在，能代表一種更加離散的陽剛性別，接著此一性別會製造出異性戀的能力與慾望。歡愉、慾望、行為——這些事物從某種意義上來說，都起源於生物學上的身體，不是嗎？難道我們不能把這種起源理解為此身體在因果性方面的必須事物，同時又將之理解為性別特有的表達嗎？

或許正因為赫克林的身體是雙性的，所以要在概念上切分她／他的原初性別特徵，以及她／他的性別身分（順帶一提，她／他對自身性別的感知一直在改變，一點也不明確）與她／他的慾望的方向和對象，相當困難。她／他自己在日記中多處假定，自己是因為身體而產生了對性別的困惑與越界的歡愉，就好像這兩者都是位於自然／形上學秩序之外的本質所導致與呈現的事物一樣。但是，與其把她／他的異常身體理解為她／他的慾望、困擾、戀情與困惑的成因，我們不如把這個已經被徹底文本化的身體，理解為某種象徵，代表了單一意義性別的司法論述所製造的無解矛盾。我們無法像傅柯期望的那樣，在單一意義的所在之處發現多重性；取而代之的，我們要面對的是一種由禁制律法製造出來的致命矛盾，儘管這種矛盾帶來的結果是分散的快樂，但也在最後導致了赫克林自殺。

赫克林的敘事充滿了自我揭露，本身就是一種坦白之下製造出來的自我產品，若跟隨著這種自我揭露，我們就會發現，她／他的性意向從一開始就是矛盾的，她／他的性傾向重新描述了其產生的矛盾結構，其中部分可以解釋為一種制度上的命令，要求她／他去追求修道院大家庭中的「修女姊妹」（sisters）與「修女媽媽」（mothers）的愛，也絕對禁止她／他把這種愛延伸得太遠。傅柯在無意間指出，是歷史上的特定性傾向形成過程，使得赫克林的「沒有身分的快樂邊境地帶」變成可能，也就是「她與世隔絕，幾乎只有女人陪伴」。傅柯把這種經歷稱為「怪異的幸福」，在傳統的修道院規範中，這種幸福「既是強制的，也是被禁止的」。他在這裡清楚地指出，這種由情慾禁忌建構而成的同性戀環境正隱晦地推動「沒有身分的快樂邊境地帶」。接著，傅柯又巧妙地撤回了自己原先對於赫克林參與了女同性戀慣例的暗示描述，堅持起作用的是「沒有身分」，而不是各種女性身分。讓赫克林占據「女同性戀」的論述位置，也就等於讓傅柯把性的範疇納入其中——這正是傅柯希望赫克林的論述能說服我們拒絕接受的。

但或許，傅柯希望同時顧及這兩個面向；他確實想含蓄地暗示，「沒有身分」是在同性戀脈絡中產出的——換句話說，同性戀傾向有助於推翻性別的範疇。在下面這段傅柯對赫克林之歡愉的描述中，請特別留意性的範疇是如何在同時被調用與拒絕的：學校與修道院「推動了溫柔的歡愉，這是沒有性別身分的人在眾多相似的身體中迷失時，會發現與激發的歡愉」（xiv）。傅柯在此假設，「沒有身分的快樂邊境地帶」取決於這些身體的相似性，這是一個在歷史上與邏輯上都令人難以接受的表述，也不足以充分描述赫克林的狀況。修道院中的年輕女性之間出現性遊戲的條件，是因為她們注意到了彼此的相似性嗎？又或者是禁止同性戀傾向的規定以情色化的方式存在，才在強制的懺悔模式中製造出了越界的歡愉？就算在這種表面上的同性戀脈絡中，赫克林仍舊維持著她／他的性差異論述：她／他注意到她／他與自己所渴望的其他年輕女性不同，也享受這種不同，而且這種差異不只是慾望的異性戀矩陣製造出來的簡單複製品。她／他知道她在性別交換中占據的位置是超越的，用她／他的話來說，她是陽剛特權的「篡位者」，她／他也知道就算自己複製了特權，同時也是在挑戰特權。

篡位的語言顯示，她／他參與的範疇，同時也是她／他不可避免地感到疏遠的範疇，還顯示了此範疇一旦與假定的性別固定性失去了因果關係或表徵關係，就會出現去自然化與流動的可能性。雖然赫克林的解剖特徵並非存在於性的範疇之外，但她／他的解剖特徵會混淆這些範疇的建構元素，並出現重新分配；事實上，任由這些屬性自由發揮帶來的結果是揭露了性的虛幻特質：我們假定這些屬性依附於某種持久的實在基礎，而性做為這種實在基礎，便具有虛幻的特質。此外，赫克林的性傾向構成了一系列的性別超越，挑戰了異性戀與女同性戀性慾交換之間的差異，強調了這兩者模糊不清的趨同與再分配。

但是，我們似乎不得不提出問題：就算是在話語建構成的性別模糊層面，難道沒有一些「性」的問題，或者更準確的說，一些性與「權力」之間的關係帶來的問題，會對性別範疇的自由發揮設下限制嗎？換句話說，當自由發揮被設想成一種先於話語存在的原欲多重性，或設想成話語建構的多重性時，這種自由發揮有多自由呢？傅柯最初反對性別範疇的原因是，性別範疇把一體的、單一意義性的假象，強加於一組在本體論上彼此不相干的性功能與元素之上。傅柯採用的是類似盧梭的做法，他建構了人造文化規則的二元性，削弱並扭曲了我們很可能會理解為**自然**異質性的事物。赫克林則把自己的性傾向描述為「天性與理性之間的持續掙扎」（一〇三頁）。然而，只要粗略檢視這些彼此不同的「元素」，就會發現它們被徹底醫學化成了「功能」、「感官」，甚至「驅動力」。因此，傅柯訴諸的異質性本身，就是由他定位成壓抑社會律法的醫學話語建構出來的。但傅柯似乎如此看重的異質性是什麼？它的目的又是什麼？

如果傅柯主張性別的無身分是在同性戀脈絡中被推動的，那麼他似乎也會認為建構出了身分的正是異性戀脈絡。我們已經知道，他把性的範疇與身分的範疇概括理解為規範性別制度的結果與手段，但我們仍不清楚，這種規範的特性是生產力、異性戀或其他事物。這種性傾向的規範會在對稱的二元關係中產出男性身分與女性身分嗎？如果同性戀傾向產出了性別的無身分，那麼同性戀傾向本身就不會再依賴「身分彼此**相似**」這樣的身分基礎；事實上，同性戀傾向再也不能被如此描述了。但是，如果同性戀傾向原本就應該被指定在一個**不可命名的**原欲異質性的位置，那麼或許我們可以提問：這是不是一種無法被說出名字或不敢被說出名字的愛？換句話說，儘管傅柯只做過一次有關同性戀的訪談，在自己的作品中也一直都很抗拒自白的時刻，他仍毫不害臊地用說教的態度，把赫克林的自白呈現在我們面前。這是不是一種經過換置的自白？是不是假定他與她的人生之間有著連續性或相似性？

傅柯在此書法國版的封面上寫道，普魯塔克（Plutarch）認為傑出者的生命結構**彼此相似**，某種層面來說，他們的生活都沿著無限的時間線前進，最後於永恆中交會。他指出，有些人的生命會偏離無限的時間線，有可能會消失在永遠也無法挽回的模糊不清之中——這些人的生命沒有沿著「直線」軌跡前進，沒有進入偉大的永恆社群，而是偏離了軌道，變得徹底無法挽回。「那和普魯塔克的想法恰恰相反，」他寫道，「那些生命處在相似的點上，沒有任何事物能把這些生命帶回到一起。」（我自己譯的）此文本在這裡清楚表明了赫克林與亞利西娜這兩個名字的分裂，前者是她／他採用的男性的名字（雖然名字帶有微妙的陰性字尾），後者指的則是女性狀態的赫克林。但是，此文本在這裡指涉的也是赫克林與其愛人莎拉，他們兩人確實彼此分離，也各自踏上了截然不同的道路。或許從某種意義上來說，赫克林和傅柯同樣彼此對應，他們的對應之處在於兩人的生命軌跡都是偏離的，無論從哪個層面來看，都沒有遵循所謂的「直線」。事實上，或許赫克林與傅柯的對應之處不在於任何字面意義，而在於他們同樣反抗字面意義，尤其是「性的範疇」的字面意義。

傅柯在引言中指出，從某種層面來說有些身體彼此「相似」，但他忽略了赫克林的身體具有雙性特徵，也忽略了她／他呈現的自我並不是她／他想要的樣子。事實上，在經過某種形式的性交流後，赫克林使用了占有的、勝利的語言，公開聲明莎拉永遠都是她的所有物：「從那一刻起，莎拉就屬於我了……!!!」（五十一頁）既然傅柯想使用此文本做出這樣的主張，他又為什麼要反抗此文本呢？在傅柯做的那次關於同性戀的訪談中，訪談者詹姆斯．歐希金（James O'Higgins）指出，「在美國的知識分子圈中，尤其是基進女性主義者，人們愈來愈傾向於把男同性戀與女同性戀區分開來」，他認為人們抱持這兩種立場，就表示在男女同性戀的交往中，他們的身體感受截然不同，女同性戀者比較偏好單一伴侶制，男同性戀通常並非如此。傅柯哈哈大笑，訪談以中括號記錄下「〔大笑〕」，接著他說：「聽到這種話，我只能捧腹大笑。」[19]我們或許還記得，傅柯閱讀波赫士（Borges）也同樣如此大笑過，此事記錄於《事物的次序》（*The Order of Things* [*Les mots et les choses*]）序言：

> 這本書一開始源自波赫士的文章，我讀到那篇文章時不禁哈哈大笑，這陣大笑粉碎了我思想中所有熟悉的座標……打破了所有井然有序的表象與平面，我們習慣用這些表象與平面來馴化混亂而複雜的現存事物，並在許久之後仍持續干擾與威脅要打破**同一**（the Same）與**他者**（the Other）之間存在已久的差異。[20]

想當然爾，這段話出自於混淆了亞里斯多德對普遍範疇與特定範例之區分的中國百科全書。除此之外，還有皮耶．希維耶赫（Pierre Rivière）的「粉碎性笑聲」，希維耶赫用謀殺毀滅了他的家庭，對傅柯來說，或許希維耶赫毀滅的是家庭這個**概念**，這種毀滅幾乎全然否定了親屬關係的範疇，並且進一步否定了性的範疇。[21]接著，當然還有如今十分著名的巴塔耶（Bataille）的笑聲，德希達在《書寫與差異》（*Writing and Difference*）告訴我們，這種笑聲代表的是某種從黑格爾辯證的概念控制中逃離的超脫。[22]傅柯之所以會大笑，似乎正是因為該問題建立了他希望能取代的二元性、**同**一與**他者**之間的沉悶二元性，這種二元性不但阻撓了辯證的傳承，也阻撓了性的辯證。此外，當然還有梅杜莎（Medusa）的笑聲，伊蓮．西蘇告訴我們，梅杜莎的笑聲粉碎了石化凝視建構的表面，揭露了**同一**與**他者**的辯證是藉由性差異的軸線而發生。[23]赫克林用一種具有自我意識、與梅杜莎傳說呼應的方式寫道，「我冰冷專注的凝視似乎凍結

---

19 "Sexual Choice, Sexual Act: Foucault and Homosexuality," trans. James O'Higgins, originally printed in *Salmagundi*, Vols. 58-59, Fall 1982–Winter 1983, pp. 10-24; reprinted in *Michel Foucault, Politics, Philosophy, Culture: Interviews and Other Writings, 1977-1984*, ed. Lawrence Kritzman (New York: Routledge, 1988), p. 291.

20 Michel Foucault, *The Order of Things: An Archaelogy of the Human Sciences* (New York: Vintage, 1973), p.xv.

21 Michel Foucault, ed., *I, Pierre Rivière, Having Slaughtered My Mother, My Sister, and My Brother: A Case of Parricide in the 19th Century*, trans. Frank Jellinek (Lincoln: University of Nebraska Press, 1975), originally published as *Moi, Pierre Rivière ayant* égorgé *ma mère, ma soeur et mon frère* ... (Paris: Editions Gallimard, 1973).

22 Jacques Derrida, "From Restricted to General Economy: A Hegelianism without Reserve," in *Writing and Difference*, trans. Alan Bass (Chicago: University of Chicago Press, 1978), originally published as *L'Ecriture et la différence* (Paris: Editions du Seuil, 1967).

23 參見西蘇的〈The Laugh of Medusa〉（*New French Feminisms*）。

了」（一〇五頁）回望的人。

想當然爾，揭露了同一與他者的辯證是虛假二元結構的人，當然是伊瑞葛萊，這種虛假的結構是一種對稱差異的錯覺，鞏固了陽具中心主義的形上學經濟，也就是同一的經濟。從伊瑞葛萊的觀點來看，**他者**與**同一**都是陽剛的；**他者**只是陽剛主體的負面闡述，帶來的結果是女性性別的無法描述——也就是說，在這個表意經濟中，女性是一個不算性別的性別。但就算從女性性別逃避了象徵界特有的單一意義指稱，女性也同樣不是性別，因為女性並不是真實的身分，對於使得女性性別缺席的經濟來說，女性性別只會是、也總是一種不確定的差異關係。女性性別並不是「單一」的，女性性別在歡愉與意指的模式中是多重且分散的。事實上，赫克林的歡愉顯然具有多重性，此歡愉會因為具有多元形式，因為拒絕臣服於單一意義指稱的簡化，而可能有資格成為陰性特質的標記。

但我們也不應忘記赫克林與笑之間的關係，她／他兩度提及「笑」（laugh）一詞，第一次是他害怕**被笑**（二十三頁），第二次則是針對一位醫師的輕蔑之笑，這名醫師沒有把他發現的天生異常狀況告知合適的政府機關，在這之後，赫克林就不再尊敬他了（七十一頁）。那麼，對赫克林來說，「笑」代表的只會是恥辱或輕蔑，兩個立場顯然都和定罪的法律有關，「笑」只會是此法律工具或行使對象。赫克林並沒有離開該法律的管轄範圍；就連她／他遭到放逐一事也被理解為一種懲罰的形式。她／他在第一頁就指出，她／他的「位置並沒有被標記〔pas marquée〕在這個處處迴避我的世界中」。她／他描述了自己早期經歷的屈辱感，後來這種屈辱感先是使她／他變成了宛如「狗」或「奴隸」的忠誠女兒或愛人，而後終究在她／他被自己與他人逐出人類的領域時變成了完整且致命的形式。她／他在自殺前的那段孤獨時期宣稱自己已凌駕了男女性別，但她／他的憤怒幾乎都指向男人，過去她／他試著在與莎拉的親密關係中奪取男人的「頭銜」，如今她／他毫無節制地指控男人以某種方式禁止她／他獲得愛的可能。

論述一開始，她／他寫下了兩段只有一個句子且彼此「對應」（parallel）的段落，暗示因為失去父親而產生的憂鬱整合，她／他把這種負面情緒結構性地建構到自身的身分與慾望上，藉此延遲被拋棄帶來的憤怒。她／他先告訴我們她／他因為某些原因，在專為棄兒與孤兒設置的收容所住了數年，接著告訴我們，她／他的母親在毫無預警的狀況下，突然拋棄了她／他。她／他描述道：「這些可憐的孩子，他們打從在搖籃時就被剝奪了母愛。」她／他在下一個句子中把收容所描述為「折磨與痛苦的庇護所〔*asile*〕」，再下一句則描述她／他的父親：「突然的死亡強行帶離了他……我母親的溫柔情意。」（第四頁）雖然她／他在這裡透過同情其他突然失去母親的人，兩度轉移了自己被拋棄一事，但她／他透過這種轉移建立了自己的身分認同，這種認同後來再次出現為父親與女兒失去了母性憐愛後陷入的共同困境。當赫克林接連愛上一個又一個「修女媽媽」，之後又愛上許多修女媽媽的「女兒」，並因此使各個修女媽媽感到憤慨時，這種慾望的轉移產生了語言意義上的複合狀態。事實上，她／他不斷在兩個狀態之間搖擺不定，一是所有人愛慕和興奮的對象，二是被鄙視與拋棄的對象，這是不加干預地放任憂鬱結構自行發展所帶來的分裂結果。如果憂鬱如同佛洛伊德所說的，包含了自我指責，又如果這種指責是一種負向自戀（也就是只在責備自己的時候關注自我），那麼我們就可以理解赫克林，她／他不斷在負向自戀與正向自戀之間來回擺盪，一方面認為自己是世界上最被忽視、最被拋棄的人，另一方面又認為自己能迷倒所有遇到的人，認為自己比任何「男人」都更適合所有女人（一〇七頁）。

她／他把專為孤兒設立的醫院描述成早期的「苦難的庇護所」，而在這段敘述的結尾，她／他以比喻的形式再次遇上這間醫院，這次她／他將之稱作「墳墓的庇護所」。正如早期的庇護為她／他提供了一種與虛幻父親共有的奇妙感情交融與認同，死亡的墳墓也已經被她／他希望能藉由死亡去認識的父親占據了：「墳墓的景象使我與生命和解，」她／他寫道，「使我對於那些躺在我腳下（*là à mes pieds*）的白骨生出一種難以定義的溫柔情緒。」（一〇九頁）但這種愛被建構成一種連結，用以對抗遺棄他們的母親，這種愛本身無法淨化遺棄帶來的憤怒：「在〔她／他〕腳下」的父親早先被放大成了男性整體，她／他宣稱自己已經超越與控制了這男性整體（一〇七頁），也把這男性整體當作她／他鄙夷嘲笑的對象。她／他曾在稍早提及那位發現了她／他狀況異常的醫師：「我希望他被埋進一百呎的地底下！」（六十九頁）

赫克林此處的矛盾心理代表了傅柯「沒有身分的快樂邊境地帶」理論有其極限。在赫克林懷疑自己是不是「一個不可能之夢的玩物」時（七十九頁），幾乎也預示了她／他將為傅柯承擔的位置。赫克林的性意向從一開始就是矛盾的，正如我先前提過的，她／他的性傾向重新描述了其產生的矛盾結構，其中部分可以解釋為一種制度上的命令，要求她／他追求修道院大家庭中的「修女姊妹」（sisters）與「修女媽媽」（mothers）的愛，也絕對禁止她／他把這種愛延伸得太遠。雖然她／他的性傾向位於法律之外，但這性傾向又是法律的矛盾產物，而在這之中，**禁制**這個概念本身跨越了精神分析與制度的領域。她／他的自白與慾望既是臣服，也是挑戰。換句話說，被死亡禁止或被拋棄禁止，或同時被兩者禁止的愛，事實上會把這種禁制當作前提條件與目標。

服從社會律法後，赫克林變成了法律批准的「男人」，但這種性別的流動性卻遠少於她／他在提及奧維德（Ovid）的《變形記》（*Metamorphoses*）時暗示的流動性。她／他的論述具有語彙異質性（heteroglossic），挑戰了「人」這個概念的可行性，所謂的「人」可說是先於性別存在的，或者可以互換性別。如果她／他沒有受到他人的主動譴責，她／他就會譴責自己（她／他甚至把自己稱作「法官」〔一〇六頁〕），這揭露了社會律法對她／他在性別轉換上的影響，其實遠大於經驗法則。事實上，赫克林之所以永遠也無法具體化律法，正是因為她／他無法讓律法在解剖學的象徵結構中自然化。換句話說，社會律法不只在文化方面強加在自然異質性上；也會要求人順從律法的「自然」概念，透過身體的二元性與對稱自然化來獲得合法性，在這之中，雖然**陽具**（Phallus）顯然不等於陰莖，但仍會把陰莖拿來當作自然化的工具與象徵。

赫克林的歡愉和慾望絕對不是在社會律法執行之前，就已經蓬勃發展與迅速增生的那種田園式純真情緒。她／他也從來不曾完全脫離陽剛本質的表意經濟。雖然她／他位處於律法「之外」，律法卻把這種「之外」維持在律法之內。事實上，她／他確實體現了律法，但她／他在體現律法時的角色並非獲得頭銜的主體，而是見證律法具有不可思議能力的見證人，律法只產生絕對會因為忠誠而自己打敗自己的叛亂，只產生那些完全臣服於律法的主體，這些主體在別無選擇之下，只能重述那產生了他們的起源律法。

非科學的後記總結

在《性史》第一卷，傅柯似乎把對於身分的追求問題放在權力的司法形式脈絡中，隨著性學（包括精神分析）在十九世紀末出現，對於這種權力的描述變得更加清楚。雖然傅柯在《歡愉的用法》（*L'Usage des plaisirs*）開頭修正了他先前描述的性史學，並希望能在早期的希臘羅馬文獻中找到形塑臣服的壓抑／生產規則，但他仍持續實踐自己的哲學計畫，希望揭露身分是控制式生產帶來的結果。我們可以在細胞生物學的近期發展中找到此身分追求的當代案例，該例於無意間證明了傅柯式批判具有持續的適用性。

其中一個我們可以探究性的單一意義案例發生在一九八七年末，當時麻省理工學院的研究人員表示，他們找到了一種會對性別產生決定作用的主要基因，該基因就是性別的祕密。大衛．佩吉博士（David Page）與同事用極複雜的科技找到了這個主要基因，該基因位於Ｙ染色體的特定ＤＮＡ序列上，他們將這個基因命名為睪丸決定因子（testis-determining factor），簡稱ＴＤＦ。佩吉博士在《細胞》（*Cell*）第五十一期期刊發表了他的發現，宣稱找到了「決定性別方面所有二形特徵的二元開關」。[24]接著，讓我們一起思考研究人員對這項發現的描述，進而了解為什麼人們仍然繼續提出這些令人不安的、有關性別判定的問題。

根據佩吉的文章〈Ｙ染色體性別決定區轉譯指蛋白〉（The Sex-Determining Region of the Human Y Chromosome Encodes a Finger Protein）所述，他們從一群極為特殊的人身上採集ＤＮＡ樣本，這些人有些擁有ＸＸ染色體，但在醫學上被判定為男性，有些則擁有ＸＹ染色體，但在醫學上被判定為女性。他沒有告訴我們這些人基於何種原因被判定成與染色體相反的性別，我們只能假設這些人的第一性徵與第二性徵十分明顯，因此受到了適當的性別判定。佩吉與同事做出了以下假設：這些人身上一定有一段用普通顯微鏡看不見的DNA序列能夠決定男性的性別，而且這段DNA序列一定會從原本的位置，也就是Y染色體上被移除，跑到另一個染色體上，而研究人員通常不會預期另一個染色體上會出現此序列。若我們想理解為什麼XX男性儘管沒有可偵測之Y染色體，卻仍被判定為男性，那就必須假定：(A)這個偵測不到的DNA序列是存在的；(B)證明這個序列有改變位置的能力。同樣道理，那些女性身上之所以會有Y染色體的存在，正是因為這段DNA序列被取代了。

雖然佩吉和研究人員完成此次研究的取樣對象相當有限，但這項研究的部分依據在

24 引用自 Anne Fausto-Sterling 的〈Life in the XY Corral〉三二八頁（收錄於 Sue V. Rosser 編的Women's Studies International Forum, Vol. 12, No. 3, 1989, Special Issue on Feminism and Science: In Memory of Ruth Bleier）。本節其他引文皆來自她的文章與她引用的另外兩篇文章：David C. Page 等人的〈The sex-determining region of the human Y chromosome encodes a finger protein〉（*Cell*, No. 51, pp. 1091-1104）、以及 Eva Eicher 和 Linda Washburn 的〈Genetic control of primary sex determination in mice〉（*Annual Review of Genetics*, No. 20, pp. 327-360）。

於，有多達百分之十的人口擁有這種染色體變異，其性別無法符合XX女性和XY男性的歸類。因此他們認為，「主要基因」的發現能讓他們使用比過去的染色體準則更確切的基礎，去理解性別決定，並進一步了解性別差異。

對佩吉來說十分不幸的是，他們依據這個DNA序列的發現發表研究之後，有個問題一直困擾著他們：他們認為能夠決定男性性別的這段DNA序列，其實在女性的X染色體上也找得到。佩吉遇到此異常發現的第一反應是，宣稱這段序列決定性別的方式，或許不是在男性基因上的**存在**以及在女性基因上的**不存在**，而是在男性基因中的主動以及在女性基因中的被動（亞里斯多德又活過來了！）。但這段描述仍舊只是假設，根據安妮・佛斯托－史德林（Anne Fausto-Sterling）的說法，佩吉和同事並沒有在《細胞》的文章中提到，他們採集基因樣本的個體在解剖生理結構與生殖結構方面的狀況非常不明確。我在此引述她的文章〈XY圍欄中的生命〉（Life in the XY Corral）：

> 他們的四個XX男性研究對象全都不能生育（不會產生精子），全都擁有缺乏生殖細胞的偏小睪丸，生殖細胞也就是精子的前驅細胞。此外，這些人的

荷爾蒙濃度偏高，睪固酮濃度低下。我們可以合理推測，這些人會被分類成男性，是因為具有外生殖器與睪丸……同樣的……XY女性的外生殖器很正常，〔但〕卵巢缺乏生殖細胞。（三二八頁）

在這些案例中，性別的組成顯然並沒有達到性別範疇通常在指定性別時會採用的可辨識連貫性或一體性。這種不連貫性也使佩吉的主張陷入了困境，因為在指定男性與女性的方式受到質疑、人們隱晦地直接使用外生殖器來決定男女的狀況下，我們不清楚為什麼應該同意這些人**確實是**XX男性與XY女性的前提。事實上，如果外生殖器就足以當作決定性別或判斷性別的準則，那麼研究人員也幾乎不需要研究主要基因了。

但是，研究人員提出、測試與證實此假說的方式，還會引發另一個截然不同的問題。請特別留意，佩吉和同事把性別決定系統和男性決定因子以及睪丸決定因子合併在一起了。遺傳學家伊娃・艾赫（Eva Eicher）和琳達・L・華許本（Linda L. Washburn）在期刊《遺傳學年度評論》（*Annual Review of Genetics*）中指出，在性別決定的相關文獻中，從不會考慮到卵巢決定因子，且在概念化女性特質時，依據的總是男性決定因子的缺乏或該因子的被動。既然是缺乏的或被動的，那麼也就必定沒有資格成為研究的對象。不過，艾赫和華許本認為決定因子其實**是**主動的，而文化偏見事實上是一套關於生理性別的社會性別預先假定，這套假定也牽涉到哪些事物會使假定變得有價值，這使得性別決定系統的研究出現了偏差並受到限制。佛斯托－史德林引用了艾赫和華許本的話：

有些研究人員會過度強調Y染色體中包含了睪丸決定因子的假說，他們會把睪丸組織的細胞誘導描述為主動事件（也就是基因導向、顯性的事件），把卵巢組織的細胞誘導描述為被動事件（也就是自發的事件）。事實上，卵巢組織的細胞誘導和睪丸細胞一樣，也和其他細胞分化過程的細胞誘導一樣，都是主動的、基因導向的發展過程。過去幾乎沒有人在研究中提及基因會如何影響未分化的性腺透過細胞誘導轉變成卵巢組織。（三二五頁）

相同脈絡之下，整個胚胎學界都因為聚焦於「細胞核在細胞分化中扮演的主要角色」而受到批判。在針對分子細胞生物學界提出的女性主義批判中，以細胞核為中心的假設遭到了反對。上述研究的目標是找到一個完整分化的細胞核，把這個細胞核建立成發育完善之完整新器官的發展主控者或主導者，而另一個目標完全不同的研究計畫，則把細胞核重新設想為一種只會在細胞中獲得意義與控制的事物。根據佛斯托－史德林所說：「我們該問的問題，不是細胞核在分化期間如何轉變，而是細胞核與細胞質的動態交互作用在分化期間會如何變化。」（三二三～三二四頁）

佩吉的研究結構完全符合分子細胞生物學的普遍趨勢。該架構認為，打從一開始就應該拒絕考慮這些個體是在隱晦地挑戰現存性別範疇的描述能力；佩吉探尋的問題是，「二元開關」是如何打開的，而不是二元性別的身體描述是否能夠滿足手邊的研究目標。此外，聚焦在「主要基因」代表的是女性特質應該被理解成男性特質的存在或不存在，又或者充其量來說，女性特質應該被理解成一種被動的存在，這種特質若出現在男性身上則必定是主動的。想當然爾，在他提出這種主張的研究背景中，研究人員不會認真考慮卵巢結構對性分化造成的主動影響。此處的結論不是我們無法對性別決定做出確實的、有效的主張，而是有關男女相對地位與性別二元關係本身的文化假設，會使研究建構並聚焦在性別決定上。由於性別意義比它所獲取的文化意義更早存在，所以在那些為我們建立「性別」的生物學研究中，是性別意義建構了這些研究的意義與假設，一旦理解了這一點，我們就會發現，把性／生理性別（sex）與性別／社會性別（gender）區分開來這件事變得更加困難。事實上，等我們理解到，生物學的語言也參雜了其他種類的語言，並且會在它宣稱要探索與中立描述的研究對象中再次製造出相同的文化沉澱後，區分性／生理性別與性別／社會性別會變得更加複雜。

在佩吉與其他人決定解剖結構上模稜兩可的ＸＸ個體是男性時，這難道不是一種文化慣例嗎？難道不是這樣的文化慣例使他們把生殖器視為性的定義「符號」嗎？有些人可能認為，我們無法透過訴諸於單一決定因素，來解決這些案例中的不連續問題，而性做為一種包含了各種元素、功能、染色體因素與荷爾蒙因素的範疇，已經不在我們視為理所當然的二元框架中運作了。此處的重點，並不是訴諸於一些例外現象或怪異狀況，只是為了相對化那些為了正常性別生活而做出的主張。然而，正如佛洛伊德在《性學三論》說的，正是這些例外現象與怪異狀況提供了線索，讓我們了解這平凡的、理所當然的性別世界如何建構而成。唯有從充滿自我意識的去自然化位置出發，我們才能看見「自然」的表象如何被本身建構出來。我們對於性化的身體設下了預先假設，我們預先假設這些身體是這個性別或那個性別，假設這些身體擁有與生俱來的意義，或在身體被性化後才隨之擁有意義，當個案無法符合性範疇時——性範疇在文化習俗的規範中為我們自然化與穩定身體場域——這些假設便受到了突如其來且明顯的阻礙。因此，這種怪異的、不連貫的、落在「外部」的事物能提供一個方法，讓我們把視為理所當然的性範疇世界看作建構出來的世界，更確切地說，是看作一個可以用不同方式建構而成的世界。

雖然我們或許無法馬上同意傅柯提供的分析——也就是性範疇的建構有利於法規與生殖的性體系——但值得注意的是，佩吉把外生殖器，把那些對於生殖性向的象徵來說十分必要的生理部位，指定為一種明確的、**先決的**性別判定要素。有些人可能會覺得佩吉的研究受到兩種話語的干擾，而這兩種話語在這個例子裡彼此衝突：文化話語會為了生殖利益把外生殖器視為性的明確象徵，另一種話語則試圖為男性原則建立主動、單一原因，甚至是自發的特質。因此，一勞永逸地決定性別的慾望，以及決定個體是某一個性別而非另一個性別的慾望，似乎來自性別再生產的社會組織化，這種組織化的建構方法，是為性化的身體建立彼此相對的、清楚且明確的身分與位置。

由於在生殖性向的框架之中，男性身體通常被描繪成主動的行為主體，所以從某種層面上來說，佩吉的研究會出的問題是，他想調和生殖的話語和陽性活動的話語，這兩種話語在文化上通常共同運作，但在這個例子中卻彼此分離了。有趣的是，佩吉願意將主動的ＤＮＡ序列視為最終決定的基準，使得陽性活動的原則變得比生殖的話語更優先。

然而，根據維蒂格的理論，這種優先順序只會建構出表象。性的範疇屬於強制異性戀的體系，這個體系顯然是透過強制性別生產的系統在運作。接下來我們要討論的是維蒂格的觀點，她認為「陽剛氣質」與「陰柔氣質」、「男性」與「女性」都**只會**存在於異性戀矩陣中；事實上，這些詞語已經被自然化了，目的是持續隱藏異性戀矩陣，並藉此保護矩陣不受基進的批判。

三、莫尼克·維蒂格：身體的瓦解與虛構的性

語言把各種現實澆鑄在社會身體上。

——莫尼克·維蒂格

西蒙·波娃在《第二性》中寫道：「一個人並非生來就是女人，而是**變成**女人。」這句話聽起來很奇怪，甚至有些沒有意義，女人如果生來就不是女人的話，又要如何變成女人呢？在這裡變成女人的「個人」又是誰？是不是有些人類，會在某個時間點變成某種性別呢？若我們假設人類在變成某種性別之前，並不屬於那個性別，這個假設是合理的嗎？一個人要如何「變成」某種性別？建構性別的時刻和機制又是什麼？還有，或許相關性最高的問題是，這建構性別的機制是什麼時候來到文化背景中，把人類主體轉變成了性別化的主體？

人類難道不是一直以來早就已經被性別化了嗎？我們似乎必須擁有性別的標記，才能使一具身體有「資格」成為人類的身體；嬰兒在「是男孩還是女孩」這問題有了答案之後，才會真正成為人類。那些無法符合兩性特徵的身體便落在人類之外，事實上，這些身體建構了一個非人類的、卑賤者的領域，而人類本身的領域就是相對於上述領域建立起來的。如果性別一直都存在，一直都預先界定了哪些事物有資格成為人類，那麼，我們怎麼能說一個人會變成某種性別，就好像性別是一種後記，或是某種文化追思？

當然了，波娃的用意其實是指出，女人這個性別範疇是一種可變的文化成果，是在文化領域中被承擔或被獲取的一組意義，沒有任何人出生就具有性別（gender）——性別永遠都是獲取而來的。另一方面，波娃也樂意證實，一個人天生就具有性（sex）、是一種性、並且被性化，而被性化與身為人類是兩件同時存在、同步出現的事；性是一種可分析的人類特性；沒有任何人類是沒有被性化的；性是有資格被稱作人類的人必定擁有的特性。但是，性並不會導致性別，性別也不可以反映或表達性；事實上，對波娃來說，性是一個不變的事實，性別則是獲得的，並且由於性不可改變——至少她是如此想的——所以性別是生理性別下一種可變的文化建構物，是性化的身體帶來的文化意義充滿無限可能。

波娃的理論暗示了看似基進的後果，而她自己似乎並未想過這種後果。舉例來說，如果性與性別具有根本上的差異，那麼特定的性也就不一定會變成特定性別；換句話說，「女人」不一定是女性身體的文化建構，「男人」也不一定能詮釋男性身體。這種區分性／別的根本公式代表的是，性化的身體可以是許多種不同性別的存在場所，此外，性別本身不需要被限制在常見的兩種上。如果性不會限制性別，那麼或許有一些性別——也就是從文化層面解讀性化身體的方式——不會被性在表面上的二重性給限制住。讓我們進一步考慮此一後果：如果一個人會「變成」某個性別，但永遠也不會「是」某個性別的話，那麼性別本身就是一種轉變或活動，所謂的性別不應該被視為名詞、實質的事物或靜止的文化標記，而應該被視為某種持續且重複的行為。如果性別與性在因果方面與表達方面都並非彼此綁定，那麼性別這種行為應該就有潛力擴增，超越性的外觀二元性所強加的二元限制。事實上，性別應該是一種文化的／身體的行為，需要新的詞彙來建構與擴增各種現在分詞，是可以重新意指和擴張的範疇，抗拒性別的二元性與實體化的文法限制。但是，這樣的構想要如何成為文化上可以想像的事物，同時又要避免變成不可能實現且徒勞無功的烏托邦構想？

「一個人並非生來就是女人」，維蒂格在《女性主義議題》（*Feminist Issues*）第一卷第一期同名文章中，呼應了這句話。維蒂格對波娃提出了怎麼樣的回應與重新表述呢？維蒂格的兩個主張都讓人想起了波娃，同時也使她們兩人區分開來：第一，性的範疇並非不變，也並非自然的，性範疇是以某種特定政治方式去利用有利於生殖目的的自然範疇。換句話說，我們沒有理由把人類的身體區分成男性與女性這兩種性，除非這種區分符合異性戀的經濟需求，並能為異性戀體制提供自然的假象。因此，對維蒂格來說，性與性別之間沒有區別；「性」的範疇本身就是**性別化**的範疇，充滿了政治算計，被自然化卻又並非自然的事物。維蒂格的第二個主張有些違反直覺：女同性戀並非女人。她認為女人這個詞彙的存在會鞏固與建立男女的二元性，與男人的關係是相對；她認為這種相對關係就是異性戀。她指出，由於女同性戀拒絕了異性戀，所以不該根據這種相對關係的詞彙去定義女同性戀。她表示，事實上女同性戀超越了男人與女人之間的二元對立；女同性戀既不是女人，也不是男人。但更進一步來說，女同性戀沒有性；她超越了性的範疇。透過拒絕範疇，女同性戀（此處的代名詞成了問題）揭露了範疇的偶然文化結構，也揭露了異性戀矩陣那受到默認又從未改變過的假設。因此我們可以說，對維蒂格而言，一個人並非生來就是女人（woman），而是變成女人的；進一步來說，一個人並非生來就是女性（female）而是**變成女性**的；以更基進的方式來描述，若做出了選擇，一個人可以變成既非女性也非男性，既非女人也非男人。事實上，女同性戀似乎成了第三種性別，或者如我接下來將說明的，女同性戀成了一種範疇，從根本上質疑性與性別做為穩定的政治描述範疇的角色。

維蒂格認為，「性」的語言歧視保障了強制異性戀體制在政治與文化上的運作。她主張異性戀的這種**關係**不具有通常意義上的互相性與二元性；「性」一直以來都是女性（female），而且性只有唯一一種，那就是陰性（feminine）。成為男性並非被「性化」（sexed）；被「性化」的人會變成特殊的、相對的，而男性則是以普通人的形式參與這個系統。那麼，對維蒂格來說，「女性之性」（female sex）並不像「男性之性」（male sex）一樣代表另一種性；「女性之性」代表自身陷入了性之中，困在波娃稱作內在性（immanence）的循環裡。由於「性」是身體的政治詮釋與文化詮釋，所以沒有傳統認知上的性／別區分；性別建立在性之中，而性打從一開始就被證明為性別。

維蒂格主張，在這套強制的社會關係中，女人在本體論的觀點上變成了被性充滿；她們**就是**她們的性，反過來說，性也必定是陰性的。

維蒂格認為，「性」是由壓迫了女人和男女同性戀的意指系統透過話語製造出來與散布出去的。她拒絕參與這種意指系統，也拒絕相信在系統中獲得改革地位或顛覆位置的可行性；調用這個系統的一部分，就等於徹底調用並承認整個系統。因此，她設想出來的政治行動是去推翻整個性的話語，更確切地說，是推翻將「性別」——或「虛構的性」——建構為人類與物品之基礎特質（在法文中尤其明顯）的那個文法。[25]維蒂格藉由她的理論與小說，呼籲人們徹底重組對於身體和性向的描述，在重組時不透過性，也不透過性別矩陣中的代名詞區分，那些代名詞區分規範了與分配了言論權利。

維蒂格把「性」這一類的話語範疇理解為強加於社會領域上的抽象概念，這些概念製造了次級的秩序或具體化的「現實」。儘管人類個體對於性似乎具有「直接感知」，這種感知並被視為客觀的經驗數據，但維蒂格主張，這樣的客體已經被暴力地塑造成一種數據了，而這種暴力形塑的歷史與機制之後不會隨著該客體出現。[26]因此，「性」是一種暴力過程的現實結果，而此一結果反過來隱藏了暴力過程。所有呈現出來的就只剩下「性」，我們因此認為「性」就是全部了，沒有任何成因，但這其實只是因為成因是看不見的。維蒂格知道自己的位置是反直覺的，但直覺的政治培養過程正是她想釐清、揭露與挑戰的事物：

> 性被當作一種「立即的給予」、「合理的給予」、「生理特質」，一種屬於自然秩序的事物。但是我們一直視為生理感知與直接感知的事物，其實只是一種

---

25 維蒂格指出：「一般認為英文相較於法文幾乎沒有性別屬性，法文則是一個非常性別化的語言。事實上，嚴格來說，英文不會把性別標記放在無生命的物體、事物或非人類的生物上。但在涉及人類時，這兩個語言承載性別的程度相同。」，出自〈社會性別的印記〉（《女性主義議題》Vol. 5, No. 2, Fall 1985, p. 3；或《The Straight Mind and Other Essays》pp. 76-89）。見第三章註49。

26 雖然維蒂格自己並沒有提出這個論點，但她的理論可能會將針對性化主體——女人、女同性戀、男同性戀等——的暴力，解釋為一種範疇的暴力強制執行，此範疇是以暴力方式建構出來的。換句話說，針對這些軀體的性犯罪事實上會把這些軀體簡化成這些軀體的「性」，藉此再次肯定與強化此範疇本身的簡化。由於話語指的不只是書寫或口語，也包括了社會行動，甚至暴力的社會行動，所以我們應該也要把強暴、性暴力、「酷兒暴力攻擊」理解為一種性範疇的執行。

複雜的虛構概念，一種「想像出來的結構」，此結構透過我們用來感知的關係網絡，重新詮釋了生理特質（生理特質本身和其他特質一樣都是中性的，但生理特質被社會系統打上了標記）。[27]

就某些層面來說，「生理特質」似乎存在於語言遠端的**那一側**，沒有受到社會系統的標記。然而，我們並不清楚為這些特質命名的方式，是否有可能不複製性範疇的簡化作用。這些數量眾多的特質在性的範疇中透過自身表達，獲得了社會意義與統一性。換句話說，「性」把一種人造的一體性強加在一組特質上，若不這麼做的話，這組特質就會表現出不連續性。在**話語**和**知覺**這兩個層面上，「性」指出了一種歷史上偶然發生的認識論制度，一種語言，這種語言強制塑造了肉體由以感知的相互關係，藉此形成感知。

在被感官所感知的身體出現之前，是否有一個「實質的」身體存在？這是一個無法判定的問題。值得懷疑的不只是在性的範疇之下蒐集各種特質，就連「特質」的區分本身也值得懷疑。將陰莖、陰道、乳房等部位**命名為**性器官，既把能引起情慾的身體部位限制在這些器官上，同時又將整具身體都碎片化。性的範疇強加在身體上的「一體性」其實是一種「非一體性」，一種碎片化與區隔，一種情慾感覺的簡化。難怪維蒂格在《蕾絲邊的身體》中，透過性化身體的破壞與碎片化，從文本上「推翻」了性範疇。由於「性」使身體支離破碎，所以女同性戀在推翻「性」的過程中，鎖定了那些因性而出現差異的身體完整規範做為她們攻擊的統治模式，這規範決定了哪些因素能使身體以「性化身體」的角色，表達出統一性與連貫性。維蒂格在她的理論與小說中讓我們看見，身體的「完整性」與「一體性」常被認為是一種正向的理想，但它們其實會幫助碎片化、限制與支配的目的。

語言透過說話主體的言內行為（locutionary acts）獲得權力，以創造出「社會真實」。在維蒂格的理論中，似乎有兩個層次的真實，兩種本體論的秩序。社會建構的本體論似乎來自更加基礎的、似乎先於社會也先於話語存在的本體論。雖然「性」屬於話

---

27 Monique Wittig, "One is Not Born a Woman," *Feminist Issues*, Vol. 1, No. 2, Winter 1981, p. 48. Also in *The Straight Mind and Other Essays*, pp. 9-20。見第三章註49。

語建構而成的真實（第二秩序），但有一種先於社會的本體論存在，它解釋了話語本身的構成。她顯然拒絕接受結構主義的假設：有一套普遍的意指結構先於說話主體存在，這套意指結構指引了主體與其話語的形成。從她的觀點來看，歷史上有一些以異性戀和強制性為特徵的偶然結構，把完整而威權的話語權利分配給男性，拒絕分配給女性。但是，這個社會建構的不對稱會隱藏與違反由統一平等的個人構成的、先於社會存在的本體論。

維蒂格主張，女人的任務就是占據威權說話主體的位置——從某種意義上來說，這是她們的本體「權利」——並推翻性範疇與其源頭，也就是強制異性戀制度。對維蒂格來說，語言就是一組不斷重複的行動，生產的現實結果會在最後被誤認為「事實」。整體來看，為性差異重複命名的行為創造出了「性差異是自然區分」的表象。為性「命名」是一種支配與強迫的行為，一種制度化的操演，這種操演要求身體的話語／知覺建構必須符合性差異的原則，藉此創造與制訂出社會現實。維蒂格下了結論，認為「這迫使我們把我們身體與思想中的所有特質，變成符合理想自然的樣貌，而這理想是早就為我們建立好的……『男人』與『女人』都是政治範疇，而非自然事實」。[28]

透過維蒂格所謂的強迫契約，做為範疇的「性」支配了做為身體之社會結構的「性」。因此，「性」的範疇是一個奴役他者的名字。語言「把各種現實澆鑄在社會身體上」，但這些現實沒有那麼容易拋棄。她繼續道：「在它上面打上標記，暴力地形塑它。」[29]維蒂格主張，「異性戀思維」明顯存在於人類科學的話語中，會「壓迫我們所有人，包括女同性戀、女人與同性戀男性」，因為這種思維「理所當然地認為任何社會中的所有事物都是異性戀傾向的」。[30]當話語要求說話主體為了說話而參與壓迫的框架時——也就是理所當然地認為說話主體不可能存在或不可理解——話語就變得具有壓迫性。她認為，這種預設異性戀傾向在話語中的功能是傳達威脅：「你必須是異性戀，否則你就不存在。」[31]她主張，在強制異性戀傾向的語言系統中，女人、女同性戀與男同

---

28 同前註，十七頁。
29 Wittig, "The Mark of Gender," p. 4.
30 Monique Wittig, "The Straight Mind," *Feminist Issues*, Vol. 1, No. 1, Summer 1980, p. 105. Also in *The Straight Mind and Other Essays*, pp. 21-32。見第三章註49。
31 同前註，一〇七頁。

性戀都無法取得說話主體的位置。在系統內說話，就是被剝奪了言語的可能性；因此，只要在該脈絡中說話，就是操演矛盾，就是在語言上宣稱你擁有自我，這個自我卻無法在確立它的語言中「存在」。

維蒂格賦予無比強大的力量給這個語言「系統」。她認為各種概念、範疇與抽象化，會對它們宣稱組織與詮釋的身體，實施生理與物質上的暴力：「在物質方面與實際方面，科學與理論對我們的身體與思想實施了力量，雖然產生這些力量的話語是抽象的，但這些力量一點也不抽象。正如馬克思所說，這是一種支配模式，也是支配的一種表達。我認為這也是執行支配的一種方式。所有受壓迫者都很清楚這種權力，也都應對過這種權力。」[32]作用在身體上的語言力量既是性壓迫的起因，也是超越壓迫的途徑。語言的運作既不神奇，也並非不可阻擋：「語言對真實具有一種可塑性：語言會對真實執行一種可塑的行動。」[33]語言透過言內行為取得其力量並改變這個力量，把這力量使用在真實上，這種言內行為不斷重複，變成了根深柢固的慣例，最後成了制度。語言的不對稱結構把為了普世發話的主體與用普世姿態發話的主體，都視為男性，並將女性說話者視為「特殊的」與「有利害關係的」，這絕不是特定語言或語言本身原本的狀況。

我們不能依據男人或女人的「自然」來理解這種不對稱的位置，因為正如波娃所指明的，「自然」不存在：「一個人必須了解，男人並非生來就具有普世的能力，女人也並非生來就該被貶低成一種特殊的存在。普世一直以來都是、未來也一直會是、在每一個時刻都是，被男人占用的。它並沒有發生，它是必須去做的事。它是一種行為，一種犯罪行為，是一個階級的人對另一階級的人犯下的罪。這種行為同時發生在意識、哲學與政治層面。」[34]

儘管伊瑞葛萊主張「主體一直以來都是陽剛的」，但維蒂格不認為「主體」只存於陽剛領地。對她來說，語言的可塑性能使主體的位置不會只固定在陽剛本質上。事實上，對維蒂格來說，「女人」的政治目標是假設有一個絕對說話主體存在，若達成目標，就能有效地全面消除「女人」這個範疇。女人不能使用第一人稱的「我」（I），因為身

32 同前註，一〇八頁。
33 〈社會性別的印記〉第四頁。
34 同前註，第五頁。

為女人的說話者是「特殊的」（相對的、有利益關係的、有觀點的），而「我」的調用則預先假設了發話者應該有能力為普世人類發話，以普世人類的身分發話：「一個相對的主體是不可理解的，一個相對主體完全是不能言說的。」[35]基於「所有言說都預設會隱晦地調用語言整體」的假設，維蒂格指出，言說主體會在說出「我」的行為中「運用力量去使用所有語言，把語言從單獨個人重新挪用為一個整體」。這個言說「我」的絕對基礎，在維蒂格的討論中獲得了上帝般的維度。言說「我」的特權建立了一個主權自我，一個絕對完整與絕對權力的中心，言說建立了「主體性的最高行為」。取得主體性就等於成功推翻了性，也因此推翻了陰性：「在說出『我』的時候，所有女人都會使自身成為一個完整的主體——此主體是沒有被性別化的、普世的、完整的。」[36]

維蒂格繼續針對語言與「存在」的本質進行驚人的推論，將她自己的政治計畫置入傳統本體論的話語之中。依照她的觀點，原初的語言本體論給了每個人同樣的機會建立主體性。女人面對的實際狀況是，在透過話語建立主體性的過程中，得依賴她們的集體能力，去擺脫那些強加在她們身上的性之實體化，這種實體化將女性扭曲成一種不完整或相對的存在。由於女人是在完全使用了「我」之後才執行這種拋棄，所以是用**言說**來擺脫她們的性別。性的社會具體化可以被理解成是在偽裝或扭曲某種先前就已存在的本體論真實，此一真實指的是在被性標記之前，所有人都擁有平等的機會可以運用語言確立主體性。在言說中，「我」假設了語言的整體性，因此言說有可能來自所有位置——也就是一種具有普世性的言說模式。她寫道：「性別……運作於這個本體論的事實上並廢止它。」她在這裡假定了這個平等取得普世性的原初原則，具有「本體事實」的資格。[37]然而，這個平等取得的原則本身的建立基礎，就是一個本體論的假設：在**存在**（Being）之中的這些言說存在（speaking being）是一體的，此一**存在**比性化存在（sexed being）更早出現。她認為性別「試著想順利區分**存在**」，但「做為存在的**存在**，是不可區分的」。[38]此處，「我」的前後連貫主張不但預先假設了語言的完整性，

35 同前註，第六頁。
36 同前註。
37 同前註。
38 同前註。

也假設了存在的一體性。

若說在其他地方沒有這麼明顯的話，維蒂格在此顯然把自己放入了傳統論述，從哲學層面追求在場、**存在**、根本與不間斷的完滿。德希達式的立場是所有意指都要依賴執行上的**延異**（différance），維蒂格與德希達不同，她認為言說需要所有事物的完整身分，也調用了這樣的身分。這種基礎主義的假設給了她一個出發點，可以批判現存的社會體制。然而，關鍵問題仍在於，有關存在、權威與普世主體地位的預先假說，有利於哪些偶然的社會關係？當主體的權威概念被侵吞時，為何要重視這件事？為什麼不探討主體的去中心化和主體的普世化認知策略？儘管維蒂格批評「異性戀思維」的觀點受到普世化，但她似乎不只普世化了「那種」異性戀思維，而且也沒有考慮到主權言說行為的理論所帶來的集權後果。

政治上來說，存在的區分——從她的觀點來看，這是一種針對認識論之完整領域的暴力——變成了普遍狀況與特殊狀況之間的區分，為從屬關係提供了條件。支配必須被理解為一種否定，否定所有人在先於語言的存在中都具有先決和原初的一體性。支配透過語言發生，而語言在具有可塑性的社會行為中，創造出次級秩序，也就是人造本體論，那是一種差異、不平等與階級的錯覺，最終**成為了**社會現實。

矛盾的是，無論在任何地方，維蒂格都沒有接受古希臘作家阿里斯托芬（Aristophanes）描述性別起源統一的神話，這是因為性別是區分的原則，是征服的工具，反抗的正是統一的概念。很顯然，她的小說採取的是**瓦解**整體的論述策略，代表性的二元建構需要分裂與增生，直到揭露了此一二元性的偶然特質。特質或「物理特徵」的自由表現從來都不是一種絕對的破壞，因為被性別扭曲的認識論領域仍是一個連續的完整領域。維蒂格批評「異性戀思維」沒有能力從「差異」的想法中解脫。維蒂格暫時和德勒茲（Deleuze）與瓜達希（Guattari）站在同一陣線，反對把精神分析當作一門建立在「闕如」與「否定」經濟上的科學。維蒂格在早期文章〈典範〉（Paradigm）中反思道，推翻二元性別的系統可能會開啟由多種性別組成的文化領域。她在該篇文章中提到了**反伊底帕斯**：「對我們來說，這世上不只有一種性或兩種性，而是有許多種（參考德勒茲／瓜達希），世上有多少個體，就有多少性。」[39]不過，性的無限增殖會在邏輯上導致對性本身的否定。如果性的數量和現存個體的數量相當，那麼性就不會再具有詞語的普遍應用性：一個人的性將具有絕對獨一無二的屬性，不能概括成一種實用的或具有描述性的特質來運用。

在維蒂格的理論與小說中起作用的破壞、顛覆與暴力隱喻，在本體論的地位十分困難。儘管語言範疇以「暴力」的方式形塑了真實，以真實之名創造了社會虛構之事，但似乎還有一種更真實的真實，一種統一的本體領域，在對抗這些社會虛構之事用以衡量的標準。維蒂格拒絕「抽象」概念與「物質」真實之間的差異，認為概念是在語言的物質性之中形成與流通的，該語言以**物質**的方式運作，建構出社會世界。[40]另一方面，這種「建構」之所以會被理解成一種扭曲與實體化，是要對照著一個更早存在、徹底統一與完整的本體領域。因此，建構在一定程度上是「真實的」，這些建構是虛構的現象，能在話語中獲得力量。然而，這些建構透過言內行為被剝奪了權力，這種言內行為隱晦地尋求語言的普遍性與**存在**的一體性。維蒂格主張「文學作品的運作很有可能比擬戰爭機器」，甚至是「完美的戰爭機器」。[41]這場戰爭的主要策略是讓女人、女同性戀與男同性戀——這些人都透過「性」的身分而被特殊化了——占據言說主體的位置，取得調用普世觀點的權力。

維蒂格對於杜娜・巴恩斯（Djuna Barnes）[42]、馬賽爾・普魯斯特（Marcel Proust）[43]

39 維蒂格〈Paradigm〉，收錄於 Elaine Marks 和 George Stambolian 編的《Homosexualities and French Literature: Cultural Contexts/Critical Texts》（Ithaca: Cornell University Press, 1979, p. 119）。不過，我們要思考維蒂格與德勒茲的根本差異，維蒂格接受語言的使用，將說話主體視為自主與普遍的價值，德勒茲則以尼采式的努力，用語言權力的中心取代言說的「我」。儘管兩者都批判精神分析，但德勒茲訴諸於權力意志對主體所做的批判，十分類似拉岡和後拉岡的精神分析論述中，以符號／無意識取代言說主體的做法。對維蒂格來說，性傾向與慾望似乎是個人主體的自我決定論述，而從德勒茲和他在精神分析方面的對手來看，需求的慾望取代並偏移了主體。「慾望沒有預設某一個主體，」德勒茲主張，「而且慾望也不能被實現，除非某一個人被剝奪了說出『我』的權力。」Gilles Deleuze 和 Claire Parnet 的《Dialogues》（trans. Hugh Tomlinson and Barbara Habberjam. New York: Columbia University Press, 1987, p. 89）。

40 她在多個場合將此見解歸功於米哈爾．巴赫汀（Mikhail Bakhtin）的作品。

41 Monique Wittig, "The Trojan Horse," *Feminist Issues*, Fall 1984, p. 47. Also in *The Straight Mind and Other Essays*, pp. 68-75.（見第三章註49）。

42 參見〈The Point of View: Universal or Particular?〉（*Feminist Issues*, Vol. 3, No. 2, Fall 1983）。另見《The Straight Mind and Other Essays》五十九－六十七頁。見第三章註49。

43 參見維蒂格〈The Trojan Horse〉。

與納塔莉・薩羅特（Natalie Sarraute）[44]的想法，受到了「特定主體與相對主體如何靠言說擺脫他或她的性範疇」這個問題的引導。在各種案例中，把文學作品視為戰爭機器的狀況對抗的都是性別的階級區分、普世與特殊的切割，憑藉的名義是要恢復那些詞語原先存在的必要一體性。把女人的觀點普世化，也就同時摧毀了女人的範疇，並建立一種新人道主義的可能性。因此，破壞總是會帶來修復——此處破壞的範疇，是在原本一體的本體論中引進人為區分的那一套範疇。

不過，文學作品仍擁有特權，可以接觸到本體論完整的原初領域。形式與內容之間的分裂，呼應了抽象且普遍的思想與具體且物質的真實之間的人為哲學區分。正如維蒂格引用巴赫汀（Bakhtin）來建立物質真實的概念，她也以較普遍的方式引用了文學語言，把語言的一體性重新建立成一種不可分解的形式與內容：「透過文學……文字再次完整地回到我們眼前」[45]；「語言的存在宛如是用可看見、可聽見、可觸摸與可品嘗的文字建構成的天堂」[46]。最重要的是，文學作品為維蒂格提供了實驗代名詞的機會，這些代名詞在強加意義的系統中，把陽剛與普世混為一談，總是將女性特殊化。在《女游擊隊》（*Les Guérillères*）[47]中，她試著移除所有「他－他們」（*il-ils*）的連接詞，更確切的說，是移除所有「他」（*il*），用「她們」（*elles*）來代表普遍的與普世全體的事物。「這個方法的目的，」她寫道，「不是把這個世界陰性化，而是在語言中廢止性的

---

44 參見維蒂格〈The Site of Action〉，收錄於 Lois Oppenheimer 編的《Three Decades of the French New Novel》（Urbana: University of Illinois Press, 1986）。另見《The Straight Mind and Other Essays》九十一－一〇〇頁。見第三章註49。

45 Wittig, "The Trojan Horse," p. 48.

46 維蒂格〈The Site of Action〉一三五頁。在本文中，維蒂格把社會中的「一級」契約與「二級」契約做出了區分：在一級契約中，交換文字的言說主體之間具有根本的互相性，這些文字「保證」了語言能完整且完全地分配給每個人（一三五頁）；在二級契約中，語言會施加支配的力量在其他人身上，這事實上會剝奪他人在言論方面的權利與社會能力。維蒂格認為，在這個互相性的「貶值」形式中，當語言把傾聽者身為潛在說話者的可能性抹除時，這個語言中的個體性便會透過表達而被消除。維蒂格在文中下了此結論：「社會契約的天堂只存在於文學中，文學中的向性（tropism）會以其暴力，對抗所有把「我」簡化成公分母（common denominator）的行為，撕開平凡的緊密交織材料，並持續預防他們的組織轉變成一個強制意義的系統。」（一三九頁）

47 Monique Wittig, *Les Guérillères*, trans. David LeVay (New York: Avon, 1973), originally published under the same title (Paris: Éditions du Minuit, 1969).

範疇。」[48]

維蒂格以一種充滿自我意識的挑釁帝國主義策略指出，唯有占據普世與絕對的觀點，並有效地把整個世界女同性戀化，才有可能摧毀異性戀的強制秩序。在《蕾絲邊的身體》中，她在「*je*」（我）之中加入斜線，變成了「*j/e*」，目的不是把女同性戀建立成分裂的主體，而是把女同性戀建立成具有主權的主體，能夠在語言方面發動戰爭，對抗一個在語意和句法上攻擊女同性戀的「世界」。她的重點不是呼籲眾人注意「女人」或「女同性戀」做為個人擁有的權利，而是利用具有同等影響力與同等能力的逆轉論述，去對抗全球的異性戀中心認識論。重點不是為了在具有互相性的語言關係中成為被認可的個體，因此取得言說主體的位置；重點在於讓言說主體超越個人，變成一種絕對觀點，把主體的範疇強加在整個語言領域中，也就是強加在「世界」上。維蒂格主張，唯有能夠與強制異性戀體系有效抗衡的作戰策略，才能實際挑戰強制異性戀體系的認識論霸權。

對維蒂格來說，理想而言，言說是一種具有影響力的行為、是主權的主張，同時隱含了自身與其他言說主體的平等關係。[49]語言這種理想「契約」或原初「契約」往往在隱晦層面運作。語言具有雙重可能性：可用來主張人具有一種真正的、包容的普世性，也可以建立一套階級，在該階級中，只有一部分人有資格說話，其他人則因為被排除在普世觀點之外，「說話」時必定會同時取消該話語的權威性。不過，有一套理想的社會契約比這套言說的不對稱關係更早出現，在該社會契約中，所有第一人稱的言說舉動都預先假設並肯定了言說主體之間的絕對互相性——也就是維蒂格認為的理想言說狀態。

48 Wittig, "The Mark of Gender," p. 9.

49 維蒂格一九八七年於哥倫比亞大學發表的論文〈社會契約〉（On the Social Contract. The Straight Mind and Other Essays [Boston: Beacon Press, 1992], pp. 33-45）中，把她自己的原初語言契約理論置於盧梭的社會契約理論框架之中。雖然她沒有明確解釋這件事，但她似乎把先於社會存在的（先於異性戀存在的）契約理解為一種意志的整體——從盧梭的浪漫主義觀點來看，這就是公共意志（general will）。有關維蒂格此理論的有趣應用，參見 Teresa de Lauretis 的〈Sexual Indifference and Lesbian Representation〉（*Theatre Journal*, Vol. 40, No. 2 [May 1988]）和〈The Female Body and Heterosexual Presumption〉（*Semiotica*, Vol. 3-4, No. 67, 1987, pp. 259-279）。

然而，**異性戀契約**（heterosexual contract）扭曲並隱藏了此一理想互相性。這是維蒂格近期理論作品的核心焦點，[50]也是她過去的理論文章中不斷提及的主題。[51]異性戀契約是不被言說的，但總是在運作，它不能被簡化成它的任何一種經驗表象。維蒂格寫道：

> 我面對的是一個不存在的物體，一種戀物，一種意識形態，除非透過它帶來的影響，否則它不能在現實中被抓住，它的存在位於人類的思想中，但這種存在方式會影響人們的整個人生，影響她們行事、移動與思考的方式。所以，我們面對的這個物體既是想像的，也是真實的。[52]

正如拉岡的論述，異性戀的理想化甚至也出現在維蒂格自己的描述中，這種理想化似乎控制了實踐異性戀行為的身體，最終導致此理想化變成不可能，並且因為這不可能而注定無法施行。維蒂格似乎相信，只有徹底擺脫異性戀脈絡——也就是變成女同性戀或男同性戀——才能摧毀異性戀體制。但出現這種政治結果的唯一狀況，就是人們理解到異性戀體制中的所有「參與」，都是在重複與鞏固異性戀壓迫。重新意指異性戀體制本身的可能性之所以被拒絕，正是因為異性戀體制被理解為一種需要徹底換置的完整系統。這種異性戀中心權力的整體觀點只會帶來兩種政治選項：(A)徹底的從眾，或(B)徹底的革命。

在維蒂格對於異性戀實踐的理解中，以及在她對同性戀傾向與女同性戀的概念中，異性戀具有系統完整性的假設是很大的問題。由於同性戀完全處於異性戀矩陣「之外」，所以會被視為完全不受異性戀規範制約。這種對於同性戀的淨化是一種女同性戀現代主義，目前有眾多女同性戀與男同性戀的話語都對此提出了質疑。這些話語認為，女同性戀與男同性戀文化已經嵌入了更大的異性戀結構中，就算同性戀文化和異性戀文化結構的關係被視為一種顛覆關係或重新定義關係也一樣。維蒂格的觀點似乎拒絕了人

50 Wittig, "On the Social Contract."
51 參見維蒂格〈The Straight Mind〉和〈One is Not Born a Woman〉。
52 Wittig, "On the Social Contract," pp. 40-41.

們基於意志或選擇而成為異性戀的可能性；但是，就算異性戀體制呈現出強制性或預設性，也不代表所有異性戀行為都已被徹底決定。此外，維蒂格把異性戀與男同性戀徹底區分開來，複製了二元對立的區分狀態，卻又認為這種區分狀態是異性戀思維獨有的、易造成分裂的哲學態度。

我自己的看法是，維蒂格在異性戀與同性戀之間提出的根本區分其實是不正確的，我認為在異性戀的關係中也有心理上的同性戀結構存在，而在男同性戀與女同性戀的性傾向與關係中，同樣存在心理上的異性戀結構。維蒂格把具有連貫性的異性戀理想，描述成一種異性戀契約的常規與標準狀態，這是一種不可能實現的理想，並且正如她自己指出的，是一種「戀物」。有的精神分析論述認為，這種不可能性之所以會暴露出來，是因為無意識性傾向具有的複雜性和反抗性，這種無意識性傾向並不總是異性戀已經擁有的。就此層面來說，異性戀傾向提供了本質上不可能具體化的規範式性立場，而當我們一直都不能完全地、連貫地認同此立場時，就揭露了異性戀傾向本身不但是一種強制律法，也是一齣不可避免的喜劇。事實上，我提出的這種對於異性戀的觀察，既是一種強制系統，也是一種內在喜劇，這是對自身的持續模仿，也是出自男／女同性戀的另類觀點。

很顯然，這種強制異性戀常規的執行確實帶有維蒂格描述的力量與暴力，但我認為那並不是此常規的**唯一**執行方式。對維蒂格來說，針對規範式異性戀體制的政治反抗策略是十分直接的。在具體的個人方面，實際上只有那些不在家庭範圍內建立異性戀關係，且不把生殖當作性行為之結果或目標的人，才是積極地挑戰著性範疇，或者至少說是沒有遵守性範疇的規範式假設和目的。對維蒂格來說，做為女同性戀或男同性戀等同於不再知道自身的性，推動了性範疇的混淆與增加，使性變成一個不可能的身分範疇。雖然維蒂格的主張聽起來具有解放意義，卻忽略了男同性戀與女同性戀文化中，藉由挪用與重新調度性範疇來增加具體同性戀性認同的論述。**女王**（queen）、**女同性戀T**（butch）、**女同性戀P**（femme）、**女孩**（girl）等詞語的使用，甚至**丂客**（dyke）、**酷兒**（queer）和**玻璃**（fag）的諧擬挪用，都重新調度並動搖了性範疇和原本具有貶低意義的同性戀認同範疇。這些詞語全都可以被視為「異性戀思維」的徵兆，也就是認同壓迫者對於被壓迫者之身分的看法。另一方面，**女同性戀**（lesbian）這個詞語確實已收復了詞語本身的部分歷史意義，而諧擬範疇有助於達成「將性去自然化」的目的。當附近有一間男同性戀經營的餐廳休假關門時，老闆掛出了標語，解釋「她工作過度，需要休息」。這種男同性戀挪用陰性詞彙的行為，增加了陰性詞彙的可應用處，揭露了意符與意指之間的關係具有任意性，也將陰性符號變得更不穩定、更容易調動。這是不是對陰性特質進行殖民式的「挪用」呢？我認為不是。這樣的指控假定了陰性特質屬於女性，而如此假定絕對應該受到質疑。

在女同性戀的語境中，對於陽性特質的「身分認同」展現在T的身分認同上，但並非單純地將女同性戀主義同化並回歸異性戀框架。正如一名女同性戀P解釋過的，她很高興她的男友是女孩，這代表了「身為女孩」能把「陽性特質」放進T的身分認同中，進行重新意指。因此，那種陽性特質——若該特質可以被稱作陽性特質的話——總是會在文化可理解的「女性身體」上被凸顯。正是這種不和諧的並置，和這種不和諧的越界所導致的性張力，創造了慾望客體的結構。換句話說，女同性戀慾望的客體（很顯然的，客體不只一個）既不是去脈絡化的女性身體，也不是離散又疊加的陽剛身分，而是這兩者進入情慾交互作用時的不穩定狀態。同樣道理，有些異性戀女人或雙性戀女人可能比較偏好「形象」與「基底」的關係彼此相反——也就是說，她們比較偏好自己的女友是男孩。在這樣的狀況下，「陰性」身分的感知會與「男性身體」並置，成為基底，但這兩者會透過此番並置失去內在的穩定性，也會失去彼此之間的差異。很顯然，這種思考性別慾望交換的方式容許了更大的複雜性，因為陽性與陰性的展現，以及基底和形象的倒置，都能打造出極端複雜且條理分明的慾望產物。值得注意的是，身為「基底」的性別身體，與身為「形象」的T或P的身分認同，兩者都可以移動、反轉，並創造出各種性慾混亂。雖然依照性交換的動態來說，這兩者都有資格成為信念的客體，但都不能宣稱自己是「真實」。若我們認為女同性戀的T與P某種程度「模仿」或「複製」了異性戀交換，那就低估了這些身分的性慾意義，這些身分在重新意指霸權範疇時，具有內部的不和諧性與複雜性。女同性戀P可能會讓人想起異性戀場景，但同時也會換置該異性戀場景。在女同性戀的T與P的身分中，原初身分或天生身分的概念會受到質疑；事實上，正是體現在這些身分中的質疑，變成了他們的情慾意義其中一個來源。

雖然沒有討論T／P的身分意義，但維蒂格對於虛構性別的看法顯示，她也用類似的方法掩飾了性別一致性的自然概念或原初概念，並假定這種性別一致性存在於性化身體、性別認同與性傾向中。維蒂格把性描述成一種虛構的範疇，如此描述所隱含的概念是，性的各個組成部位很有可能會分解。身體一致性的概念分解後，性的範疇有可能就再也無法在特定文化領域中以可描述的方式運作。如果「性」的範疇是透過重複的行為建立起來的，那麼反過來說，在文化領域中各個身體的社會行為，也可以撤回它們投資在這個範疇中的真實力量。

若想撤回這種力量，就必須把力量本身理解為一種可撤回的意志運作；事實上，異性戀契約的維持將被理解成一系列的選擇所帶來的結果，就像洛克或盧梭所說的社會契約一樣，人們認為社會契約假定了受支配者具有理性選擇或深思熟慮的能力。然而，若這力量沒有被簡化成意志，而自由的古典開放與存在主義模式也都被拒絕的話，那麼我認為，力量的關係應該可以被理解成一種限制與建構了意志可能性的事物。因此，力量既不能被撤回，也不能被拒絕，只能被重新分配。事實上，我認為男同性戀與女同性戀實踐的規範焦點，應該放在重新分配權力的顛覆性與諧擬性上，而不是放在全面超越的不可能幻想之上。

維蒂格顯然把女同性戀主義視為全面拒絕異性戀傾向，但我認為就算是拒絕也建構了某種參與，最終反而導致極度依賴女同性戀主義聲稱要超越的框架。如果性傾向與力量同時存在，且女同性戀性傾向的建構沒有比其他性傾向模式更多或更少，那麼就算擺脫了性範疇施加的約束，也不會有無限的歡愉。在男同性戀與女同性戀的性傾向中，異性戀建構的結構性存在，並不代表該結構會決定男同性戀與女同性戀的性傾向，也不代表男同性戀與女同性戀的性傾向可以推導出或簡化成這些結構。事實上，我們可以思考一下特定的男同性戀處於異性戀結構當中時所導致的權力剝奪與去自然化。這些常規的存在不但建構了一個不能拒絕的權力場域，同時也可以變成、並且確實變成了諧擬競賽和展示的場域，剝奪了強制異性戀對於自然與原初的主張。維蒂格呼籲一種超越性的立場，使她的理論回歸到一種有問題的人道主義，此人道主義基礎是一種有問題的形上學存在。然而，她的文學作品執行的似乎不是她在論文中明確呼籲的那種政治策略，而是截然不同的另一種。在《蕾絲邊的身體》與《女游擊隊》中，她透過政治轉型的敘事策略，一次又一次地運用重新調度與重估價值，一方面使用原初的壓迫詞語，另一方面又剝奪這些詞語的合法化功能。

雖然維蒂格自己是「唯物主義者」，但這個詞語在她的理論脈絡中具有特定的意義。她想跨越「異性戀」思維特有的物質性和表現性之間的鴻溝。物質主義代表的既不是把理想簡化成物質，也不是把理論觀點嚴格地視為物質經濟基礎的反映。維蒂格的物質主義是把社會的制度與實踐，尤其是異性戀體制，當作批判分析的基礎。在〈異性戀思維〉和〈社會契約〉中，[53]她把異性戀體制理解為男性支配社會秩序的建立基礎。「自然」和物質性的領域是概念，是意識形態的結構，是由這些社會體制製造出來的，目的是支持異性戀契約的政治利益。從此一層面來說，維蒂格是個典型的理想主義者，因為她把自然理解為一種精神的表現。這種自然的表現是由強制的語言意義製造出來的，藉此推動性支配的政治策略，並合理化強制異性戀體制。

不同於波娃，維蒂格不認為自然是一種反抗的物質性，一種媒介、表面或客體；自然是一種為了社會控制而製造出來並維持下來的「理念」。在《蕾絲邊的身體》中，身體的表象物質性所具有的彈性被展現成語言型態，重新將身體部位建構成形式（以及反形式）的新社會構造。正如世俗又科學的語言因為傳播了「自然」這個理念，而製造了離散性別身體的自然化概念，維蒂格自己的語言也推動了另類的身體破壞與身體重塑。她的目標是揭露「自然身體」這個概念是一種建構，並為了建構身體去挑戰異性戀權力，而提供解構／重構身體的策略。身體的外觀與形式，它們的一體原則，它們的複合部位，這些事物一直都是由充滿了政治利益的語言形塑出來的。對維蒂格來說，政治上的挑戰在於掌控語言，把語言當成陳述與生產的方法，把語言視為一種總是可以建構出身體領域的工具，她認為應該在壓迫的性範疇之外，用語言解構與重構身體。

如果性別可能性的大幅增加能揭露與顛覆性別的二元物化，那麼這種顛覆行為的本質是什麼？這樣的行為如何能組成顛覆？《蕾絲邊的身體》裡，做愛的行為實際上是撕裂伴侶的身體。在女同性戀的性慾中，一系列超出生殖矩陣之外的行為，會將身體本身打造成不連貫的特質、姿態與慾望的中心。在維蒂格的《女游擊隊》裡，「女人」與其壓迫者之間的鬥爭中也會出現同樣的瓦解效果，甚至暴力。如此脈絡之下，維蒂格顯然劃下界線，遠離了那些捍衛「陰性特有的」歡愉、書寫或身分等概念的人；她幾乎是在嘲笑那些把這種「圈子」奉為圭臬的人。對維蒂格而言，她的任務不是在二元性之中偏好陰性勝過陽性，而是透過特定的女同性戀行為瓦解二元性建構的範疇，並換置這種二元性。

53 Wittig, "The Straight Mind," and "On the Social Contract."

正如《女游擊隊》中的暴力鬥爭，這樣的瓦解在虛構文本中顯得刻板。維蒂格的文本因為使用此種暴力與力量而遭受批判——表面上來看，這種論述似乎與女性主義者的目標相悖。但請特別留意，維蒂格的敘述策略並不是透過分化策略或排除陽性來指出陰性的部分，如此策略會藉由價值轉變來讓女性代表正向價值的領域，進而鞏固階級與二元對立。維蒂格採用的策略，不是透過分化的排他過程來鞏固女性身分，相反的，她提供的策略是重新挪用那些原本看似屬於陽剛領域的「價值」，進行顛覆式重新分配。有些人可能會反對維蒂格吸收了陽性價值一事，或者她事實上「認同男性身分」一事，但「身分認同」這個概念在此文本中重新浮現時，狀況比毫無批判地使用這個詞語還要複雜得多。在她的文本中，暴力與鬥爭的脈絡顯然經過重新建構，不再符合壓迫情境下的意義。這既不是簡單地「翻轉」成女性對男性施加暴力，也不是簡單地把陽剛常規**內化**，變成女人可以對自身施加暴力。此文本的暴力把性範疇的身分認同與連貫性視為目標，視為無生命、旨在麻木人的身體的結構。由於此範疇是一種自然化的結構，並且會使常規異性戀體制的結構顯得似乎不可避免，所以維蒂格在文本中以暴力對抗的，主要不是此結構的異性戀特點，而是此結構的強制性。

也請特別留意，性範疇與異性戀的自然化體制都是結構，是由社會設立與規範的幻想或「戀物」，它們不是**自然**的範疇，而是政治的範疇（證明了在如此脈絡中訴諸「自然」必定具有政治性）。因此，被撕裂的身體、施加在女性之中的戰爭，都是**文本上**的暴力，都是在解構那個一直針對身體的可能性施暴的結構。

但我們可能會在此提問：當身體透過性範疇呈現的連貫性被**分解**了，並呈現出混亂之後，還剩下什麼呢？這身體可以被重新回歸，並再次重組嗎？有沒有哪些能動力的可能性不需要此結構以連貫性整合？維蒂格的文本不只解構了性，並提供一條途徑去瓦解由性指派的虛假一體性，也執行了一種從多個權力中心分散而來的身體能動性。事實上，個人與政治的能動性來源都不是來自個體之中，而是存在於身體之間的複雜文化交換，也透過文化交換而產生，在交換中，身分認同本身就會不斷改變，事實上，身分認同本身就是只會在文化關係的動態場域脈絡中被建構、瓦解與流通。那麼，對維蒂格和波娃來說，**身為**女人就是**變成**女人，但因為這個過程無論從任何層面來說都是不固定的，所以一個人有可能成為一個無論用**男人**或**女人**這兩個詞都無法真正描述的存在。這種身分並不是一種雌雄同體或假說中的「第三性別」，也不是一種二元體制中的**超越**。

這是一種內在的顛覆，在這種顛覆中，二元體制既是它的先決條件，也出現了增生，以致於這種顛覆不再具有意義。維蒂格小說中的力量與語言挑戰，目的是提供超越身分範疇的經驗，是一種性慾的鬥爭，藉由毀壞老舊的範疇來創造新的範疇，在文化場域中找到做為身體的新方法，也找出全新的描述語言。

維蒂格回應波娃的「一個人並非生來就是女人，而是變成女人」時指出，一個人（任何人？）可以不去變成女人，而是變成女同性戀。維蒂格拒絕了女人的範疇，她的女同性戀女性主義似乎切斷了所有與異性戀女人的連結，隱晦地假定了女性主義的合理結果或政治結果必定會是女同性戀主義。這種分離主義式的規範主義如今當然行不通了。但就算這樣的結果在政治方面是值得達成的，我們又要用何種標準來判定「性身分」的問題呢？

如果變成女同性戀是一種**行為**，是離開異性戀體制，是在用自我命名挑戰異性戀體制中**女人**與**男人**的強制意義，那麼我們該用什麼事物來防止女同性戀這個名字變成一種同樣強制的範疇呢？怎麼樣才有資格變成女同性戀？誰知道這個資格為何？如果一名女同性戀駁斥了維蒂格主張的異性戀經濟與同性戀經濟之間的根本分裂，那麼這名女同性戀還算得上女同性戀嗎？如果身分認同做為性傾向的操演成就，是以「行為」做為基礎，那麼有沒有哪些特定種類的行為比其他行為更有資格被稱作基礎？一個人能不能以「異性戀思維」來執行這種行為？一個人能否理解到，女同性戀傾向不只是針對「性」範疇、「女人」與「自然身體」的挑戰，也是一種針對「女同性戀」的挑戰？

值得注意的是，維蒂格提出了同性戀觀點與比喻語言之間有一種必然的關係，就好像身為同性戀就一定要挑戰那建構了「真實」的強制語法和語義。同性戀觀點被排除在真實之外（如果確實有這種觀點存在的話），很可能會把真實理解成一種透過排除而建立的事物，真實就像是一種不會顯現的邊緣地帶，一種無法存在的缺席狀態。那麼，透過同樣的排除手段來建構同性戀身分，會是多麼悲劇的錯誤，就好像被排除的人恰恰因為被排除這件事，而永遠都不會獲得此一身分建構的假定，更確切的說，是永遠都不會被此身分建構所**需要**。矛盾的是，這樣的排除恰恰建立了它試圖克服的極端依賴關係：女同性戀主義將會因此**需要**異性戀。女同性戀主義把自己定義為徹底被異性戀體制排除，因此使自己喪失了對異性戀結構重新意指的能力，這異性戀結構的一部分正是女同性戀主義不可避免地建構而成的。因此，該同性戀策略會鞏固強制異性戀體制的壓迫形式。

更陰險、更有效的策略似乎是更徹底挪用與重新分配身分認同本身的範疇，這不僅僅是為了挑戰「性」，也是為了在「身分認同」的位置清楚描述多重的性話語的趨同，藉此使得該範疇永遠受到質疑——無論該範疇的形式為何。

四、身體的銘刻，操演的顛覆

「每次只要嘉寶飾演魅力逼人的角色，每次只要她柔若無骨地倒入或脫離男人臂彎的懷抱，每次她簡簡單單地以弧度優美的脖子……承受頭部後仰的重量……她都會『變裝』（got in drag）……這表演的藝術看起來多麼華美！無論表演之下的性是不是真的，這些表演全都是裝扮表演。」

——派克．泰勒（Parker Tyler），〈嘉寶的形象〉（The Garbo Image），引自艾絲特．紐頓（Esther Newton），《敢曝教母》（*Mother Camp*）

真實的性、離散的性別與特定的性傾向等範疇，建構出了大量的女性主義理論和政治的穩定參考點。這些身分認同的建構是認識論的出發點，理論是此一出發點浮現的，政治本身也是從此出發點形塑而成。在女性主義的案例中，表面上來看，政治的形塑是為了表達「女人」的利益與觀點。但是，有沒有一種「女人」的政治形式，比針對女人的利益與認知觀點的政治闡述更早存在，並且預示了此一闡述？該身分是如何形塑而成的？這是不是一種政治形塑，把性化身體的型態和界線，拿來當作文化銘刻的基礎、表面或場所？是什麼事物把該場所限制為「女性身體」？「身體」或「性化的身體」是不是一種堅實的基礎，使得性別與強制性傾向系統得以運作？又或者「身體」本身是由政治力量所形塑，目的是為了在政治利益方面保持身體受到性的標記所束縛與建構？

性／別的差異與性範疇本身，似乎都預先假設了「身體」的普遍化，這種普遍化的出現早於身體獲得性別意義的時刻。這個「身體」通往看似被動的媒介，受到文化源頭的銘刻所意指，此一文化來源被描述為該身體的「外在」。然而，文化建構身體的所有理論，都應該要因為身體被描述為被動的、先於話語的，而去質疑「身體」是否真的是一種可疑的普遍式結構。早在十九世紀的活力論生物學（vitalistic biology）出現之前，這種觀點就已有了基督教論點與笛卡兒理論的先例，它們將「身體」理解為被動物質，不意指任何事物，或更明確地說，意指的是一種世俗的虛無，一種墮落的狀態：欺騙、罪惡、預兆式的地獄隱喻，以及永恆的陰性本質。沙特與波娃在作品中多處將「身體」描繪成一種無聲的真實性，期待身體能獲得某種只能由超脫意識賦予的意義，用笛卡兒的話來說，這種超越的意識是一種根本的非物質性。但是，是什麼事物為我們建立了這種二元論呢？是什麼事物把「身體」分離成了對意指漠然，又把意指本身分離成了一種實體意識遭到徹底去除的行為，或者該說，該行為使意識徹底脫離實體？笛卡兒的二元論在多大的程度上預設了現象學會採用結構主義的框架，而在此一框架中，思想／身體會被重新描述為文化／自然？在性別論述方面，這些充滿疑義的二元論會在多大程度上，於運作時仍然處於「本應引領我們離開二元論與其隱含之階級的論述」之中？身體的輪廓如何被清楚標記為一種理所當然的、銘刻了性別意義的基底或表面，一種比意指更早出現的、沒有價值的事實性存在？

維蒂格指出，特定文化的**先決**認知建立了「性」的自然性。但是，從什麼樣的謎樣意義上來說，「身體」會被當作一種不承認系譜學的、**乍看為真**的事物？即使在傅柯論及系譜學主題的文章中，身體也被描繪成一種文化銘刻的表面與場景：「身體是受到事件銘刻的表面。」[54]傅柯指出，系譜學的任務是「揭露那被歷史烙印的身體」。然而，他接著繼續描繪「歷史」的目標——顯然是以佛洛伊德的「文明」模式在理解歷史——是「身體的破壞」（一四八頁）。歷史透過銘刻的**歷史事件**（Entstehung），摧毀與保存那些具有多重方向性的力量與衝動。身體做為「永遠處於瓦解狀態的容器」（一四八頁）總是被困住，總是在遭受歷史脈絡的破壞。而歷史藉由意指行為成了價值與意義的創造者，這意指行為需要身體的臣服。對於製造言說主體與其意指來說，這種身體的摧毀是必要的。這樣的身體由語言的表面與力量所描述，由支配、銘刻與創造的「單一戲劇」所削弱。這並不是一種與其他歷史不同的歷史權宜之計，但對傅柯來說，這是一種展現出本質與壓抑姿態的「歷史」（一四八頁）。

儘管傅柯寫道「在人之中——就連在他的身體之中也是如此——沒有任何東西足夠穩定，能成為自我認知或理解其他人的基礎」（一五三頁），但他仍指出，文化銘刻的持續性是一種作用於身體上的「單一戲劇」。如果價值的創造，也就是意指的歷史模式，需要身體的摧毀，就像卡夫卡〈在流放地〉（In the Penal Colony）中使用刑求手段來摧毀其所書寫的身體一樣，那麼在銘刻之前必定已有身體的存在，這身體穩定且具有自我同一性，臣服於那犧牲式的摧毀。在某種意義上，傅柯的想法和尼采雷同，認為文化價值是身體銘刻帶來的結果，將身體理解為一種媒介，更確切地說，是一頁白紙；然而，為了讓銘刻能夠意指，這媒介本身必須被摧毀——也就是轉變到昇華的價值領域中。在這種文化價值的隱喻裡，歷史的形象成了無休止的書寫工具，身體則是為了讓「文化」得以浮現而必須被摧毀與轉換型態的媒介。

傅柯主張身體比其文化銘刻更早出現，似乎藉此假定了物質比意指與型態更早出現。由於依照他的定義，這種區別的運作對於系譜學的任務來說是必要的，所以這種區分本身會被排除在系譜學的調查對象之外。傅柯在他對赫克林的分析中，不時引用一種先於話語存在的身體力量多重性，這力量突破了身體的表面，顛覆權力體制——此一

54 Michel Foucault, "Nietzsche, Genealogy, History," in *Language, Counter-Memory, Practice: Selected Essays and Interviews by Michel Foucault*, trans. Donald F. Bouchard and Sherry Simon, ed. Donald F. Bouchard (Ithaca: Cornell University Press, 1977), p. 148. 本書的部分引文來自此論文。

權力體制被理解為「歷史」的興衰變遷——施加在身體之上、具有文化一致性的規範行為。如果我們拒絕了「有某種先於範疇存在的顛覆源頭存在」的假設，那麼我們是否仍能用系譜學的方法，把不是來自具體化的歷史、也不是來自某個主體的身體之分界，解釋成一種意指的實踐？這樣的劃定是對社會場域進行擴散且主動的結構化所帶來的結果。此一意指實踐在特定的管控式知識網絡中，為身體帶來了社會空間，也成為了身體的社會空間。

道格拉斯的《純淨與危險》（*Purity and Danger*）主張，「身體」這個輪廓本身就是透過多種劃定建立而成的，目的是設立文化一致性的明確符碼。建立身體界線的所有論述，都有利於設置與自然化某些特定禁忌，這些禁忌和適當限制、姿態與交換模式有關，定義了身體是由什麼組成的：

> 這些有關分離、淨化、分界與懲罰逾矩行為的概念，它們的主要功能是把系統強加在本質的不潔淨體驗上。唯有誇大內與外、上與下、男與女、偕同與對抗之間的差異，才能創造出秩序的表象。[55]

儘管道格拉斯顯然同意本質的不羈自然和文化方法強加的秩序之間具有結構主義上的不同，但她說的「不潔淨」也可以被重新描述為一種在**文化方面**不羈與錯亂的區域。道格拉斯假定了自然／文化之間的區別具有一種不可避免的二元性結構，因此她無法指出其他樣貌的文化構造，使得這樣的區別獲得超越二元框架的可塑性或增生。然而，她的分析也提供了另一個可能的出發點，能讓我們理解社會禁忌在建構與維護的身體界線所依據的關係。她的分析指出，建構了身體界線的永遠都不僅僅是物質，也包括了表面（也就是皮膚），這表面由禁忌與預料中的逾矩行為進行了系統性的意指；事實上，在她的分析中，身體的界線變成了社會本身的界線。她的觀點中對於後結構主義的挪用，很可能會把身體界線理解為社會**霸權**的限制。她認為許多文化中都存在著

> 一些汙染的力量，這些力量存在理念本身的結構中，它們對於那些在象徵意義

55 Mary Douglas, *Purity and Danger* (London, Boston, and Henley: Routledge and Kegan Paul, 1969), p. 4.

上破壞了本應結合者、或結合了本應該分開者的行為施加懲罰。由此可知，這汙染變成的危險不太可能發生，除非在宇宙或社會的結構出現了清楚的定義界線。

> 汙染者永遠都是錯的。他〔**原文如此**〕發展出錯誤的狀態，或直接跨越某些不該跨越的界線，此種換置會對某人帶來危險。[56]

某種意義上來說，西蒙·沃特尼（Simon Watney）在他的著作《監控慾望：愛滋、色情與媒體》（*Policing Desire: AIDS, Pornography, and the Media*）中，指出了「汙染者」如何在當代結構中被指認為罹患愛滋病的人。[57]這種疾病不但被描繪為「同性戀疾病」，媒體面對此疾病時做出的歇斯底里又恐懼同性戀的各種反應中，還有一種策略式的建構：在同性戀者因為同性戀傾向這個跨越了邊界的特質而導致被汙染的狀態，以及把這種疾病視為同性戀汙染的特定形式之間，存在某種連續性。在恐同意指系統那些駭人聽聞的圖像中，愛滋病是透過體液交換傳播的此一事實，代表了可滲透的身體界線對社會秩序本身帶來了危險。道格拉斯指出：「身體是一種可以代表各種有界線系統的模型。其界線可以代表任何具有威脅性或不穩定的界線。」[58]她提出了一個我們可能會預期在傅柯的論述中讀到的問題：「我們為什麼認為身體的邊界特別充斥了權力與危險？」[59]

道格拉斯認為，所有社會系統面對邊界時都是脆弱的，因此所有邊界都應該被視為是危險的。如果身體對於社會系統本身來說是一種換喻，或是開放式系統趨同中的一個場所，那麼任何形式的未管制滲透性，都會構成汙染與危害的場所。由於男人間的肛交與口交，顯然建立了霸權系統不允許的特定身體滲透性，所以在霸權觀點中，男同性戀會建構出充滿危險與汙染的場域，這場域無關乎愛滋在文化中的出現，也比這種出現更

56 同前註，一一三頁。

57 Simon Watney, *Policing Desire: AIDS, Pornography, and the Media* (Minneapolis: University of Minnesota Press, 1988).

58 Douglas, *Purity and Danger*, p. 115.

59 同前註，一二一頁。

早存在。同樣道理，儘管女同性戀罹患愛滋的風險較低，但她們的「汙染」狀態仍舊凸顯了她們的身體交換所具有的危險性。值得注意的是，位於霸權秩序「之外」，並不代表位於骯髒且不潔淨的自然狀態「之內」。矛盾的是，在恐同的意指經濟中，同性戀幾乎總是被視為既不文明又不自然的存在。

穩定的身體輪廓建構，依賴的是身體的滲透性與不可滲透性的固定場域。在同性戀與異性戀的脈絡中，那些性實踐為了達到性慾意指而開啟或關閉了表面與孔洞，但實際上，這些性實踐沿著新的文化界線重新描繪了身體的邊界。男性之間的肛交就是一例，一如維蒂格在《蕾絲邊的身體》對身體進行徹底重組。道格拉斯提到「這種性汙染表達了身體（在物理方面與社會方面）保持完整的慾望」，[60]代表「這個」身體的自然化概念本身就是禁忌帶來的結果，這些禁忌使身體藉由自身的穩定邊界而確立。此外，支配各種身體器官的過渡儀式，預設了一種異性戀結構的性別交換、位置和性慾可能性。解除管制這種交換，會因此毀壞那些決定了何為身體本質的界線。事實上，以批判式探詢去追溯身體輪廓被建構的管控實踐，恰恰會構成「身體」在離散性中的系譜學，可能會使傅柯的理論更加基進化。[61]

值得注意的是，克莉絲蒂娃在《恐怖的力量》（*Powers of Horror*）裡關於屈辱的討論中，首次建議使用這種建構了邊界的結構主義禁忌概念，其目的是透過排除打造出離散的主體。[62]這種「屈辱」指的是從身體裡排出、被視為排泄物、直接被當成「**他**

---

60 同前註，一四〇頁。

61 傅柯的文章〈逾矩的序言〉（A Preface to Transgression）（出自《語言、反記憶、實踐》〔*Language, Counter-Memory, Practice*〕）確實提出了值得注意的觀點，能夠和道格拉斯認為亂倫禁忌建構了身體界線的概念相互比較。此文章一開始的撰寫目的是向喬治·巴塔耶（Georges Bataille）致敬，其中有一部分是在探討越界享樂的隱喻「汙穢」，以及禁忌孔洞與汙泥覆蓋之墳墓間的連結。見四十六－四十八頁。

62 克莉絲蒂娃以簡短的篇幅討論了道格拉斯的作品，這討論出現在《Powers of Horror: An Essay on Abjection》（trans. Leon Roudiez. New York: Columbia University Press, 1982. originally published as *Pouvoirs de l'horreur* [Paris: Éditions de Seuil, 1980]）。克莉絲蒂娃將道格拉斯的觀點同化至她自己對拉岡重解讀，寫道：「汙染是象徵系統拋棄的事物。它脫離了社會理性，也就是逃避了社會集合所立基的邏輯秩序，接著它從個體的暫時群聚中分化出來，簡而言之，就此形成了一個階級系統或結構」（六十五頁）。

者」的事物。表面上看起來，這是在排除一種異質元素，但這異質元素實際上是透過驅逐行為建立起來的。將「非我」的結構視為屈辱，建立了身體的界線，這界線同時也是主體的最初輪廓。克莉絲蒂娃寫道：

噁心使我在遇到奶脂時退避三舍，讓我遠離了提供這奶脂的父親與母親。「我」一點都不想要那物質，那是他們的慾望象徵；「我」不想要傾聽，「我」不想要同化它，「我」想要排除它。但是，由於食物對「我」來說並非「他者」，我則只存在於他們的慾望中，所以我放逐**我自己**，驅逐**我自己**，透過「我」用來建立我自己的相同動作來鄙視**我自己**。[63]

身體的界線，就如同內在與外在的差異一樣，其建立方式是排除原屬於身分認同的一部分，並將這部分重新評價為汙穢之物。正如艾莉斯．楊（Iris Young）運用克莉絲蒂娃的理論去理解性別歧視、恐同與種族歧視時提出的主張，當身體因為性、性傾向與／或膚色而被否定時，這是一種「驅逐」，並隨之帶來「排斥」，這種排斥順著性／種族／性傾向的分化軸線，建立與鞏固了文化上的霸權身分。[64]艾莉斯・楊對克莉絲蒂娃的挪用顯示，排斥可以用何種排除與支配的方法來建立「**他者**」或一整組**他者**，並鞏固以他者為基礎的「身分」。藉由把主體劃分為「內部」與「外部」世界後建構出的，是為了社會調節與控制，而勉強維持住的界線與邊緣。內部與外部之間的界線被排泄通道打亂了，在這些排泄通道中，內部變成了外部，這種排泄功能變成了其他身分的分化形式的模式。事實上，在這個模式中，**他者**變成了屎糞。若要讓內部與外部世界維持全然區分，整個身體表面就必須達成一種不可能達成的無法滲透性。封閉身體的表面會打造出毫無瑕疵的主體邊界；但這種封閉將不可避免地爆開，原因正是它所恐懼的排泄穢物。

---

63 同前註，第三頁。

64 Iris Marion Young, “Abjection and Oppression: Dynamics of Unconscious Racism, Sexism, and Homophobia,” paper presented at the Society of Phenomenology and Existential Philosophy Meetings, Northwestern University, 1988. In *Crises in Continental Philosophy*, eds. Arleen B. Dallery and Charles E. Scott with Holley Roberts (Albany: SUNY Press, 1990), pp. 201-214.

不管內部和外部的空間區分具有多麼引人入勝的隱喻，它們仍然是語言，目的仍是促進和清楚表達一系列令人恐懼與渴望的幻想。唯有連結到一個為了穩定而發展的中介界線後，「內部」和「外部」才會具有意義。這種穩定性、連貫性，有很大一部分是文化秩序決定的，這種秩序認可主體，並強迫主體與其屈辱之物區分開來。因此，「內部」與「外部」建構了二元區分，藉此穩定且鞏固了連貫性主體。當主體受到挑戰，此脈絡的意義與必要性將成為換置的對象。如果「內部世界」不再意指傳統概念，那麼自我的內部固定性，甚至性別認同的內部場域，就會變得同樣值得懷疑。此處的關鍵問題不是該身分**如何**被**內部化**？彷彿內部化是種過程或機制，可以用來描述重建。此處的關鍵問題應該是：從大眾論述的哪一個策略位置，以及為了什麼理由，使得內部的比喻和內部／外部的分離二元性確立了地位？「內部空間」在何種語言中被具象描繪出來？這是哪一種具象描繪？它又是透過哪一種身體的具象描繪獲得了意指？身體如何在其表面具象描繪出那隱藏在身體深處的不可見性？

從內部性到性別操演

傅柯在《規訓與懲罰》中挑戰了內部化的語言，這是因為此語言的運作有利於制服罪犯與主體化罪犯的規範體制。[65]儘管傅柯在《性史》中反對他視為精神分析信仰所論及的性的「內部」真相，但他在犯罪學史的脈絡下，卻為了不同目的而去批判這種內部化的學說。從某種意義上來說，《規訓與懲罰》可被解讀為傅柯想重新撰寫尼采針對**銘刻**模式在《道德系譜學》中論及的內部化學說。傅柯寫道，在受刑人的背景脈絡下，所用的策略不是強行壓抑他們的慾望，而是強迫他們的身體把禁制律法意指成他們的本質、風格與必要之物。該律法並不是直接被內部化的，而是被合併的，帶來的結果是

65 Parts of the following discussion were published in two different contexts, in my "Gender Trouble, Feminist Theory, and Psychoanalytic Discourse," in *Feminism/Postmodernism*, ed. Linda J. Nicholson (New York: Routledge, 1989) and "Performative Acts and Gender Constitution: An Essay in Phenomenology and Feminist Theory," *Theatre Journal*, Vol. 20, No. 3, Winter 1988.

製造出了一些身體，而律法在這身體之上被意指，也透過這身體被意指；在此，律法展現為他們自身的本質、他們的靈魂意義、他們的良知與他們「渴望哪些事物出現」的規則。事實上，律法既是徹底展現的，也是徹底隱藏的，因為律法永遠都不會展現在律法制服且給予主體性的身體之外部。傅柯寫道：

> 把靈魂描述成一種錯覺，或一種意識形態效果，都是錯誤的。事實正好相反，靈魂是存在的，靈魂具有真實性，靈魂藉由那些受到懲罰的人身上所行使的權力而產生，永遠都在身體的**周圍**、**上方**、**內部**運作。（粗體為作者加註）[66]

被理解為位在身體「內部」的內在靈魂樣貌，透過身體「上」的銘刻而受到意指，雖然它的原初模式是透過其缺席及其力量的不可見性而存在。透過將身體意指為有活力且神聖的封閉事物，製造出建設化之內在空間的結果。身體缺乏的正是靈魂；因此，身體所呈現的自身就是意指的缺乏。那樣的缺乏**即是**身體，它把靈魂意指為無法顯示的事物。那麼，從這個層面來說，靈魂是一種表面的意指，意指會挑戰並換置內部／外部的差異本身，靈魂是銘刻在身體**之上**的內部精神空間，具有社會意義，卻始終否認這一點。在傅柯的論述中，靈魂並不像某些基督教意象所暗指的，靈魂沒有被身體囚禁或被囚禁在身體中，傅柯認為「靈魂是身體的牢籠」。[67]

在身體的表面政治脈絡下重新描述心靈內部的過程，暗示了必然會將性別重新描述成幻想形象的規範產物，此一重新描述是透過身體表面的存在與缺席完成的，它透過一系列的排除與否定、透過意指缺席，完成性別化之身體的建構。但是，是什麼決定了身體政治所展現與隱藏的文本呢？是什麼禁制律法產生了性別的身體風格化、幻想，與身體的幻想型態？我們已經討論過亂倫禁忌與反對同性戀傾向的先決禁忌被當作性別身分出現的瞬間，這些禁忌隨著理想化異性戀體制與強制異性戀體制的文化知識網絡一起出現，製造出了身分認同。為了有利於生殖領域中的異性戀結構與性傾向規範，這樣的規

66 Michel Foucault, *Discipline and Punish: The Birth of the Prison*, trans. Alan Sheridan (New York: Vintage, 1979), p. 29.

67 同前註，三十頁。

範式性別生產導致了虛假的性別穩定性。一貫性的結構隱藏了在異性戀、雙性戀、男女同性戀脈絡中蔓延的性別不連續性，在這些脈絡中，性別不一定來自性，而慾望或性傾向也不見得會追隨著性別——事實上，這些重要的肉體層面全都無法表現或反映出任何一個其他面向。身體場域裡的解體和分解破壞了異性戀連貫性的規範式虛構時，表達的模型似乎就失去了描述的力量。接著，此一規範概念被揭露了，它其實是一種常規與虛構之物，它把自己偽裝成發展的法規，去管制它意圖描述的性領域。

然而，當我們把身分認同理解為一種演繹的幻想或合併時，根據這種理解，連貫性顯然是被渴望的、被希望的、理想化的，而這種理想化是身體意指帶來的結果。換句話說，文字、行動與慾望會製造出內部核心或內部物質的結果，但這結果會藉由意指缺席的戲碼出現在身體**表面**，如此缺席只會暗指——但永遠不會揭露——身分的組織原則是某種起因。這樣的行為、姿態、演繹大多可以解釋為在某種層面上具有**操演**特質，因為它們原本意欲表達的本質或身分，都是透過有形符號和其他話語方法而製造出來或維持下去的**編造之物**。性別化的身體具有操演性此一敘述，代表除了構成其現實的各種行為之外，這身體不具有本體論的地位。這也代表了，若該現實被編造成一種內部本質的話，那麼這種內部性就是一種明確的公眾話語與社會話語所具有的影響與功能，是透過身體的表面政治對幻想進行的公共管控，是區分內部與外部的性別邊界控制，它藉此建構了主體的「完整性」。換句話說，各種行為與姿態，以及被清楚表述和執行的慾望，都創造了一種內部與組織式的性別核心假象、一種以話語維持的假象，目的是在生產式異性戀體制的絕對框架中規範性傾向。如果慾望、姿態與行為的「起因」可以被定位在演員的「自我」之中，那麼製造出了表象連貫式性別的政治規範與管控實踐，就能被置換到視線之外。將性別認同的政治起源與話語起源換置到心理「核心」上，便排除了針對性別化主體的政治結構與其虛構概念——性與真實身分具有一種無法言明的內在性——的分析。

如果性別的內在真實是編造之物，如果真實的性別是一種建構與銘刻在身體表面的假象，那麼性別似乎也就既非真、也非假，而只是一種被製造出來、原初且穩定的身分話語帶來的真實結果。在《敢曝教母：美國的女性扮演者》（*Mother Camp: Female Impersonators in America*）中，人類學家艾絲特・紐頓指出，扮演的結構透過性別占據的社會建構，揭露了一種關鍵的編造機制。[68]我同樣認為變裝（drag）徹底顛覆了心理空間的內部與外部差異，也大大嘲笑了性別的表達模式與真正性別身分概念。紐頓寫道：

> 在最複雜的狀態下，〔變裝〕是一種雙重反轉，會告訴人們「外表是一種假象」。變裝說〔紐頓在此使用了奇怪的擬人法〕：「我的『外部』表象是陰性的，但我的『內部』本質〔身體〕是陽性的。」與此同時，它也代表了相反的反轉：「我的『外部』表象〔我的身體、我的性別〕是陽性的，但我的『內部』本質是陰性的。」69

兩種主張彼此矛盾，因此使得性別意指的演繹徹底脫離了真實與虛假的話語。

在變裝、異裝（cross-dressing）和T／P性別風格的文化實踐中，「原始的或原初的性別身分」此一概念常常受到諧擬模仿。在女性主義的理論中，這種諧擬身分一直都被理解為對女性的貶低，在變裝和異裝的例子如此，在異性戀不加批判地挪用性別角色的刻板印象時如此，在T／P的女同性戀身分中尤是如此。但我認為，「模仿」和「原始」之間的關係遠比那些常見的批判範圍更加複雜。此外，這也讓我們獲得線索能了解原初身分——也就是賦予給性別的原始意義——與隨後出現的性別經驗之間的關係可能會如何重新建構。變裝操演所操弄的，是表演者的生理解剖狀態與被表演的性別之間的差異。但事實上，我們面對的是有意義的身體的三種可能面向：生理解剖的性、性別身分與性別操演。如果表演者的生理解剖特徵已經和表演者的性別區分開來了，而且這兩者和表演者所表演的性別也區分開來了，那麼表演代表的就不只是性和表演之間的不一致，也代表了性和性別，以及性別和表演之間的不一致。正如變裝創造了統一的「女人」形象（批評者經常反對這一點），變裝也揭露了這些性別經驗各個面向之間的差異，這些差異透過異性戀連貫性的規範式幻象，自然化成一種統一的假象。**在模仿性別的過程中，變裝隱晦地揭露了性別本身的模仿結構——以及性別的偶然性**（contingency）。事實上，操演的部分歡愉與令人暈眩之處在於，在面對經常被預設為

68 參見 Esther Newton 的《Mother Camp: Female Impersonators in America》（Chicago: University of Chicago Press, 1972）其中〈Role Models〉這一章。

69 同前註，一〇三頁。

自然與必要的因果統一性時，操演承認了性與性別之間的關係具有根本的偶然性。我們在本應是異性戀連貫律法的位置上，看見的卻是性與性別被操演方法去自然化，這方法承認了性與性別的差異，並誇大了這兩者編造出來的統一文化機制。

雖然我們在此為性別諧擬概念辯護，但不代表我們假定這種諧擬身分有可供模仿的原型。事實上，諧擬**就是**「原型」這個概念本身；就像在精神分析中，真正建立了性別認同概念的，其實是「對於某個幻想的幻想」，也就是將他者變形，而「他者」一直都是個具有雙重意義的「形象」（figure），所以性別諧擬揭露的是，性別在修改自身時使用的原初身分，其實是一件沒有原型的模仿品。更準確地來說，事實上——也就是從結果來看——這是一種製造，但擺出了模仿的姿態。這種持續換置建構了身分的流動性，暗示了一種對於重新意指與重新脈絡化的開放態度；諧擬的增生使得霸權文化與其批評者，都無法再繼續主張自然化或本質主義的性別身分。儘管這些諧擬風格中的性別意義顯然也是霸權且厭女的文化其中一部分，但透過在諧擬方面的重新脈絡化，這些性別意義也受到了去自然化與調動。這些模仿有效地取代了原型的意義，模仿了原創神話本身。性別身分取代了做為決定因素的原初身分認同，因而可能會被重新設想為接受意義的個人／文化歷史，它受到一套模仿實踐的影響，而這套模仿實踐會橫向連結到其他模仿，共同建構出原初的、內部的性別化錯覺，或者諧擬該結構的機制。

根據詹明信在〈後現代主義與消費者社會〉（Postmodernism and Consumer Society）的論述，那些嘲笑原型概念的模仿其實是拼貼模仿（pastiche）的特徵，而不是諧擬（parody）的特徵：

> 拼貼模仿就像諧擬一樣，是在模仿一種特定的或獨特的風格、戴上某種風格學的面具、訴說一種已死的語言：但這是一種中立的模仿，沒有諧擬的隱密動機、沒有諷刺意味、沒有嘲笑，也沒有一種潛伏在底下的感覺，讓人覺得有些事物比被模仿的事物更**普通**，覺得被模仿的事物比較滑稽。拼貼模仿是空白的諧擬，是失去了幽默的諧擬。[70]

70 Fredric Jameson, "Postmodernism and Consumer Society," in *The Anti-Aesthetic: Essays on Postmodern Culture*, ed. Hal Foster (Port Townsend, WA.: Bay Press, 1983), p. 114.

然而，失去了「普通」感受這件事本身也會成為嘲笑的理由，尤其當「普通」、「原型」被揭露了其實是一種複製，而且必定是失敗的複製後，更是如此，「普通」與「原型」是沒有人**可以**體現的理想。從這個層面來看，在理解了原型一直以來都是後天衍生出來的之後，嘲笑也隨之出現。

諧擬本身並不具有顛覆性，必定有某種方式能讓我們理解，重複做出特定的諧擬行為能有效地造成破壞、製造真正的困擾，也讓我們理解哪些重複行為會被馴化成文化霸權的工具，再次開始流通。提出行為的類型學顯然並不足夠，因為諧擬的換置，或者更確切地說，諧擬的嘲笑所依賴的，是培育出顛覆式混淆的脈絡與對此的接納。何種操演會顛倒內部／外部的區別，並迫使人們對性別身分認同與性傾向的心理預先假設做出根本的反思？何種操演會迫使人們重新思考陽性與陰性的位置與穩定性？何種性別操演會推動並揭露性別本身的操演性，同時使得自然化的身分範疇與慾望變得不再穩定？

如果身體不是一種「存在」（being），而是一種可變的界線、一種由政治控制了可滲透特質的表面、一種位於性別階級與強制異性戀體制的文化場域之內的意指行為，那麼，我們還能用何種語言去了解性別這個在其表面建構了「內部」意指的身體行為呢？沙特可能會把這種行為稱作「存在的風格」（a style of being），傅柯則可能會將之稱作「存在的風格學」（a stylistics of existence）。在我稍早對波娃的解讀中，我指出性別化的身體是許許多多「肉體的不同風格」。這些風格從來都不是自我形成的風格，因為風格具有歷史，而那些歷史支配與限制了可能性。舉例來說，當我們把性別視為一種肉體風格、一種「行為」時，它便具有意圖與操演性，此處的「**操演性**」代表的就是戲劇化且偶然的意義結構。

維蒂格將性別理解為「性」的運作結果，「性」在這裡是一種強制的命令，目的是使身體成為文化標誌，服從歷史所限定的可能性將自身物質化，而且這不是只發生一、兩次的事，而是一個持續的、重複的身體計畫。然而，「計畫」這個概念就代表了一種根本意志的起始力量，而因為性別這個計畫的目的是文化存續，所以「策略」才能以較適當的方式表達出那些不斷發生的各種性別操演所處的受迫狀態。因此，做為在各種強制系統中的一項生存策略，性別是一種帶有清楚懲罰性後果的操演。在現代文化中，離散的性別是使個體「人性化」的事物之一；事實上，我們時常懲罰那些沒有正確表現性別的人。由於性別不會表達或外顯化任何「本質」，也不會追求客觀理想，也因為性別不是一種事實，所以性別的各種不同行為會創造出性別的概念，若沒有這些行為，也就根本不會有性別存在。因此，性別是一種經常隱匿自身起源的結構；是一種集體默認要表演、生產與維持離散性別與兩極性別的協議，使這些性別成為文化虛構之物，這樣的協議受到其產物的可信度所掩蓋——並且懲罰那些不同意相信產物的人；這樣的結構「強迫」我們相信此一結構是必要的與自然的。透過各種物質方式具體發生的歷史可能性，只不過是在脅迫之下，以另一種方式體現與轉移、受到懲罰所規範的文化虛構之物。

試想一下，性別規範的積澱製造出了一些特殊現象，例如「自然的性」、「真正的女人」或許多普遍存在且具有強制性的社會假象，此一積澱會隨著時間演進製造出一系列身體風格，這些風格具體化之後，會以自然身體結構的樣貌呈現出來，而那些結構會落入彼此二元對立的兩種性別之中。如果這些風格被樹立了，如果這些風格製造出了表現得像是原型、具有連貫性的性別化主體，那麼何種操演會揭露這種表面上的「成因」其實是一種「結果」？

還有，性別在何種層面上算是一種行動呢？如同其他儀式性的社會戲碼中的狀況，性別的行為需要一種**重複**的操演。這種重複既是一種反覆執行，也是在反覆體驗一組已在社會中確立的意義；這種重複是意義在合法化之後的世俗化、儀式化型態。[71] 儘管有些個別的身體透過風格化進入了性別化模式，藉此執行了這些指稱，但此「行為」卻是一種公眾行為。這些行為具有一些暫時的與集體的面向，而且這些行為的公眾特性並非無關緊要；事實上，操演會受到「在二元框架中維持性別」此策略性目標的影響——這個目標不能被歸因於某個主體，相反的，我們必須理解，這個目標會奠定並鞏固主體。

性別不應該被解釋為一種穩定的身分，或帶來各種行為的能動力場域；性別應該是隨著時間演進而構成的脆弱身分認同，透過風格化的重複行為而在外部空間建立起來。性別的結果是透過身體的風格化所產生的，因此，我們必須把性別的結果理解為一種世

71 參見 Victor Turner 的《Dramas, Fields and Metaphors》（Ithaca: Cornell University Press, 1974）。另見 Clifford Geertz 的〈Blurred Genres: The Refiguration of Thought〉（*Local Knowledge, Further Essays in Interpretive Anthropology* [New York: Basic Books, 1983]）。

俗的途徑，而各種身體姿態、動作與風格透過這種途徑，建立了一種永久不變、性別化的自我假象。這種表象使性別的概念脫離了實質身分的模式，轉而變成了建構**社會暫時狀態**所需的概念。值得注意的是，如果性別是透過內部不連續的行為建立而成，那麼**物質的表象**恰恰正是一種建構出來的身分、一種操演的完成，而世俗社會的觀眾——包括演員自己——都逐漸相信這種身分，也逐漸開始用信仰的模式進行操演。性別也是一種永遠無法徹底內部化的規範；「內部」是種表面指稱，而性別規範終究是一種幻影，永遠不可能具象化。如果性別身分的基礎是一種透過時間演進達成的風格化重複行為，而不是表面上看似毫無瑕疵的那種身分，那麼「基礎」的空間隱喻將被取代、被揭露成一種風格化的結構，更確切地來說，是一種時間的性別肉體化（a gendered corporealization of time）。接著我們將會看到，這種持續的性別化自我是由重複的行為建構出來的，目的是更加接近身分認同的理想實質基礎，但它們偶爾出現的**不連續性**，揭露了這種「基礎」其實毫無基礎，而是具有暫時性與偶然性。性別轉型的可能性恰恰存在於這種行為的任意關係中，存在於無法重複、去型態化或諧擬重複的可能性中，這些行為揭露了持續身分的虛假結果其實是一種政治上的脆弱結構。

然而，如果性別特性不是一種表達，而是一種操演的話，那麼事實上，這些特質便構成了它們聲稱自己表達或揭露的身分。表達與操演之間的差異至關重要。如果性別特質和行為，這些身體用來表現或製造出文化意指的方式都具有操演性，那就不會有預先存在的身分能讓行為或特質衡量；性別行為也不會有正確或錯誤、真實或扭曲的差異，而真實性別身分的假定將會被揭露為一種規範式的假象。若性別現實是從持續的社會操演中創造出來的，就代表了本質的性以及真正的或不變的陽性或陰性這樣的概念，也被建構成了策略的一部分，此一策略隱藏了性別的操演特質與操演可能性，也隱藏了在陽性主義所支配與強加的異性戀限制框架之外，增加性別結構的可能性。

性別可以既非正確也非錯誤，既非真實也非表象，既非天生的原型也非後天的衍生。然而，做為這些特質的可靠載體，性別也可以變得徹底的、完全的**不可信**。

結語　從諧擬到政治

我一開始探討的問題，是女性主義政治的運行能否撤除女性範疇的「主體」。關鍵並非「為了女性的代表性而戰略性或暫時性地提及女性」是否合理。女性主義的「我們」永遠只會是一種虛幻的概念，此概念有它自己的目的，卻又拒絕接受這個詞語的內部複雜性與不確定性，而且，它唯一建構自身的方式，就是排除它同時希望能代表的一部分群體。然而，「我們」的虛幻狀態並不該導致絕望，或者該說**不只**導致絕望。此範疇的極度不穩定性質疑了女性主義政治理論所受到的**根本**限制，也開啟了其他構想的可能，不只性別與身體的構想，也包含了政治本身的構想。

身分政治的基礎主義論述傾向於假定，身分必須先存在，政治利益才能被闡述，接著政治行動才能產生。我則認為「行為背後的執行者」沒有存在的必要，這個執行者應該是以各種不同的方式，在行為之中透過行為去建立的。這不代表我要回歸到存在主義所說的，自我透過其行為來建立，因為存在理論向來認為，自我與其行為都具有先於話語存在的結構。我感興趣的正是此處的自我與其行為，這兩者都在話語層面上以多變的方式建構於彼此之中，也透過彼此建構出自身。

「能動力」的位置問題通常都和「主體」的生存力相關，依據此觀點的理解，「主體」擁有的穩定存在比主體協調的文化領域更早出現。又或者，如果主體是在文化層面上建構的，那麼主體仍會被賦予一種能動力，此能動力通常會表現為反思協調的能力，無論遭遇何種文化嵌入事件，它都能維持毫髮無傷。在這樣的模式中，「文化」與「話語」會使主體**陷入**困境，而不會建構該主體。在建立一個文化與話語無法全然**決定**的能動力位置時，似乎有必要限定此一預先存在的主體，並使之陷入困境中。然而，這種論述錯誤假設了：(A)唯有訴諸先於話語存在的「我」（I）才能建立能動力，就算「我」出現在話語趨同之中也一樣；(B)被話語**建構**也就等於被話語**決定**，而這樣的決定也就排除了能動力的可能。

就算是在那些維持高度限制或由情境決定的主體理論中，主體仍會在一種對立的認識論框架中遇到其話語建構出來的環境。陷入文化困境的主體同樣會協調自己的結構，就算那些結構其實正是主體身分的前提也一樣。舉例來說，在波娃的描述中，有一個「我」打造了其性別，並且變成了其性別，但那個「我」雖然不可避免地與其性別有關，卻無論如何都是一個能夠改變的狀態，永遠都無法完全等同於其性別。我思故我在之中的「我」從來都不完全**屬於**它所協調的文化世界，無論主體和其文化前提之間的本體論距離有多靠近都一樣。在闡述膚色、性傾向、種族、階級與身體健全等前提的女性主義身分理論中，總是會以令人尷尬的「等等」（etc.）做為此列表的結尾。透過這些形容詞的水平軌跡，這些位置努力試著含括一個處於特定情境的主體，但總是無法成功。然而，這樣的失敗是有益的：從這些時常出現在列表結尾且令人惱怒的「等等」之中，可以衍生出何種政治動力？這是一種精疲力竭的象徵，也是一種代表「無限的意指過程」的象徵。這是一種**額外補充**（supplément），一種多餘，只要試圖確立一勞永逸的身分，這種多餘必定會出現。然而，這種不受限制的「**等等**」會使自身成為女性主義政治理論的新出發點。

如果身分是透過指稱的過程確立的，如果身分總是已經被意指了，卻又在各種彼此連結的話語中流通時繼續意指，那麼能動力的問題就不能透過先於意指的「我」來回答。換句話說，意指的結構提供了能夠確立「我」的先決條件，此結構是一種規則，規範了代詞是合法或非法，也是一種實踐行為，建立了可理解的脈絡，使代詞能夠流傳。語言並不是一種**外部媒介或工具**，我不能把自我注入其中，也不能從中拾取自我的反射。馬克思、盧卡奇（Lukacs）與許多當代自由主義論述都採用了黑格爾的自我認知模型——預設做為客體面對其世界（包括其語言）的「我」，以及在該世界中發現自己是客體的「我」之間，具有潛在的趨同可能性。但是，屬於西方認識論傳統的主體／客體二分法，卻恰恰限制了它想要解決的身分認同問題。

是什麼話語傳統在認識論中建立了「我」與「他者」的對抗關係，且這種對抗關係隨後決定了可理解與能動性的問題要在哪裡以何種方法決定？若我們在定位認識論的主體時，會因為主體的規則以及預先規範其能動力的規則與實踐，而把主體的定位排除在分析與批判干涉之外的話，那麼，哪一種能動力會因此被排除在外呢？認識論的出發點絕非不可避免，日常語言的世俗運作對此做了素樸且普遍的認證——人類學廣泛記載了這一點——在日常語言的運作中，主體／客體的二分法被視為奇怪且偶然，甚至暴力的哲學強制概念。這種挪用、工具性與距離的語言，和認識論模式密切相關，此語言屬於一種支配策略，會使「我」與「他者」對立，一旦出現了這種對立，就會創造出一系列有關他者的可知性與可回覆性的人為問題。

這種二元對立做為當代政治身分話語的認識論傳承的一部分，是位於一組特定意指實踐中的策略行動，它透過處於這種對立之中、透過這種對立本身建立了「我」，並將這種對立具體化為必然，隱藏了構成二元性的話語機制。從身分的**認識論**敘述，轉移到將問題置於**指稱**實踐之中的轉變過程，使得認識論模式本身得以被視為一種可能的、偶然的意指實踐來分析。此外，**能動力**的問題被重建成「意指與重新意指要如何運作」。換句話說，被意指為身分的事物，並不是在某個時間點被意指之後就只會停留在原地，變成一種毫無活力的實體語言。身分當然可以展現出無數種毫無活力的實體表象；事實上，認識論模式傾向於把這種表象用來當作其理論的出發點。然而，這些實體的「我」之所以顯現出這些表象，全是透過意指實踐去試著隱藏它本身的作用，去自然化它帶來的影響。此外，要獲得實質身分的資格是一項艱鉅的任務，因為這些表象是規則製造出來的身分，此製造依賴的是持續地、重複地使用規則，去限定與限制文化上可理解的身分實踐。事實上，要把身分理解為一種**實踐**，而且是一種意指的實踐，也就等於是把文化上可理解的主體，視為受規則所限制之話語帶來的結果，此話語將自身置入了語言生活中廣泛且世俗的意指行為裡頭。從抽象層面思考，語言代表的是一個開放的符號系統，透過該系統，可理解性會不斷地受到創造與挑戰。話語做為歷史上的特定語言組織，以複數的形式呈現，在時間的框架中同時存在，並且建構了無法預測也並非刻意的各種趨同，從中產生了一些獨特的話語模式可能性。

意指這個過程本身蘊含了認識論話語所指稱的「能動力」。那些支配了可理解身分的規則，也就是允許和限制了「我」這個可理解主張的規則、其中一部分順沿性別階級和強制異性戀矩陣建構出來的規則，是透過**重複**來運作的。事實上，當我們說主體是被建構出來的，意思只是代表，主體是特定規則所掌控的話語帶來的結果，此話語掌控了身分使用方式的可理解性。主體並不是由製造出主體的規則所**決定**的，這是因為意指**不是一種建立的行為**，**而是一種受到規範的重複行為**，這種重複行為透過產生具體的結果產物來隱藏自身，並強迫執行其規則。在某種層面上來說，所有意指都發生在強制重複的軌道中；那麼，「能動力」就應該位於此重複之下某種不同的可能性裡。如果支配意指的規則不只會施加限制，同時也允許我們主張一些另類的文化可理解領域，也就是能夠挑戰階級二元主義的嚴格規範的性別可能性，那麼，只有在重複意指的實踐**之中**，身分的顛覆才會成為可能。**成為**特定性別的命令必定會失敗，這些不連貫的結構在其多重性的層面上，超越並違背了製造出它們的命令。此外，成為特定性別的命令本身是透過話語的途徑執行的：成為好母親、成為異性戀渴望的對象、成為合格的工作者，也就是同時滿足多種不同需求，分別以此證明自己處於該性別。因此代表著，這種話語命令的共存或趨同，產生了重新配置與重新調度的複雜可能性；這並不是說有一個超越的主體，能在這樣的趨同之中產生行為。並沒有自我是先於趨同存在的，也沒有一個維持「完整性」的自我，是在進入這個衝突的文化場域之前就存在的。存在的只有可以直接拾起的、已經存在的工具，而「拾起」這個動作是因為工具已經存在才得以實現。

在性別的意指實踐中，是什麼事物構成了顛覆式的重複？舉例來說，我先前曾指出（哲學結論中使用了「我」這個文法，但請留意，這邊的「我」本身就是這種文法所帶來、所促成的，就算這個「我」之後繼續重複既有的用法、改變這種用法，以及——正如各種批判所說的——挑戰了構成這個「我」的哲學文法，狀況也不會改變），在性／

性別的區別中，性表現出來的姿態是「真實」與「事實」，是一種物質或身體的基礎，性別以此基礎進行文化銘刻的運作。然而，性別並不是被寫在身體上，性別不是卡夫卡〈在流放地〉中所說的，是一種用來折磨的書寫工具，把自身用不可理解的方式銘刻在受刑人的肉體上。問題不在於該銘刻承載著何種意義，問題在於何種文化設置在工具與身體之間安排了此一相遇？在這種儀式重複中，何種干涉是可能的？「真實」與「性事實」是虛假的結構——物質的錯覺——身體被迫要靠近這個結構，但卻永遠也無法達到。那麼，是什麼揭露了虛幻與真實之間的裂縫，讓真實在此承認自身是幻想的呢？這是否提供了一種重複的可能性，且此一重複並沒有受到重新鞏固自然化身分之命令的徹底限制？正如身體的表面被解讀成具有自然特性，這些表面也可以成為不和諧與去自然化的操演場所，揭露自然本身具有的操演狀態。

諧擬的實踐可以重新活用與重新鞏固兩種性別結構間的差異：特權與自然化的性別結構，以及看似衍生出來的、虛幻的、模擬的性別結構——後者是失敗的複製品。諧擬確實一直都被用來加強一種絕望政治，也就是承認把邊緣性別從自然與真實的領域排除，似乎是無法避免的一件事。然而我認為，這種無法變成「真實」、無法將「自然」

具象化的失敗，其實是位於所有性別演繹中的一種結構式失敗，原因正是這些本體位置從根本上來說是無法居住的。因此，在諧擬實踐的拼貼模仿結果中有一種顛覆式的可笑之處，在這之中，原型、真誠與真實都被建構成此一可笑的結果。失去性別常規將導致性別結構增生、實體身分不穩定，並且剝奪強制異性戀體制在自然化論述內的中心主人翁：「男人」與「女人」。性別的諧擬重複同時也揭露了此一錯覺：性別身分是一種棘手的、具有深度的內部物質。性別做為一種隱晦的、政治的強制操演所導致的結果，其實是一種「行動」，它以開放的態度接受分裂、自我諧擬、自我批判和各種「自然」的誇張展示，在過度的狀態下，這種展示會揭露性別最根本的虛幻狀態。

我先前曾試著指出，身分範疇往往被假定是女性主義政治的基礎，也就是假定，若想將女性主義推動為身分政治，身分範疇就是必須的，同時也預先限制和拘束了女性主義應該要開啟的文化可能。那些被默許的限制製造出了文化上可理解的「性」，我們應該將這些限制理解為普遍的政治結構，而非自然化的基礎。矛盾的是，當我們把身分的重新概念化視為一種**結果**，也就是視為一種**生產出來**或**製造出來**的事物，那麼也就開啟了「能動力」的可能性，在此之前，把身分範疇視為固定基礎的立場暗中排除了這些可能性。把身分視為結果，代表了身分既不是命運決定的，也不全然是人為的和任意的。身分**被建構出來**的狀態會沿著這兩條彼此衝突的路線被曲解，代表了女性主義論述在文化方面的結構仍陷於自由意志與決定論的不必要二元論當中。結構和能動力並非對立；結構是能動力的必要場景，是能動力得以清楚表述且在文化方面變得可以理解的必要條件。女性主義的關鍵工作並不是在「建構出來的身分」之外建立一個觀點；這種自以為是的認識論結構誤以為自己是一種放諸四海皆準的主體、一種全球性的位置，可以超越所有文化脈絡，但這正是女性主義應該批判的帝國主義策略。女性主義的關鍵工作應該是找出哪些結構促成了顛覆式反覆策略，透過參加這些建構身分的重複行為，確認局部干預的可能性，並因此展現出對抗這些實踐的內在可能。

本文的理論式探詢是為了在每一個建立、限制與鬆綁身分認同的意指實踐中找出政治的位置。然而，能達成此目標的唯一方法是引入一系列問題，以拓展政治概念本身。要怎麼做才能破裂基礎，揭露掩於其下的性別另類文化結構？要怎麼做才能動搖身分政治「前提」的虛假面向，並揭露其虛假？

這項工作需要批判式的系譜學去探討性與身體的自然化，也需要我們重新思考身體形象。我們一直認為身體是沉默的、先於文化存在的、等待意指的，這樣的表述與陰性形象彼此印證，此一身體在等待陽性意符的銘刻，以獲得進入語言與文化的切口。從強制異性戀的政治分析角度來看，我們一直以來都有必要質疑性結構的二元性，也就是階級二元性。從性別是一種實踐的觀點來看，質疑來自於性別身分具有內在深層意義的固定性，這種深層意義也就是各種被外部化的所謂「表現」。即使是在原初雙性戀的模式中，原初異性戀慾望結構的隱性結構仍會持續表現出來。排除與階級的策略也持續出現在區分性／別的表述中，將「性」視為先於話語的存在、性傾向視為先於文化的存在，性傾向的文化結構尤其被視為先於話語的存在。最後，「假定執行者先於行為存在」的認識論典範，建立了一個全球性的、全球化的主體，此一主體否認了自身的局部性，也否定了局部干預的條件。

當性別階級與強制異性戀體制這些「結果」被視為女性主義理論或女性主義政治的基礎時，這些結果非但被錯誤描述為基礎，也被錯誤描述為意指實踐，使得此一轉喻錯誤一直位於女性主義對性別關係的批判之外。進入這種意指領域的重複行為並不是一種選擇，因為對於可能進入此行為的「我」來說，「我」一直都在其中：如今的能動力或現實所擁有的可理解性，都來自話語實踐，它們不可能存在於此種話語實踐之外。關鍵工作不是釐清重複是否存在，而是釐清重複的方式，或者更確實地說，關鍵工作就是重複，並透過根本的性別增生來**替代**那促成重複本身的性別常規。沒有任何性別認識論能被我們拿來當作建構政治的基礎，因為性別認識論總是在已建立的政治脈絡中運作。性別認識論是一種常規命令，決定了什麼有資格被視為可理解的性、使用並鞏固性傾向的生殖限制、設立規範式的需求，使性化的或性別化的身體成為文化上可理解的存在。因此，本體論並不是一種基礎，而是一種常規命令，將自身安插於政治話語中，以必要基礎的形式隱晦地運作。

身分解構並不是政治解構；相反的，身分解構證實了表述身分的詞語具有政治性。這類批判使人們對於做為身分政治的女性主義所表述的基礎主義框架提出質疑。這種基礎主義的內部矛盾在於，它所假設、固定且限制的主體，正是它希望能代表與解放的「主體」。此處的任務不是慶祝每一個可能性**做為**可能性這件事，而是重新描述那些**已經**存在、卻位於那被意指成文化上不可理解也不可能發生的文化場域中的可能性。如果身分認同不再被固定為政治三段論的前提，而政治也不再被理解為一組衍生自現存主體利益的實踐，那麼必定會有新的政治結構從舊的廢墟中浮現。接著，性與性別的文化結構就可能會出現增生，又或者該說，性與性別的存在就可能會在建立了可理解文化生活的話語中得到講述，打亂性的二元結構本身，並揭露二元結構在根本上的不自然性。還有哪些使用了「非自然」的局部策略，能像這樣導致性別的去自然化呢？

中英對照

文獻

〈XY圍欄中的生命〉 "Life in the XY Corral"

〈Y染色體性別決定區轉譯指蛋白〉 "The Sex-Determining Region of the Human Y Chromosome Encodes a Finger Protein"

〈女人交易：性的「政治經濟」〉 "The Traffic of Women: The 'Political Economy' of Sex"

《女人的煩惱》 *Female Trouble*

《女性主義爭論》 *Feminist Contentions*

《女性主義理論化政治》 *Feminists Theorize the Political*

《女性主義議題》 *Feminist Issues*

〈女性交易〉 "The Traffic in Women"

〈女性氣質是一種裝扮〉 "Womanliness as a Masquerade"

《女游擊隊》 *Les Guérillères*

《內化的各種面貌》 *Aspects of Internalization*

《巴賓：最近發現的十九世紀雙性人備忘錄》 *Herculine Barbin, Being the Recently Discovered Memoirs of a Nineteenth-Century Hermaphrodite*

《文明與其不滿》 *Civilization and its Discontents*

〈在法之前〉（卡夫卡） "Before the Law"

《在法之前》（德希達） *Before the Law*

〈在流放地〉 "In the Penal Colony"

《地方知識》　*Local Knowledge*

《存在與虛無》　*Being and Nothingness*

《自我與本我》　*The Ego and the Id*

〈自我與超我（自我理想）〉　"The Ego and the Super-Ego [Ego-Ideal]"

《我是那個名字嗎？》　*Am I That Name?*

〈貝里尼描繪的母職〉　"Motherhood According to Bellini"

《事物的次序》　*The Order of Things*〔*Les mots et les choses*〕

〈典範〉　"Paradigm"

《性史》　*The History of Sexuality*

《性別與性向研究》　*Studies in Gender and Sexuality*

《性與宗族》　*Sexes et parentés*

《性學三論》　*Three Essays on the Theory of Sexuality*

《社會性別的印記》　*The Mark of Gender*

〈社會契約〉　"On the Social Contract"

《冒名》【改編電影《白色通行證》】　*Passing*

〈哀悼與憂鬱〉　"Mourning and Melancholia"

〈後現代主義與消費者社會〉　"Postmodernism and Consumer Society"

《約翰華特斯之髮膠明星夢》　*Hairspray*

《恐怖的力量》　*Powers of Horror*

《書寫與差異》　*Writing and Difference*

《海芭夏》　*Hypatia*

《純淨與危險》　*Purity and Danger*

〈偶然的基礎〉　"Contingent Foundations"

〈異性戀思維〉　"The Straight Mind"

〈第二論〉　"Second Essay"

《細胞》　*Cell*

《規訓與懲罰》　*Discipline and Punish*

《敢曝教母：美國的女性扮演者》 *Mother Camp: Female Impersonators in America*

〈陽具的意義〉 "The Meaning of the Phallus"

《黑太陽：抑鬱症與憂鬱》 *Soleil noir: Dépression et mélancolie*

《黑皮膚，白面具》 *Black Skins, White Masks*

《愛欲與文明》 *Eros and Civilization*

《會飲篇》 *Symposium*

《詩意語言的革命》 *Revolution in Poetic Language*

〈逾矩的序言〉 "A Preface to Transgression"

《道德系譜學》 *On the Genealogy of Morals*

〈嘉寶的形象〉 "The Garbo Image"

《圖騰與禁忌》 *Totem and Taboo*

《監控慾望：愛滋、色情與媒體》 *Policing Desire: AIDS, Pornography, and the Media*

《精神現象學》 *The Phenomenology of Spirit*

《語言、反記憶、實踐》 *Language, Counter-Memory, Practice*

《語言中的慾望》 *Desire in Language*

《需要重視的身體》 *Bodies that Matter*

《憂鬱的熱帶》 *Tristes tropiques*

《激動的話語：操演性的政治》 *Excitable Speech: A Politics of the Performative*

《親屬關係的基本結構》 *The Elementary Structures of Kinship*

《遺傳學年度評論》 *Annual Review of Genetics*

《曙光》 *Day-break*

《蕾絲邊的身體》 *The Lesbian Body*

《櫃子認識論》 *Epistemology of the Closet*

〈瓊安・李維耶赫與裝扮〉 "Joan Riviere and the Masquerade"

《權力的精神生命》 *The Psychic Life of Power*

《歡愉的用法》 *L'Usage des plaisirs*

《變形記》 *Metamorphoses*

人名

大衛・佩吉 David Page

丹妮絲・萊利 Denise Riley

厄尼斯托・拉克勞 Ernesto Laclau

卡蘿・麥柯馬克 Carol MacCormack

史蒂芬・希斯 Stephen Heath

尼可拉斯・亞伯拉罕 Nicolas Abraham

弗里德里希・恩格斯 Friedrich Engels

弗朗茲・法農 Frantz Fanon

瓜達希 Guattari

皮耶・希維耶赫 Pierre Rivière

伍德堯 David Eng

伊芙・賽菊蔻 Eve Kosofsky Sedgwick

伊娃・艾赫 Eva Eicher

伊莉莎白・威德 Elizabeth Weed

伊蓮・西蘇 Hélène Cixous

多琳妮・近藤 Dorinne Kondo

安妮・佛斯托－史德林 Anne Fausto-Sterling

米哈爾・巴赫汀 Mikhail Bakhtin

米歇・哈爾 Michel Haar

米歇爾・傅柯 Michel Foucault

艾莉斯・楊 Iris Young

艾絲特・紐頓 Esther Newton

艾瑞莎・弗蘭克林 Aretha Franklin

西蒙・沃特尼 Simon Watney

西蒙・波娃 Simone de Beauvoir

克利弗德・紀爾茲 Clifford Geertz

李維史陀 Lévi-Strauss
杜娜・巴恩斯 Djuna Barnes
貝爾・胡克斯 bell hooks
佳雅特里・史碧娃克 Gayatri Chakravorty Spivak
拉岡 Lacan
阿里斯托芬 Aristophanes
阿維塔爾・羅內爾 Avital Ronell
派克・泰勒 Parker Tyler
珍・蓋洛普 Jane Gallop
紀傑克 Slavoj Žižek
約翰・華特斯 John Waters
恩斯特・瓊斯 Ernest Jones
桑多・費倫奇 Sandor Ferenczi
納塔莉・薩羅特 Natalie Sarraute
茱莉亞・克莉絲蒂娃 Julia Kristeva
馬克思 Marx

馬庫色 Marcuse
馬賽爾・普魯斯特 Marcel Proust
梅洛龐蒂 Merleau-Ponty
梅蘭妮・克萊恩 Melanie Klein
莫尼克・維蒂格 Monique Wittig
傅柯 Foucault
凱特・博恩斯坦 Kate Bornstein
凱瑟琳・麥金儂 Catharine MacKinnon
凱薩琳・法蘭克 Katherine Franke
喬治・巴塔耶 Georges Bataille
斯圖亞特・霍爾 Stuart Hall
琳達・L・華許本 Linda L. Washburn
萊布尼茲 Gottfried Wilhelm Leibniz
費爾迪南・德・索緒爾 Ferdinand de Saussure
雅克・德希達 Jacques Derrida
奧維德 Ovid

溫蒂・歐文 Wendy Owen
詹姆斯・歐希金 James O'Higgins
詹明信 Fredric Jameson
賈桂琳・羅斯 Jacqueline Rose
瑪莉亞・托洛克 Maria Torok
瑪莉蓮・斯特拉森 Marilyn Strathern
瑪麗・喬・弗洛葛 Mary Jo Frug
瑪麗・道格拉斯 Mary Douglas
蓋爾・魯賓 Gayle Rubin
赫克林・巴賓 Herculine Barbin
德希達 Derrida
德勒茲 Deleuze
德魯西拉・康奈爾 Drucilla Cornell
穆斯塔法・薩福安 Moustapha Safouan
霍米・巴巴 Homi Bhabha
薇琪・舒茲 Vicki Schultz
瓊安・史考特 Joan W. Scott

瓊安・李維耶赫 Joan Riviere
羅伊・薛佛 Roy Schafer
羅伯・史托勒 Robert Stoller
露西・伊瑞葛萊 Luce Irigaray

近代思想圖書館系列 066

性／別惑亂：女性主義與身分顛覆

Gender Trouble: Feminism and the Subversion of Identity

作　　者——朱迪斯・巴特勒（Judith Butler）
譯　　者——聞翊均、廖珮杏
責任編輯——陳詠瑜
校　　對——聞若婷
行銷企畫——林欣梅
封面設計——FE工作室
內頁設計——張靜怡

總 編 輯——胡金倫
董 事 長——趙政岷
出 版 者——時報文化出版企業股份有限公司
一〇八〇一九臺北市和平西路三段二四〇號三樓
發行專線—（〇二）二三〇六—六八四二
讀者服務專線—〇八〇〇—二三一—七〇五
（〇二）二三〇四—七一〇三
讀者服務傳真—（〇二）二三〇四—六八五八
郵撥—一九三四四七二四時報文化出版公司
信箱—一〇八九九臺北華江橋郵局第九十九信箱
時報悅讀網——http://www.readingtimes.com.tw
電子郵件信箱——newstudy@readingtimes.com.tw
時報出版愛讀者粉絲團——https://www.facebook.com/readingtimes.2
法律顧問——理律法律事務所　陳長文律師、李念祖律師
印　　刷——紘億印刷有限公司
初版一刷——二〇二三年九月八日
初版三刷——二〇二四年三月八日
定　　價——新臺幣六五〇元
（缺頁或破損的書，請寄回更換）

時報文化出版公司成立於一九七五年，
一九九九年股票上櫃公開發行，二〇〇八年脫離中時集團非屬旺中，
以「尊重智慧與創意的文化事業」為信念。

性／別惑亂：女性主義與身分顛覆／朱迪斯・巴特勒（Judith Butler）著；聞翊均、廖珮杏譯.
-- 初版 . -- 臺北市：時報文化出版企業股份有限公司 , 2023.09
400 面；14.8×21 公分 .（近代思想圖書館系列；066）
譯自：Gender Trouble: Feminism and the Subversion of Identity
ISBN 978-626-374-055-6（平裝）

1. CST：女性主義　2. CST：性別　3. CST：性別差異

544.52　　112010659

ISBN 978-626-374-055-6
Printed in Taiwan